## 2021

# 中国票据市场发展报告

上海票据交易所《中国票据市场发展报告》编写组

中国金融出版社

责任编辑：黄海清
责任校对：孙　蕊
责任印制：张也男

**图书在版编目（CIP）数据**

中国票据市场发展报告. 2021／上海票据交易所《中国票据市场发展报告》编写组编. —北京：中国金融出版社，2022.7

ISBN 978-7-5220-1652-8

Ⅰ.①中… Ⅱ.①上… Ⅲ.①票据市场—研究报告—中国—2021 Ⅳ.①F832.5

中国版本图书馆CIP数据核字（2022）第102657号

中国票据市场发展报告. 2021

ZHONGGUO PIAOJU SHICHANG FAZHAN BAOGAO. 2021

出版发行　中国金融出版社

社址　北京市丰台区益泽路2号

市场开发部　（010）66024766，63805472，63439533（传真）

网上书店　www.cfph.cn

（010）66024766，63372837（传真）

读者服务部　（010）66070833，62568380

邮编　100071

经销　新华书店

印刷　河北松源印刷有限公司

尺寸　210毫米×285毫米

印张　17

字数　265千

版次　2022年7月第1版

印次　2022年7月第1次印刷

定价　128.00元

ISBN 978-7-5220-1652-8

如出现印装错误本社负责调换　联系电话（010）63263947

# 本书编委会

主　　编：宋汉光

副 主 编：张翠微　周荣芳　沈　伟　李中红　孔　燕　余　辉

编　　委：李　跃　董继松　张涤尘　陈卫东　邓权全　曾广飞
　　　　　毛　彬　于　飞　黄　斌　李海滨　侯　林　韩　松
　　　　　林榕辉　赵　青　李　敏　邹春平　杨旭丽　周　宏
　　　　　陈　芳　秦书卷　桂继胜　闻　怡　黄　伟　汤跃辉
　　　　　陈　佳　陈任华　吴玉肖　颜永嘉　汤莹玮　李　麟
　　　　　倪宏侃　张艳宁　王绍兴　曹衍楠　张力引　王凌飞
　　　　　黄文菲

统　　稿：颜永嘉　沈艳兵　李智康

编写人员：（以姓氏笔画排序）
　　　　　万红艳　马　男　马　佳　马　悦　王　亮　王　琼
　　　　　王雨晴　王佳丹　王晓明　王培虎　毛雅宁　田　京
　　　　　丛龙娇　吉凯悦　毕好娉　朱春静　庄　鑫　刘蓉蓉
　　　　　许文涛　孙馨瑶　牟新宇　苏智欣　李　论　李　畅
　　　　　李　欣　李忠仁　李泽源　李紫薇　杨　扬　杨　阳
　　　　　肖雅新　吴　沁　吴　思　吴小蒙　吴思行　吴梦露
　　　　　何　俊　邹春平　汪小政　汪祥波　张　泉　张　斌
　　　　　张　赟　张一兵　张存沧　张华伦　张科伟　张婕珂
　　　　　陆　跃　陈　伟　林　蓓　罗　宇　周　磊　孟佳豪
　　　　　赵　海　赵思彦　钦　云　修晓磊　俞　乾　姚　望
　　　　　徐　哲　徐明鑫　徐浩杰　凌　典　郭宏坚　唐　磊
　　　　　唐潇晴　黄　盛　黄　燕　黄青青　龚　倩　崔峻峻
　　　　　彭　悦　童相新　曾　凡　曾　晖　蔡制宏　谭中赫

# PREFACE | 序

2021年是"十四五"规划开局之年，也是上海票据交易所（以下简称票交所）成立五周年。五年来，票交所紧扣服务实体经济、防控市场风险、推进改革创新三条主线，忠实履行基础设施职责，推动票据市场向高级形态迈进，带动票据市场高质量服务实体经济，开启票据市场高质量发展新征程。2021年，在新冠肺炎疫情多点散发、宏观经济面临多重压力的情况下，票据市场运行总体平稳，各项业务稳中有增，票据利率总体下降，在推动实体经济发展、促进产业链供应链循环以及降低企业融资成本等方面发挥了积极作用。

## 一、服务实体经济，扬票据市场高质量发展之帆

### （一）票据市场运行总体平稳

2021年，票据市场克服疫情和宏观经济冲击等不利因素，各项业务保持平稳增长。全年票据市场业务总量167.32万亿元，同比增长12.87%。其中，承兑金额24.15万亿元，同比增长9.32%；背书金额56.56万亿元，同比增长19.84%；贴现金额15.02万亿元，同比增长11.93%；转贴现金额46.94万亿元，同比增长6.41%；回购金额

22.98万亿元，同比增长14.98%。票据承兑余额14.98万亿元，占同期社会融资规模存量的比重为4.77%；票据贴现余额9.88万亿元，占同期企业人民币贷款余额的比重为8.20%。

### （二）票据市场服务实体经济能力进一步提升

截至2021年，全年用票企业家数达到318.89万家，同比增长17.72%；企业用票金额达到95.72万亿元，同比增长15.75%。其中，中小微企业用票企业家数达到314.73万家，占比为98.70%。票据市场服务中小微企业的导向突出，有力支持中小微企业稳健经营、健康发展。

## 二、强化风险防控，筑票据市场高质量发展之基

### （一）票交所层面

2021年，票交所坚守风险底线，优化科技体系，提升市场风险防控能力，推动票据市场基础设施建设。一是扎实推进新一代票据业务系统建设。根据市场成员意愿形成上线批次安排，建立沟通机制跟踪建设进展，确保全市场成员如期推进系统建设工作；梳理业务规则，配套建设规范、统一、完善的票据业务规则体系；稳步推进验收测试和联调测试工作，圆满完成一期（供应链票据平台）投产上线。二是推动信息披露机制平稳实施。提升信息披露平台功能，优化用户体验的同时，多渠道加强政策宣传推广，引导承兑企业注册。截至年末，平台注册用户达4.7万余家，披露承兑信息金额约2万亿元，公众查询量近1 500万次，披露率达94%。三是实现再贴现业务票款对付结算（DVP）如期完成功能上线，成功打通再贴现业务全流程电子化操作"最后一公里"。四是全方位提升风险发现能力。通过重点监测、案例研析、科技赋能，提高风险发现的及时性。优化大数据智能化票据监测预警平台，有效提高日常监测效率，荣获"2021上海市金融业助力人民城市建设成果评选"金融机构数字化转型奖。五是主动出击防范和处理市场风险。妥善处理部分商票到期未应答损害持票人利益问题，研究建立商票到期未应答视同拒付机制；加强伪假票据风险防范，积极推广票据账户主动管理功能，成功拦截数起不法分子冒用办理电票

业务事件。

### （二）市场机构层面

2021年，面对复杂多变的票据市场环境，市场机构全方位、多角度提升风险防控能力，促进票据业务稳健发展。一是响应政策，推进商业承兑汇票信息披露等工作。市场机构在准确、全面理解政策要求的基础上，通过定期回访、为企业申请商票保贴、加强系统建设等措施，积极推进披露票据信息、开通账户主动管理服务功能等工作，防范伪假票据业务风险，净化市场环境，提升商票的市场信誉。二是完善制度，健全全流程风险管理体系。市场机构不断深化票据全生命周期风险管理制度建设，明确票据条线前、中、后台部门各自风险职责，落实主体责任，有效防范信用风险、市场风险和操作风险，共同推进票据业务的持续稳健发展。事前严把客户和业务准入关口，事中强化业务流程管控和异常控制应对，事后落实监督监测和检查整改。三是科技赋能，提升票据全生命周期风险防控能力。市场机构在票据业务风险防范中广泛运用大数据等技术，在贷前、贷中、贷后全方位进行风险识别、风险管控和风险监测，通过自动化、智能化系统达成兼顾业务安全性和客户体验的两全效果。

## 三、深化创新发展，开票据市场高质量发展之路

### （一）票交所层面

2021年，票交所推动产品、服务、研究等多层次创新，持续优化市场生态。

在产品创新方面，完善供应链票据平台建设，优化系统功能，到年末累计接入12家供应链平台，业务总规模突破600亿元，荣获"2021上海市金融业助力人民城市建设成果评选"上海人民金融优秀应用场景奖；推进跨境人民币贸易融资转让服务平台建设，将跨境平台接入范围扩展至全国；持续推广"贴现通""票付通"两大产品，持续优化业务模式和系统功能。截至2021年末，"贴现通"累计服务企业1.4万家，累计达成贴现意向突破1 000亿元；"票付通"累计对接平台44个，签约企业3 025户，支付金额超过600亿元。

在服务创新方面，一是着力强化数据服务。以数据治理为核心，以数据产品为抓手，创新推出面向集团机构提供票据信息归集服务的"集票宝"信息产品，稳步建设信息服务系统"票信宝"。二是着力完善市场服务。持续优化会员接入体验，探索建立重点客户主动服务机制；加强师资队伍建设，提升培训宣讲水平；强化场务专业化服务能力，保持良好窗口形象。

在研究引领方面，做好市场重点热点问题研究，正面宣传票据市场作用；紧抓绿色金融发展契机，提出推动绿色票据发展的思路与措施；在对前一阶段发展规划落实情况细致评估的基础上，科学编制2021—2023年发展规划。同时，借助中国票据研究中心平台，继续扎实推进重点课题研究，做好《中国票据市场研究》定期出版工作与征文活动；开创"票据论道"研讨会，以问题为导向开展专题研讨，促进沟通、凝聚共识；开通专用微信公众号，发布票交所和市场成员的工作论文和研究成果，加强思想和实践的碰撞。

### （二）市场机构层面

2021年，面对票据市场的新发展、新变化，市场机构积极参与票交所各项创新业务，帮助其在市场端真正落地生效，同时自身也在主动推行机制、产品、技术等多层次革新，及时响应各类市场主体诉求，提升票据服务实体经济的及时性和适配性。机制建设方面，部分市场机构在防控风险的基础上开通"绿色通道"，简化中小微企业、绿色企业业务流程，引导前台部门将服务精力投向更多的中小微企业、绿色企业，改善相关企业融资环境；产品创新方面，多家市场机构推出和优化全流程线上贴现产品，降低客户融资成本，并突破地域与时间限制，精准满足了企业特别是制造业和贸易零售行业高频、灵活的服务需求；科技支撑方面，市场机构积极更新优化票据业务系统，实现信息展示的标准化、智能化，业务处理的场景嵌入与整合封装，提供及时高效的技术迭代支持，全面提升服务实体经济能力。

2021年，中国票据市场风险防范能力进一步提升，市场创新再上台阶。在新规划开局之年的新征程中，认真总结和记录市场变化，借鉴过往的发展状况，有助于市场未来发展的行稳致远。《2021中国票据市场发展报告》由票交所联合22家市场机构和企业共同编写，内容涵盖票据市场总体运行情况、票据市场基础设施建设、

# 序 PREFACE

票据市场业务创新实践、票据市场服务实体经济、票据市场风险防范控制五个方面，全面展现了2021年票据市场的新变化、新特点。

闯关之势，搏浪之时。站在开启全面建设社会主义现代化国家新征程、实现第二个百年奋斗目标的历史起点上，总结过去的好思路、好办法，才能有将来的新突破、新局面。期待《2021中国票据市场发展报告》能为中国票据市场规范健康发展裨补阙漏、有所广益。

上海票据交易所股份有限公司党委书记、董事长

# CONTENTS | 目录

**第一部分　票据市场总体运行情况** ... 1

票据市场运行情况 ... 3

票据承兑支付情况分析 ... 16

票据贴现和托管情况分析 ... 22

票据交易情况分析 ... 31

票据清算结算情况分析 ... 41

票据市场参与者接入情况分析 ... 44

**第二部分　票据市场基础设施建设** ... 51

第一篇　新一代票据业务系统建设稳步推进 ... 53

　　票据业务系统功能升级 ... 53

　　运用金融科技手段优化系统架构　实现新一代票据业务系统功能升级 ... 56

第二篇　票据信息披露平台规范商业承兑汇票使用 ... 64

　　推动商票信息披露制度实施　构建票据市场信用体系 ... 64

|  |  |  |  |
|---|---|---|---|
|  |  | 推动商票信息披露　促进商票市场发展 | 68 |
|  |  | 加强商票信用体系建设　完善市场化约束机制 | 75 |
|  | 第三篇 | 再贴现业务系统提升业务办理效率 | 80 |
|  |  | 建设再贴现业务电子化操作平台　助力再贴现政策进一步提质增效 | 80 |

| 第三部分 | 票据市场业务创新实践 | 83 |
|---|---|---|
| 第一篇 | 供应链票据打造供应链金融服务新模式 | 85 |
|  | 持续创新发展　健全风控机制　供应链票据支持中小微企业成效初显 | 85 |
|  | 发挥供应链平台优势　将金融活水注入实体 | 89 |
|  | 聚焦应收账款票据化　推动供应链金融发展 | 97 |
| 第二篇 | 绿色金融将金融服务深入绿色产业毛细血管 | 105 |
|  | 推广绿色票据　发挥票据市场在生态文明建设中的作用 | 105 |
|  | 科学创新绿色票据发展　助力实现"双碳"目标 | 111 |
| 第三篇 | 线上贴现全面提升小微企业票据融资获得感 | 120 |
|  | 打通贴现融资痛点堵点　助力中小微企业纾困解难 | 120 |
|  | 金融科技赋能票据融资　在线贴现助力实体普惠 | 124 |
|  | 科技"护航"　在线秒贴持续创新升级 | 128 |
| 第四篇 | 票据支付革新助力产业互联网新经济发展 | 132 |
|  | 深耕产业金融　打造票据支付新生态 | 132 |
|  | 依托线上票据支付　赋能供应链企业创新发展 | 136 |
| 第五篇 | 跨境贸易融资转让服务助推人民币跨境业务发展 | 141 |
|  | 助力国际金融中心建设　促进跨境平台新发展 | 141 |
|  | 以科技升级为突破　全力推动"三箭齐发" | 144 |
| 第六篇 | 信息产品释放票据数据生产要素潜力 | 148 |
|  | 构建定价体系　释放数据潜力　推动票据市场数据信息服务提质增效 | 148 |

| 第四部分 | 票据市场服务实体经济 | 151 |
|---|---|---|
| | 票据赋能外延服务半径　产融协同畅通金融活水 | 153 |
| | 创新推动　重点突破　积极推动票据服务实体经济高质量发展 | 159 |
| | 加快数字化转型　助力服务实体经济提质增效 | 165 |
| | 科技赋能　风控护航　助推票据服务实体经济 | 174 |
| | 建设电力票据服务平台　带动电力行业产业链共同发展 | 178 |
| | 做好票据基础服务　助力实体经济发展 | 182 |
| | 助力服务实体经济　践行国企责任担当 | 190 |
| | 聚焦堵点难点　打通服务路径　提升票据服务实体经济质效 | 198 |
| | 中小微企业用票情况调研报告 | 204 |

| 第五部分 | 票据市场风险防范控制 | 215 |
|---|---|---|
| | 票据市场风险监测与防范 | 217 |
| | 开通票据账户主动管理服务　推动企业有效防范伪假票据风险 | 221 |
| | 运用票据账户主动管理服务　提升财务公司防范伪假票据风险能力 | 225 |
| | 夯实合规根基　护航高质量发展 | 228 |
| | 票据交易乘风破浪　风险合规保驾护航 | 234 |
| | 完善风险管理体系　防范商业承兑汇票业务风险 | 240 |

| 附录一 | 2021年票据市场大事记 | 245 |
|---|---|---|

| 附录二 | 票据市场统计资料 | 249 |
|---|---|---|

| 后记 | | 257 |
|---|---|---|

# 第一部分
CHAPTER 1

# 票据市场总体运行情况

## 第一部分　票据市场总体运行情况

# 票据市场运行情况

2021年,在新冠肺炎疫情多点散发、宏观经济面临多重压力的情况下,票据市场运行总体平稳,各项业务稳中有增,票据利率总体下降,在推动实体经济发展、促进产业链供应链循环以及降低企业融资成本等方面发挥了积极作用。全年票据市场业务总量167.32万亿元,同比增长12.87%。其中,承兑金额24.15万亿元,同比增长9.32%;背书金额56.56万亿元,同比增长19.84%;贴现金额15.02万亿元,同比增长11.93%;转贴现金额46.94万亿元,同比增长6.41%;回购金额22.98万亿元,同比增长14.98%。全年转贴现加权平均利率为2.62%,同比下降9个基点;贴现利率为2.85%,同比下降13个基点;质押式回购利率为2.15%,同比上升28个基点。

### 一、票据市场运行情况

2021年,票据市场各项业务保持平稳增长,票据利率总体下降,市场发展质效不断提高。承兑背书金额同比增长,票据支付功能持续增强;票据融资业务增长有力,创新产品运用广泛深入;转贴现交易较为活跃,回购交易保持较快增长;转贴现和贴现利率同比下降,回购利率则随同货币市场利率有所回升。

（一）承兑背书业务同比增长，票据支付功能不断增强

1.承兑金额平稳增长，国有商业银行和股份制商业银行带动作用较为明显。2021年，全市场承兑金额24.15万亿元，同比增长9.32%。其中，银票承兑20.35万亿元，同比增长10.19%；商票承兑3.80万亿元，同比增长4.85%。分机构类型看，全

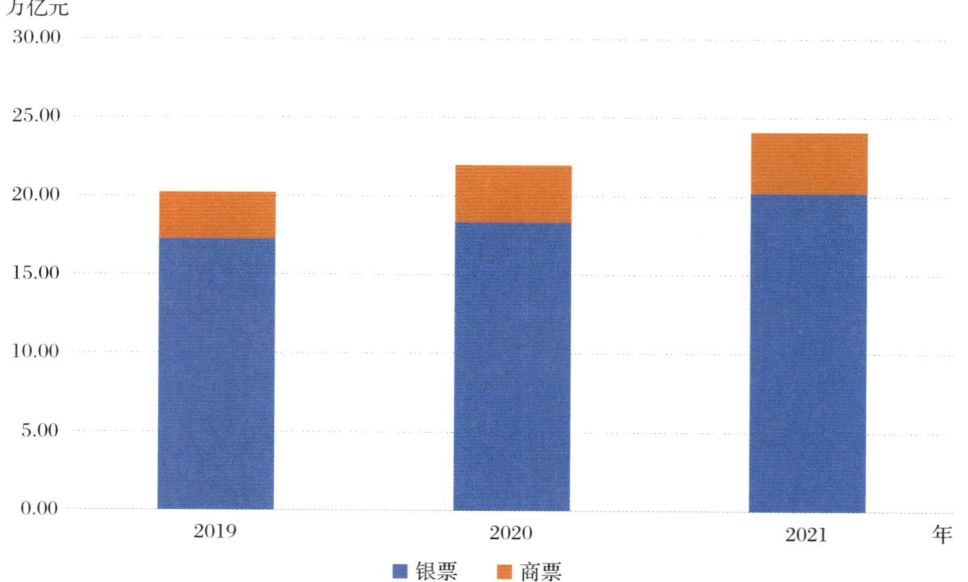

图1-1  2019—2021年全市场票据承兑金额变化

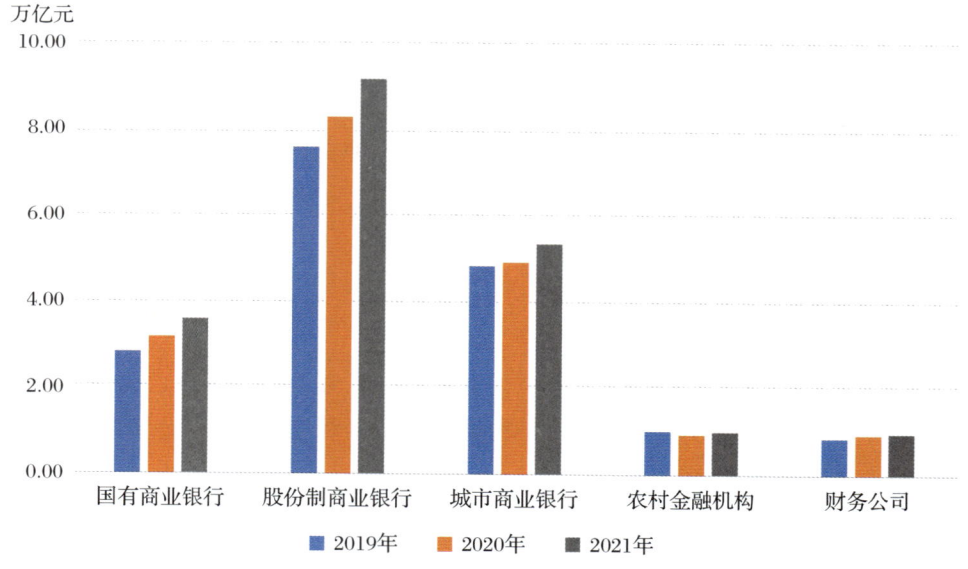

图1-2  2019—2021年不同类型机构银票承兑金额变化

年国有商业银行承兑金额同比增长12.96%，高于全市场银票承兑金额增速2.77个百分点；股份制商业银行承兑金额同比增长10.79%，高于全市场平均增速0.60个百分点；城市商业银行和农村金融机构承兑金额增速分别为8.49%和6.93%，较全市场平均增速分别低1.70个和3.26个百分点。

2. 背书金额增长较快，"票付通"业务大幅增长。2021年，全市场背书金额56.56万亿元，同比增长19.84%。其中，银票背书53.59万亿元，同比增长20.38%；商票背书2.97万亿元，同比增长10.82%。同时，在应用场景持续拓展、市场环境不断改善的情况下，"票付通"业务规模大幅增长。截至年末，"票付通"累计对接平台44个，签约企业3025户，合计发起票据支付2.12万笔，支付金额610.90亿元，同比增长283.71%。

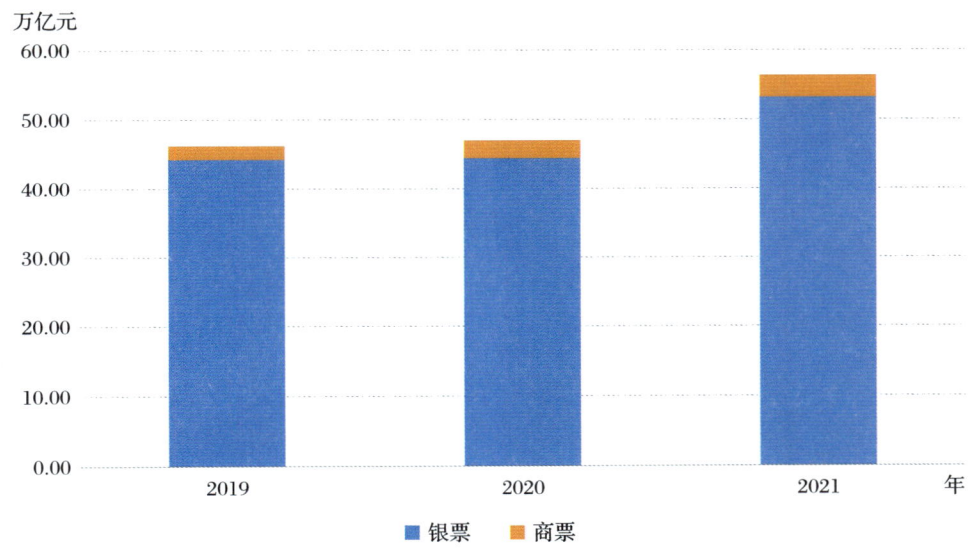

图1-3　2019—2021年全市场票据背书金额变化

（二）票据融资业务增长有力，创新产品运用广泛深入

1. 贴现金额增长较快。2021年，全市场贴现金额15.02万亿元，同比增长11.93%。其中，银票贴现13.80万亿元，同比增长11.43%；商票贴现1.22万亿元，同比增长17.98%。分机构类型看，国有商业银行、城市商业银行贴现金额同比分别增长14.96%和13.66%，较全市场平均增速分别高3.03个和1.73个百分点；股份制商业银行和农村金融机构贴现金额同比分别增长10.97%和2.81%，较全市场平均增速分别低0.96个和9.12个百分点。

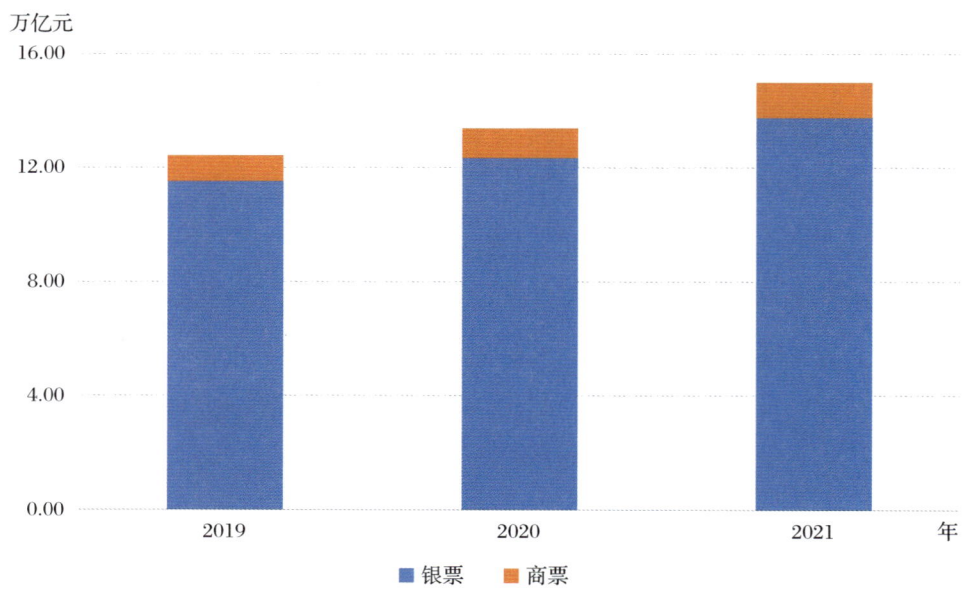

图1-4 2019—2021年全市场票据贴现金额变化

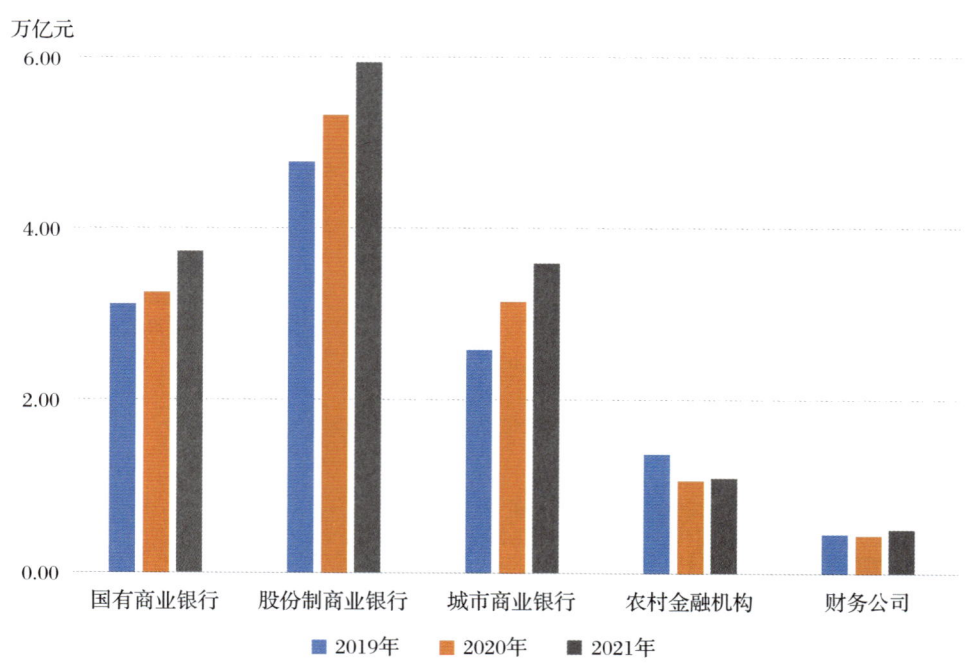

图1-5 2019—2021年不同类型机构票据贴现金额变化

2.创新产品运用广泛深入。随着系统功能不断完善、市场认知度持续提升，"贴现通"业务保持较快增长势头，在便利企业贴现、降低融资成本方面发挥了积极作用。截至2021年末,"贴现通"累计服务企业1.4万家,累计达成贴现意向突破1 000亿元,同比增长195.95%。同时,线上化、智能化的"秒贴"类贴现业务创新在更大范围内推广运用,使更多企业能够享受到"线下不用跑,资金秒到账"的票据贴现服务。此外,在大力发展贴现业务的同时,商业银行积极开展票据质押融资业务,年末全市场票据质押余额达到1.12万亿元,同比增长9.70%,有效盘活企业票据资产,助力企业解决资金周转难题。

### (三)转贴现交易金额增势平稳,回购交易金额增长较快

1. 转贴现交易金额有所增长。2021年,全市场转贴现交易金额46.94万亿元,同比增长6.41%。其中,银票转贴现交易42.07万亿元,同比增长2.70%;商票转贴现交易4.87万亿元,同比增长54.74%。剔除内部交易,农村金融机构、国有商业银行和城市商业银行转贴现交易同比分别增长38.47%、24.07%和16.77%,股份制商业银行转贴现交易基本持平,资管类产品转贴现交易同比下降26.81%[①]。

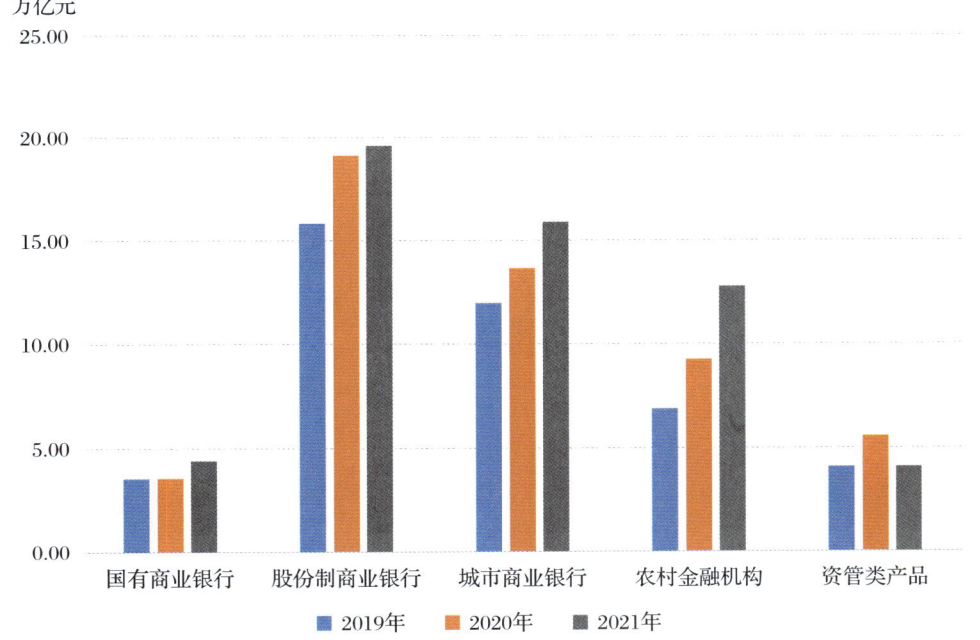

图1-6　2019—2021年不同类型机构转贴现交易金额变化(剔除内部交易)

---

① 分机构类型的转贴现交易金额按照买入和卖出双边统计,下同。

2.回购交易金额保持较快增长。2021年，票据回购交易金额22.98万亿元，同比增长14.98%。其中，质押式回购21.70万亿元，同比增长11.06%；买断式回购1.28

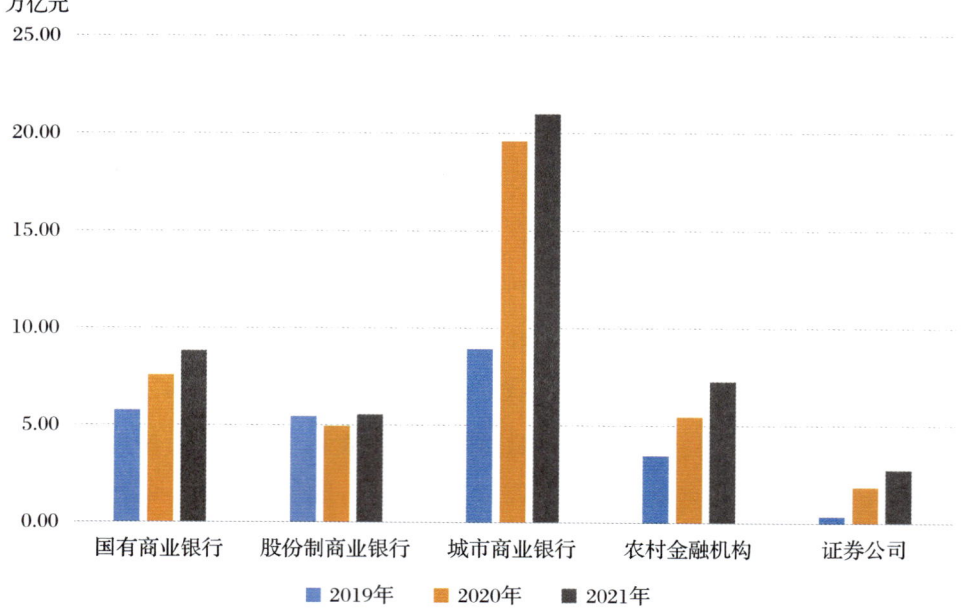

图1-7　2019—2021年不同类型机构回购交易金额变化

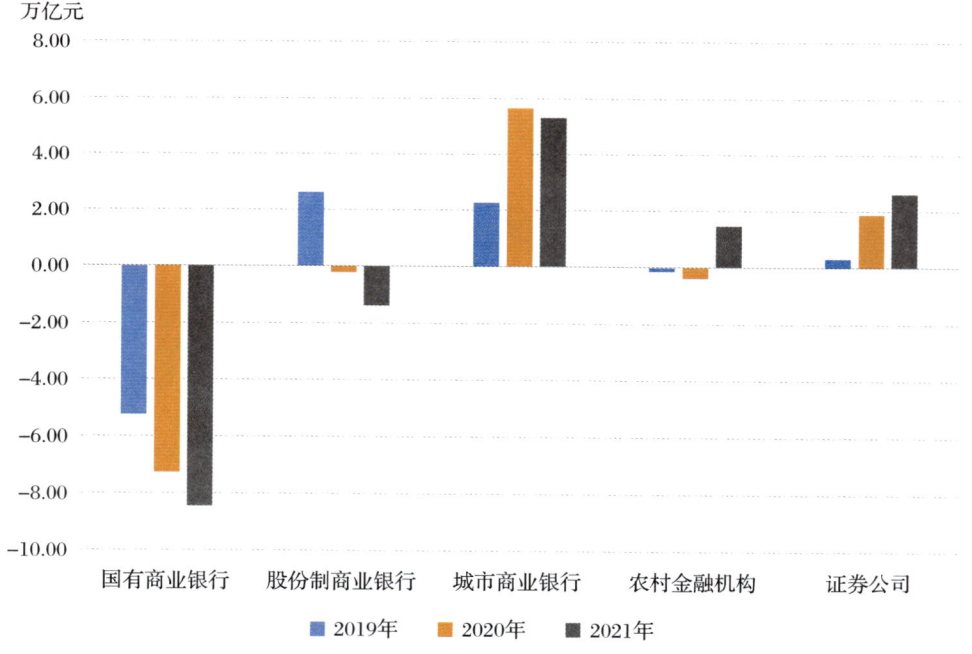

图1-8　2019—2021年不同类型机构通过回购交易实现资金净融入变化

万亿元，同比增长187.53%。经过2019年、2020年的高速发展，票据回购业务增速自然回落。分机构类型看，农村金融机构和国有商业银行回购交易金额同比分别增长33.76%和15.91%，股份制商业银行和城市商业银行交易金额同比分别增长10.74%和6.88%[①]。从资金融入和融出方向看，城市商业银行和证券公司是主要的资金融入方，国有商业银行和股份制商业银行是主要的资金融出方；农村金融机构则由上年的资金净融出转变为净融入。

（四）转贴现和贴现利率同比下降，回购利率同比回升

1. 转贴现利率有所下降。2021年，全市场转贴现加权平均利率为2.62%，同比下降9个基点。其中，银票转贴现利率为2.56%，同比下降9个基点；商票转贴现利率为3.16%，同比下降42个基点。从全年走势看，2月转贴现利率达到3.27%的年内高位，其后整体逐步走低，12月转贴现利率为1.91%，创票交所成立以来新低。年末银行转贴现买入票据特别是银票需求旺盛，带动转贴现利率大幅下降。12月，银票转贴现

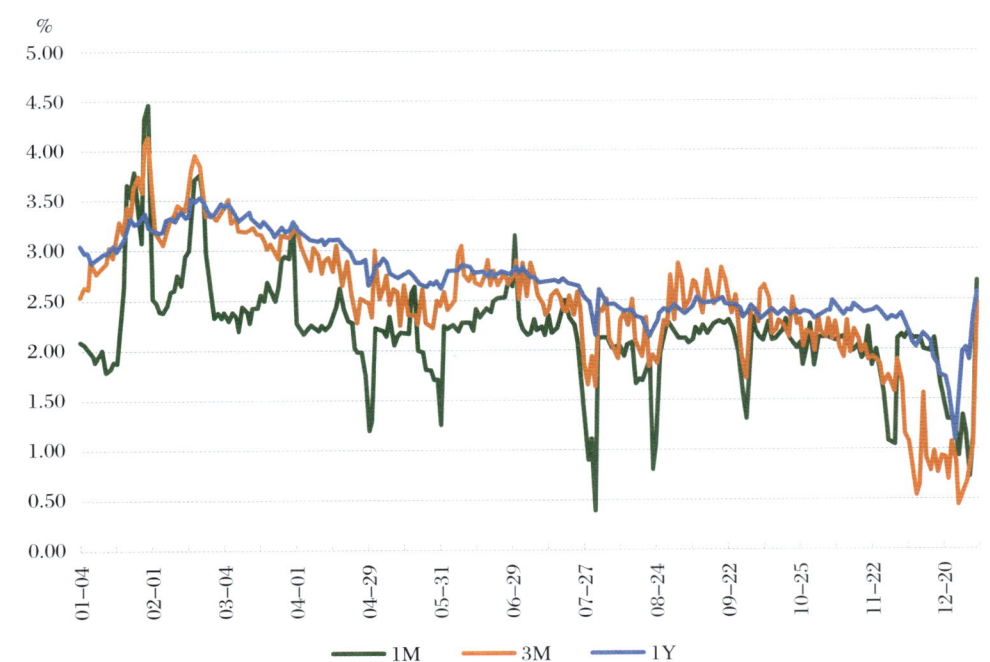

图1-9　2021年不同期限银票转贴现利率走势对比

---

① 分机构类型的回购交易金额按照正回购和逆回购双边统计，下同。

加权平均利率为1.76%，较上月下降44个基点。

2. 贴现利率同步下降，有效降低企业融资成本。2021年，全市场贴现加权平均利率为2.85%，同比下降13个基点。其中，银票贴现利率为2.73%，同比下降13个基点；商票贴现利率为4.20%，同比下降20个基点。从全年看，贴现利率与转贴现利率走势基本一致，2月贴现利率达到3.72%的高位，其后总体呈逐步下行趋势，12月降至2.09%，创票交所成立以来新低。在贴现利率持续下行的情况下，票据贴现与一般贷款之间的利差扩大，有效降低企业融资成本。全年贴现利率较LPR（1年期）均值低100个基点，利差同比扩大7个基点，为企业节约融资成本超过1 000亿元。

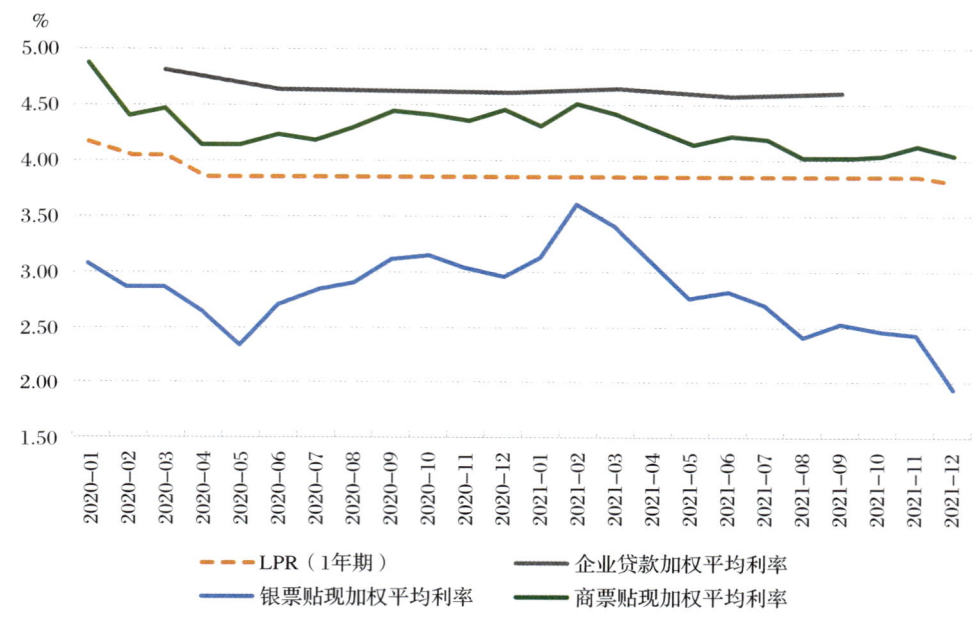

图1-10  2020—2021年票据贴现利率与企业贷款利率走势对比

3. 回购利率同比上升，与货币市场利率走势较为一致。2021年，全市场质押式回购加权平均利率为2.15%，同比上升28个基点；买断式回购加权平均利率为2.14%，同比上升12个基点。从全年走势看，除年初、年末等特殊时点，票据质押式回购和买断式回购利率与货币市场主要利率走势较为一致。1天期的质押式回购利率与DR001的相关系数为0.92，7天期的质押式回购利率与DR007的相关系数为0.79。

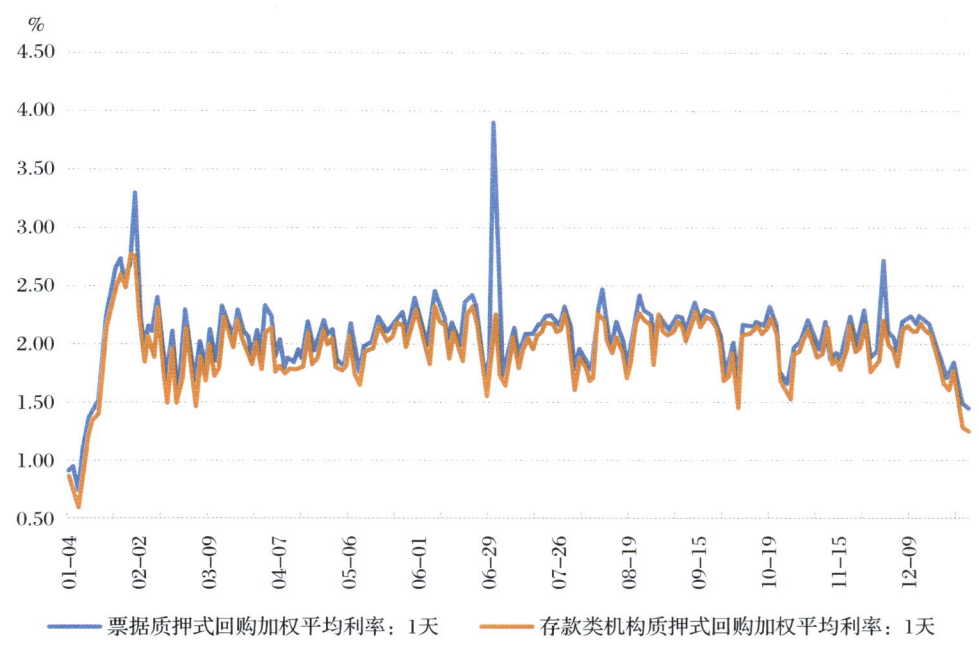

图1-11 2021年票据质押式回购利率（1天期）与DR001走势对比

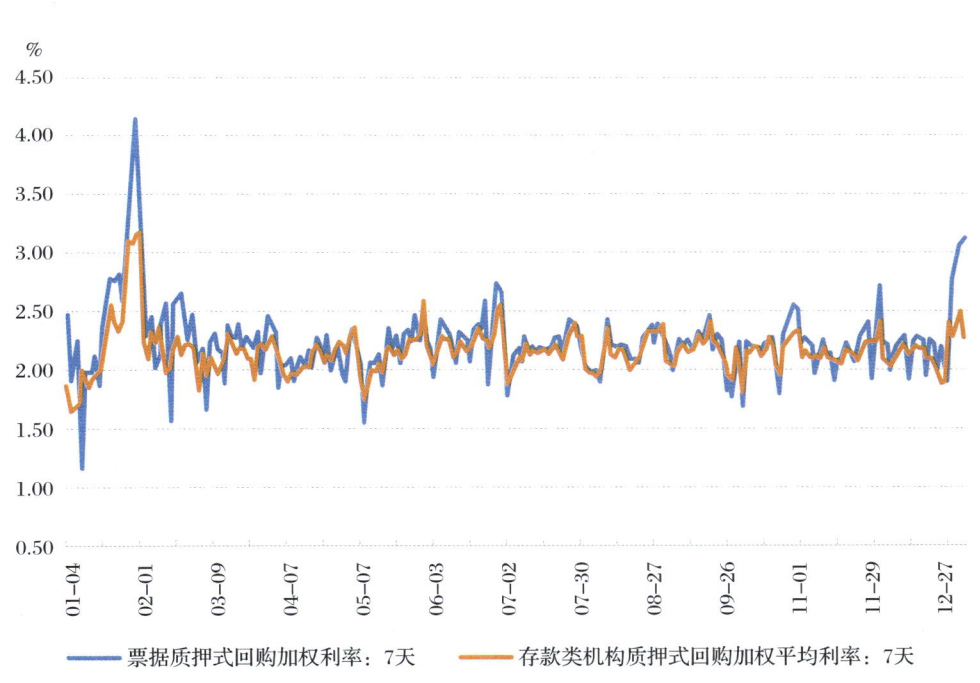

图1-12 2021年票据质押式回购利率（7天期）与DR007走势对比

## 二、票据市场服务实体经济情况

**（一）企业用票保持较快增长，票据服务中小微企业导向突出**

2021年，用票企业家数[①]达到318.89万家，同比增长17.72%；企业用票金额[②]达到95.72万亿元，同比增长15.75%。票据市场服务中小微企业的导向突出，有力支持中小微企业稳健经营、健康发展。全年中小微企业用票企业家数达到314.73万家，占比为98.70%；中小微企业用票金额达到69.10万亿元，占比为72.19%。同时，在票据市场业务创新加快、银行票据业务服务下沉的情况下，票据业务与中小微企业需求的契合度进一步提高，票据平均面额进一步下降。2021年，银票平均面额为80.44万元，同比下降5.83%；商票平均面额为108.57万元，同比下降12.94%。

**（二）重点行业用票保障有力，有效贯彻宏观政策导向**

2021年，票据市场各类主体围绕重点行业、产业链龙头企业积极创新业务模式和服务方式，有力提升票据业务与产业发展的协同性和契合度，为推动宏观经济恢复、产业结构优化等发挥了积极作用。全年来看，全市场共有26个行业[③]实现用票金额同比增长，覆盖面达86.67%，其中，商务服务、有色金属、建筑装修等7个主要用票行业用票金额合计54.62万亿元，同比增长16.63%，增速较全市场平均增速高0.88个百分点。同时，基础科学研究、医药生物行业延续上年较快增长势头，用票金额同比分别增长29.93%和17.19%，增速较全市场分别高14.18个和1.44个百分点。

---

[①] 用票企业家数指报告期开展签发（承兑）、背书和贴现业务的企业家数合计数。
[②] 企业用票金额指报告期企业票据签发（承兑）、背书和贴现金额合计数。
[③] 为更清晰地刻画各行业的用票情况，在《国民经济行业分类（2017）》的基础上，我们按照最终产品类型对用票企业所属的"行业小类"进行了重新归类，最终形成30个新的"行业板块"，下同。

第一部分 票据市场总体运行情况

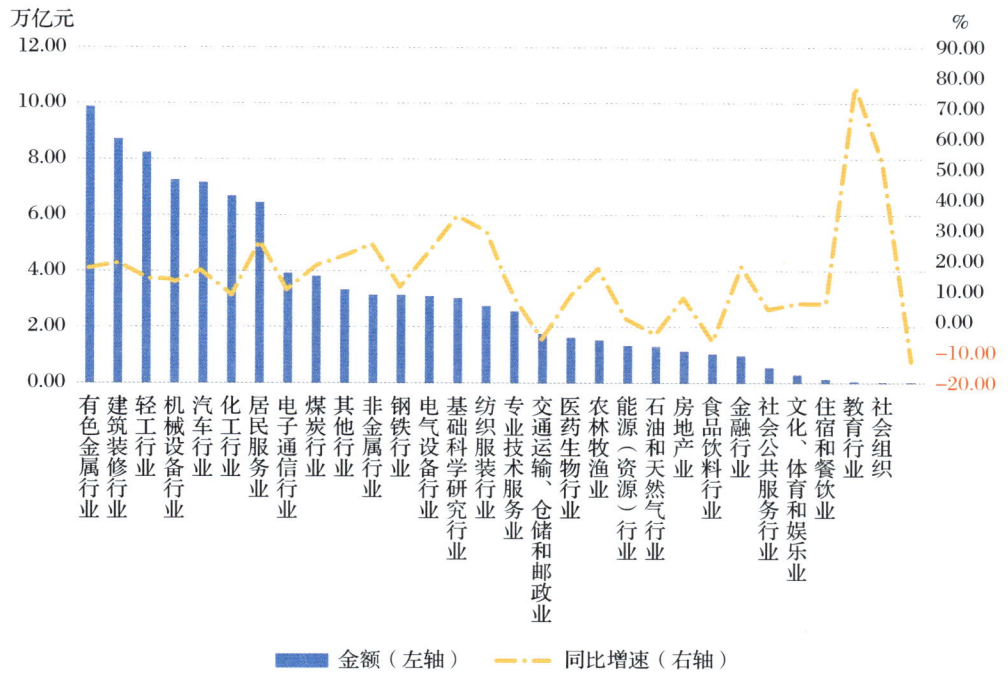

图1-13 2021年各行业用票金额及同比增长

**（三）票据服务区域经济协同发展，东部地区用票增长较为突出**

2021年，东部地区用票金额62.34万亿元，同比增长19.23%；中部地区和西部地区用票金额分别为15.75万亿元和13.36万亿元，同比分别增长9.14%和16.35%；东北地区用票金额4.27万亿元，同比下降5.08%。东部地区，特别是长三角和珠三角地区经济基础好、受疫情影响小，企业生产经营用票恢复较快，叠加多项票据市场产品业务创新在东部地区率先落地，票据业务与区域经济发展的协同性强，东部地区用票规模处于领先地位，在全国各地区的票据业务发展中的示范引领作用较为明显。

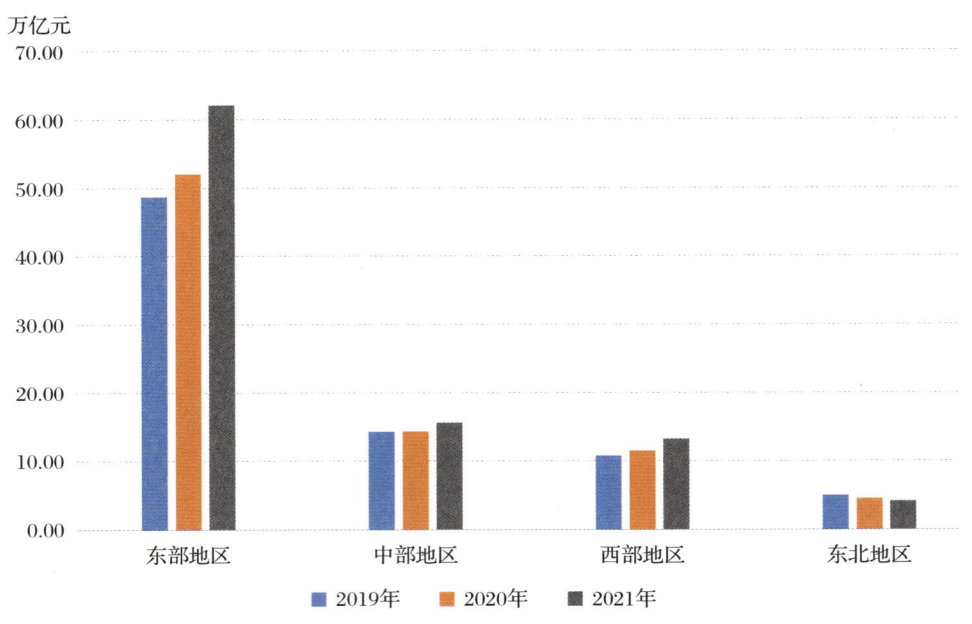

图1-14 2019—2021年全国不同地区用票金额变化

### （四）商票信息披露制度顺利实施，有效优化市场生态

2021年8月1日，商票信息披露制度正式施行，票据市场信用体系建设迈出重要一步。在人民银行总行的指导及人民银行分支机构、市场成员的大力支持下，年末商票信息披露平台注册企业4.70万余家，对商票承兑企业的覆盖率达到87.66%，承兑信息披露率也由8月末的77.35%提高到年末的94.00%。市场生态得到明显改善，信用约束机制初步形成，商票流转过程中的信息不对称显著降低，商票支付和融资功能有所增强。2021年，未贴现商票的换手率[①]达到2.83，同比上升16.00%；年末商票的贴现承兑比达到38.14%，较上年同期提高6.34个百分点。

### （五）供应链票据业务稳步拓展，发展成效不断显现

供应链票据是票交所落实金融供给侧结构性改革要求、促进产业链供应链有效循环、推动供应链金融创新发展的具体举措。在2020年4月推出供应链票据平台的基

---

① 票据换手率＝背书次数／（报告期末承兑张数余额－报告期末贴现张数余额）。

础上，票交所于2021年8月对平台核心功能进行了升级，截至年末，共有3 000多家企业登记注册，各项业务金额合计671.63亿元。随着供应链票据平台功能的完善以及各类机构参与度的提升，供应链票据在提高企业融资可得性等方面的优势持续显现。截至年末，供应链票据贴现金额和承兑金额的比值为65.96%，供应链票据单笔贴现金额在1 000万元以下的笔数占比为47.96%，面额最小的为891.15元，小额票据贴现融资效率有所提高。

### 三、趋势展望

中央经济工作会议要求2022年我国经济工作稳字当头，稳中求进。人民银行工作会议也强调稳健的货币政策灵活适度，精准加大重点领域金融支持力度。票据市场作为直接联系货币政策和实体经济的金融市场，政策传导效率高、直达性强，在稳定宏观经济运行、促进产业链供应链循环以及支持中小微企业发展等方面具有较大潜力。在新的一年里，随着新一代票据业务系统上线运行，商票信息披露制度深入推进，供应链票据等创新业务增量扩面和信息服务产品逐步向市场推出等，票据市场高质量发展将迈上新台阶，各项业务有望保持平稳增长，有力支持中小微企业健康发展，并将在构建国内国际双循环、推动实体经济转型发展等方面发挥更重要的作用。

供稿单位：上海票据交易所
执 笔 人：王凌飞　郭宏坚　孙馨瑶

# 票据承兑支付情况分析

2021年，票据承兑支付业务和参与签发、背书票据的企业数量总体稳步增长，企业的背书活跃度略有上升。承兑金额24.15万亿元，同比增长9.32%；背书金额56.56万亿元，同比增长19.84%；出票企业数量同比增长9.61%，参与背书转让的企业数量同比增长18.67%；平均每月每家企业参与背书的次数为11.27次，同比增长10.16%。

## 一、票据承兑支付总体情况

### （一）承兑支付业务稳步增长

2021年，全国共发生商业汇票承兑2 880.25万张、金额24.15万亿元，金额较2020年上升9.32%；发生背书（电票）14 270.41万次、金额56.56万亿元，金额较2020年上升19.84%。总体来看，企业通过签发电票的方式进行贸易支付的规模进一步扩大，电票金额占比由2020年的98.95%上升至99.32%。

表1-1　2021年承兑、背书发生张数、金额情况

| 业务量 | 承兑 | | 背书（电票） | |
|---|---|---|---|---|
|  | 张数（万张） | 金额（万亿元） | 次数（万次） | 金额（万亿元） |
| 商业汇票 | 2 880.25 | 24.15 | 14 270.41 | 56.56 |

## 第一部分 票据市场总体运行情况

续表

| 业务量 | | 承兑 | | 背书（电票） | |
|---|---|---|---|---|---|
| | | 张数（万张） | 金额（万亿元） | 次数（万次） | 金额（万亿元） |
| 按介质 | 电子商业汇票 | 2 738.25 | 23.99 | 14 270.41 | 56.56 |
| | 纸质商业汇票 | 142.00 | 0.16 | — | — |
| 按种类 | 银行承兑汇票 | 2 530.45 | 20.35 | 13 774.95 | 53.59 |
| | 商业承兑汇票 | 349.80 | 3.80 | 495.46 | 2.97 |

（二）纸电票支付业务保持增长，背书企业数量显著增加

从电子商业汇票每日承兑和背书量来看，企业办理电子商业汇票承兑、背书业务呈现月末季末显著冲高、月初下滑的态势，其中2月中旬企业经营活动受春节影响，支付业务量有明显下滑。

纸质商业汇票方面，根据企业开户行在中国票据交易系统登记的承兑业务来看，纸质商业汇票的承兑量除2021年春节前增长迅猛达到高峰外，其余时间均在6亿元上下波动。

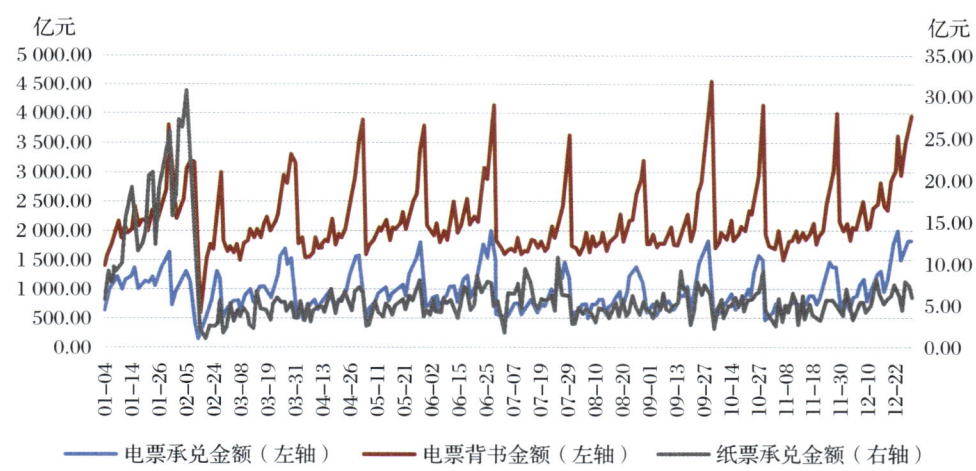

图1-15 2021年电子商业汇票承兑和背书、纸质商业汇票承兑每日发生额

从票据市场的企业参与度看，与2020年相比，2021年出票企业数量增长9.61%，参与背书转让的企业数量增长18.67%。

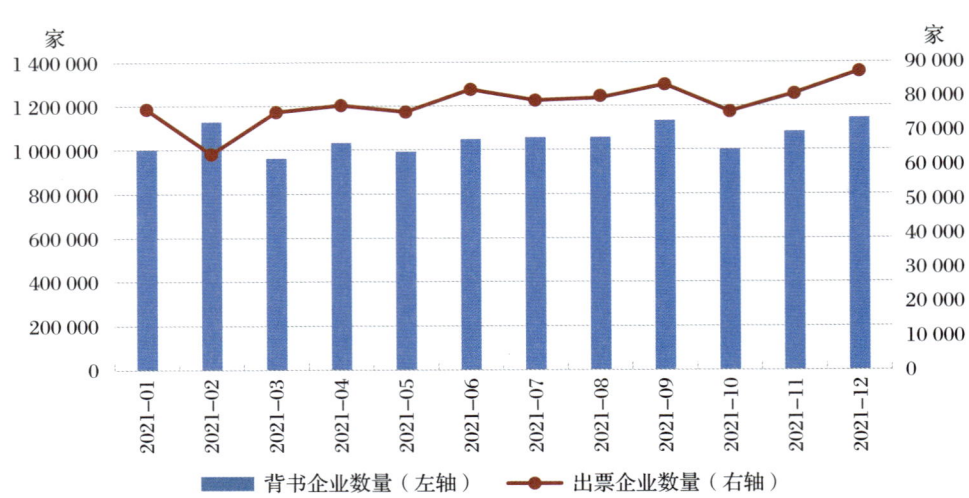

图1-16　2021年各月企业参与电子商业汇票业务情况

## 二、企业签发票据业务情况

**（一）企业签发票据行业分布总体稳定，房地产业下滑较大**

与2019年、2020年相比，2021年批发和零售业、制造业仍为各行业中签发票据

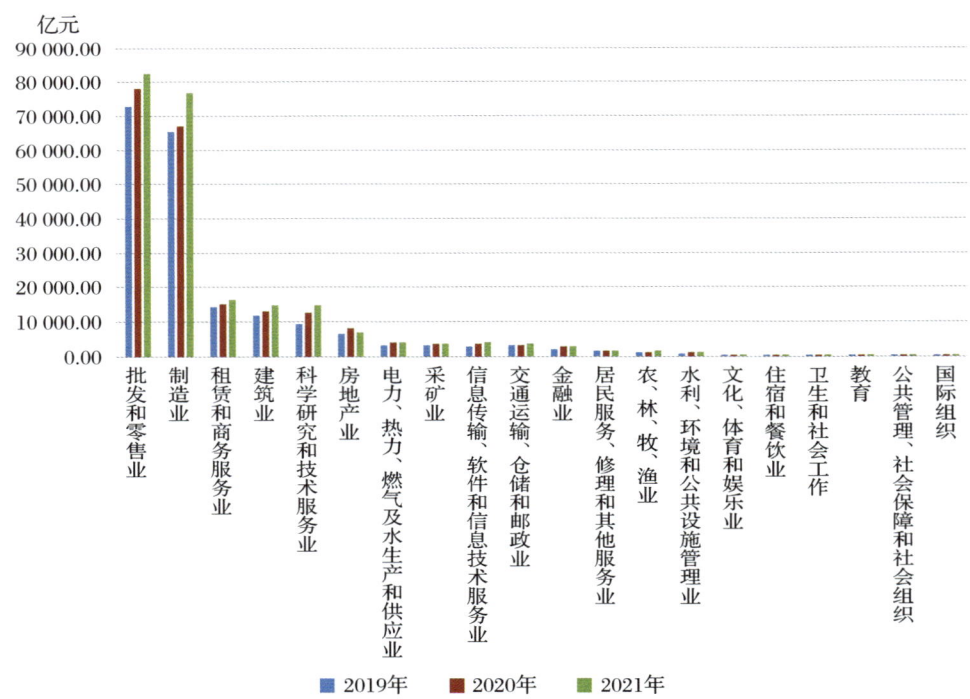

图1-17　近三年各行业企业票据签发金额

较多的行业，共占所有行业签发总额的67.64%。在使用票据较多的几个行业中，制造业，建筑业，科学研究和技术服务业，信息传输、软件和信息技术服务业的签发金额同比增长较多，房地产业的票据签发金额出现较大幅度的下滑。

（二）小微企业仍是票据签发金额最大的主体，且月均波动较大

2021年小微企业、大型企业、中型企业票据签发金额占各规模企业票据签发总额的比例分别为39.33%、35.12%和25.55%，与2020年相比，大型企业的占比略有提升。从各月不同规模企业的票据签发金额来看，小微企业签发票据金额的波动性更大，季节性因素对其经营活动的影响更强。

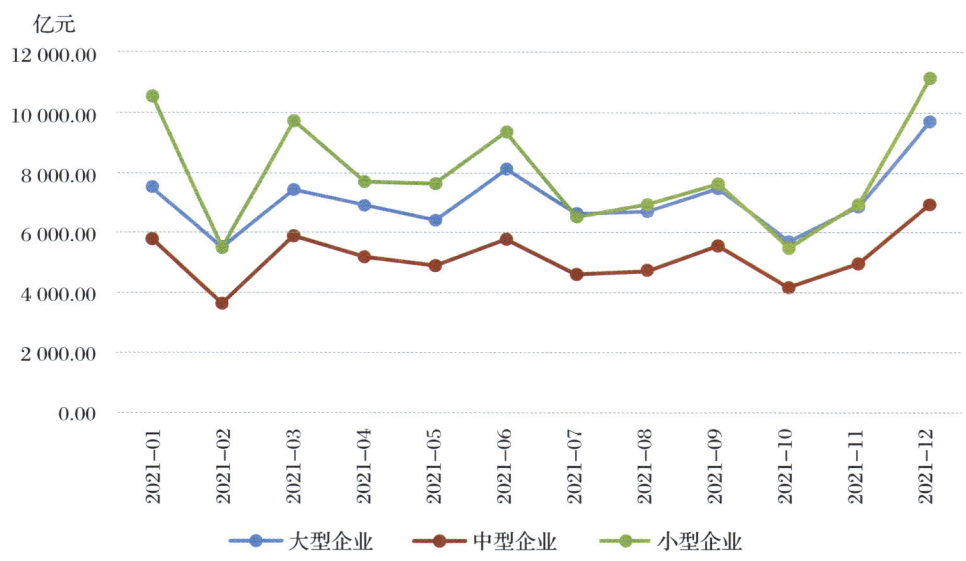

图1-18　2021年不同规模企业每月票据签发金额

### 三、企业间背书转让业务情况

（一）单张票据背书次数稳中有升

从背书票据张数来看，2021年每月票据背书张数平均为392.39万张，与2020年相比上升24.16%。单张票据背书次数整体较为平稳，每月平均为3.02次，与2020年基本一致。从各月的背书活跃度来看，1月至9月，票据背书活跃度整体处于上升趋势，10月至12月略有回落。

图1-19 2021年电子票据各月背书活跃度

**（二）企业背书活跃度略有上升**

2021年共有259.29万家企业参与背书业务，同比上升18.67%，平均每月每家企业参与背书的次数为11.27次，与2020年相比上升10.16%，企业背书活跃度略有上升。

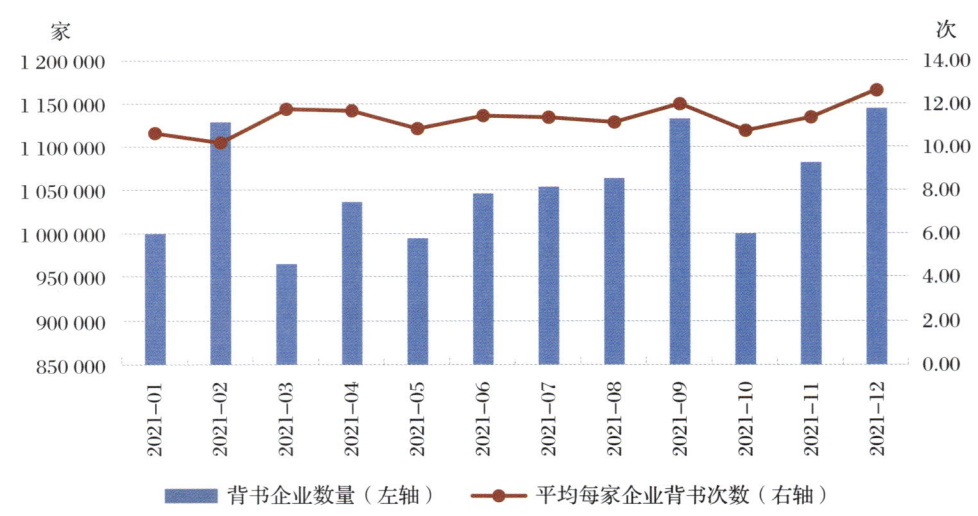

图1-20 2021年各月企业参与背书情况

**（三）银票企业间流动性显著高于商票**

2021年，单张银票每月背书频次约为3.11次，单张商票每月背书频次约为1.69

次，银票和商票的流动性仍然存在较大差距。随着未来企业信用环境更加透明、信息披露机制更加完善，商票在企业间的流动性或将进一步提升。

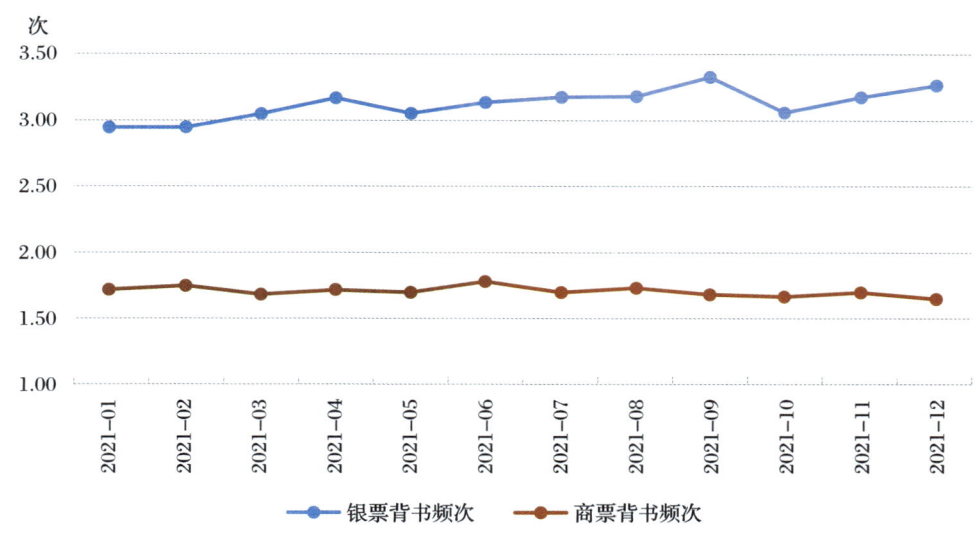

图1-21　2021年银票和商票背书频次趋势

供稿单位：上海票据交易所

执 笔 人：倪宏侃　杨　阳

# 票据贴现和托管情况分析

2021年，全国票据贴现总量15.02万亿元，同比增长11.93%；年末票据贴现承兑比为65.97%，较上年末提高3.67个百分点。2021年末，全国共有12 326家市场参与者托管票据461.33万张，张数较上年末增长35.66%；托管余额9.99万亿元，较上年末增长12.5%。

## 一、票据贴现市场运行情况

### （一）贴现总量显著增长，更好满足实体经济融资需求

2021年票据市场共计办理贴现业务15.02万亿元，创2017年以来新高；贴现发生额同比增长11.93%，较承兑业务增速高出2.61个百分点，年末贴现承兑比达到65.97%，创2017年以来年度最高值；全年共为35.77万家企业提供贴现服务，同比增长13.79%，票据市场在满足企业短期融资需求、服务实体经济方面的作用进一步增强。

第一部分 票据市场总体运行情况

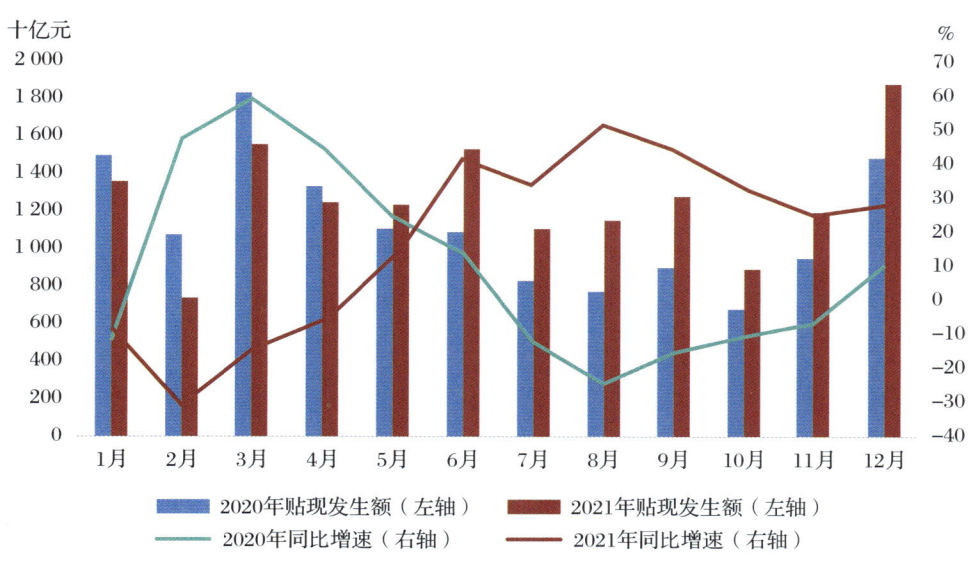

图1-22 2020—2021年各月份贴现量及同比增速

### (二) 贴现利率明显下降，助力降低企业融资成本

2021年，全年全市场贴现加权平均利率为2.85%，同比下降13个基点。其中，银票贴现利率为2.73%，同比下降13个基点；商票贴现利率为4.20%，同比下降20个基点。

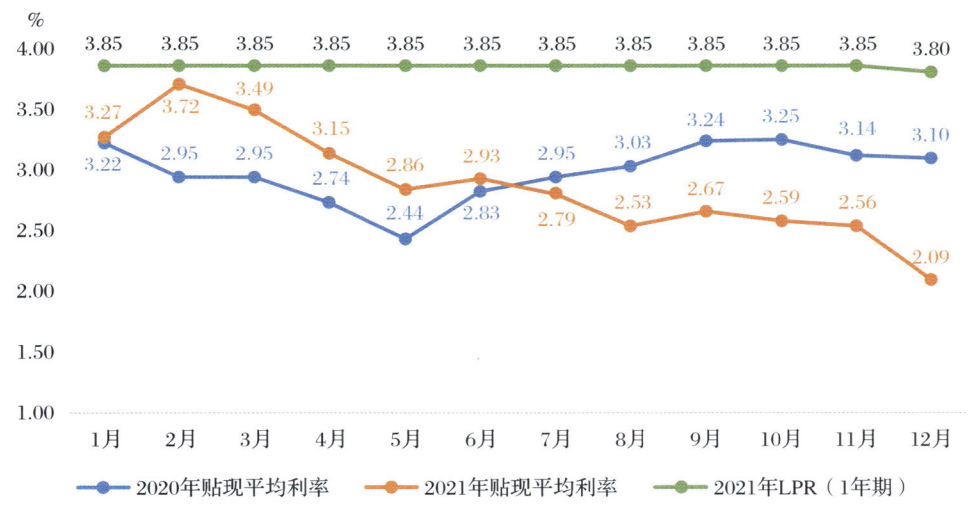

图1-23 2020—2021年各月贴现加权平均利率

23

贴现利率与一般贷款之间的利差持续扩大，12月贴现利率较1年期贷款市场报价利率（LPR）低171个基点，利差较年初扩大113个基点，全年贴现利率较企业贷款利率[①]低176个基点，为企业节约融资成本超过1 000亿元。

大力支持重点产业，制造业、科技业等增势明显。2021年，批发和零售业、制造业仍然是主要的贴现融资行业，贴现量占比分别为39.35%和30.00%。在增速方面，制造业、科学研究和技术服务业、采矿业贴现金额同比增长20.63%、14.49%和13.71%，体现了票据市场在支持制造业优化升级、促进科学技术发展中的积极作为。

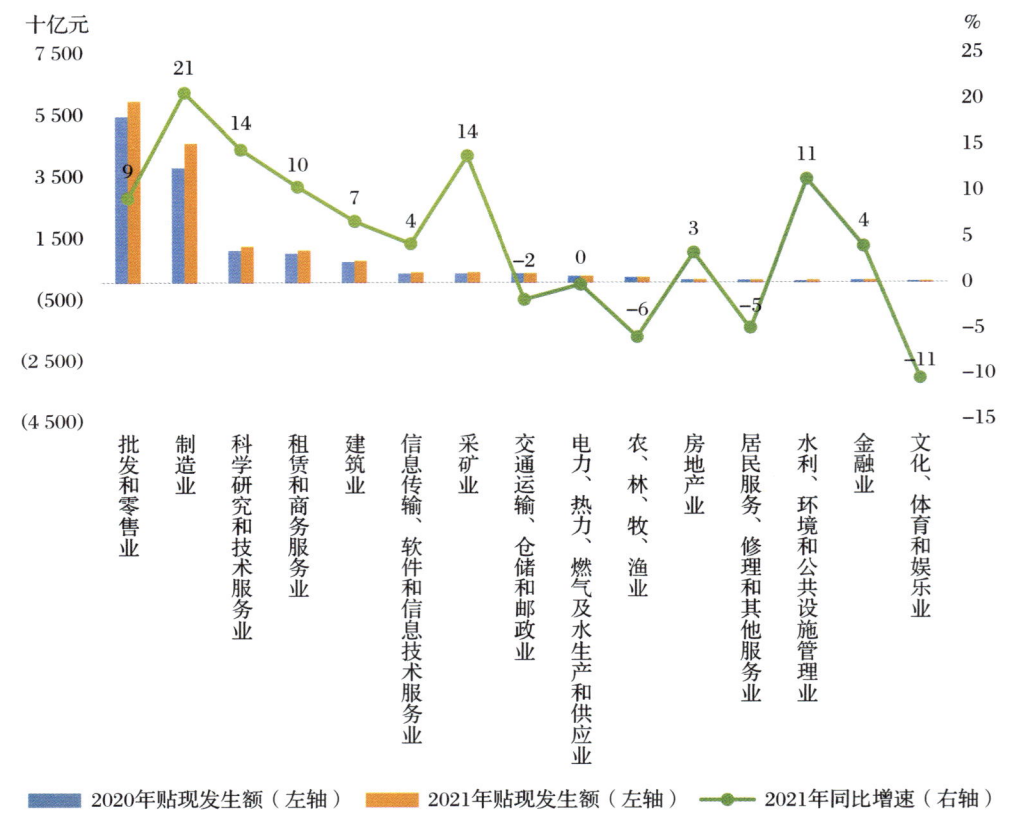

图1-24　2020—2021年各行业贴现量及增速

---

[①] 资料来源：2021年企业贷款利率为4.61%，来自2021年金融统计数据新闻发布会文字实录。

有力支持中小微企业融资。全年，中小微企业贴现量11.13万亿元，在贴现总额中占比为74.12%；中型、小型、微型企业贴现加权平均利率分别为2.87%、2.96%和2.95%，同比分别下降9个、6个和8个基点。

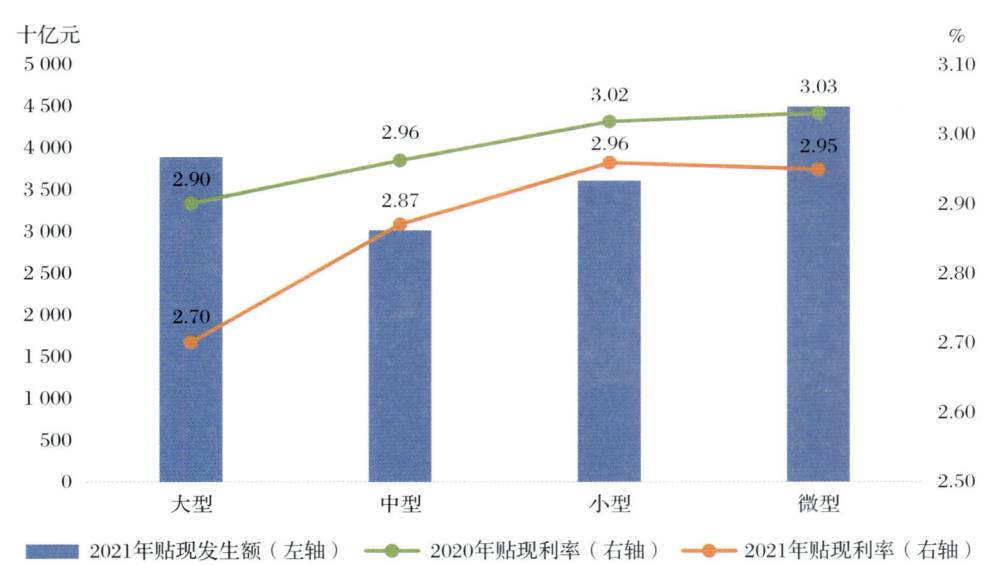

图1-25　2020—2021年各类型企业贴现量及利率

### （三）机构发展分化明显，地区集中度较高

国有商业银行、城市商业银行、财务公司增速较快。2021年，国有商业银行、股份制商业银行仍然是贴现市场的主要参与者，以1.52%的机构数量实现了全市场64.44%的贴现业务，头部集中效应明显。财务公司、国有商业银行、城市商业银行贴现业务增速较快，同比分别增长15.48%、14.96%和13.66%，高于全市场平均增速。

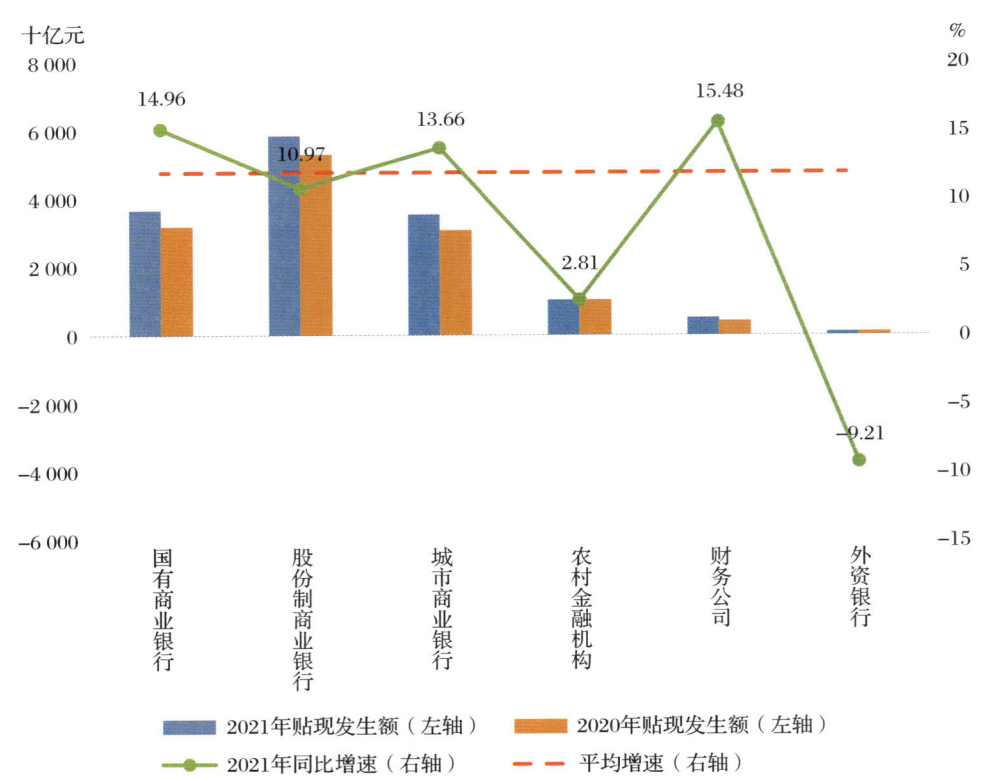

**图1-26　2021年各类型贴现机构贴现金额及增速**

贴现机构地区集中度较高。江苏、广东、浙江、山东是2021年贴现量最大的四个省份，贴现金额均超过1万亿元，业务量合计占比49.98%。长三角、京津冀地区贴现量分别为5.70万亿元、1.38万亿元，同比分别增长15.94%和10.08%。

## 二、票据托管运行情况

### （一）托管总量增长显著

2021年末，全国共有12 326家（较上年末增加208家，增长1.72%）市场参与者托管票据，余额9.99万亿元，较上年末增长12.5%；合计张数461.33万张，较上年末增长35.66%；平均票面金额为216.66万元，较上年末下降16.99%。

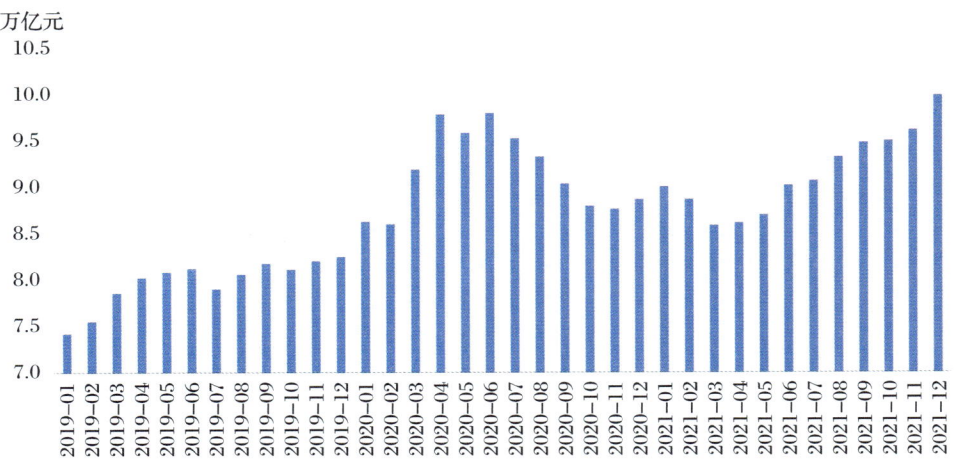

图1-27　2019年以来月度票据托管余额

从托管票据种类来看,银行承兑汇票张数占比为95.42%,较上年末上升0.88个百分点;金额占比为90.90%,较上年末下降0.19个百分点;平均票面金额206.41万元,较上年末下降17.92%。商业承兑汇票平均票面金额430.19万元,较上年末提高1.05%。

从托管票据介质来看,电子票据张数占比为99.58%,较上年末上升0.3个百分点;金额占比为99.88%,较上年末上升0.06个百分点;平均票面金额217.31万元,较上年末下降17.19%。纸质票据平均票面金额62.75万元,较上年末下降1.83%。

表1-2　2021年末票据托管余额(按种类和介质)

| 票据类别 | 张数(张) | 张数占比(%) | 金额(亿元) | 金额占比(%) |
| --- | --- | --- | --- | --- |
| 银票 | 4 401 942 | 95.42 | 90 860.14 | 90.90 |
| 商票 | 211 432 | 4.58 | 9 095.70 | 9.10 |
| 电票 | 4 594 015 | 99.58 | 99 834.36 | 99.88 |
| 纸票 | 19 359 | 0.42 | 121.48 | 0.12 |

(二)票据持有者结构有所调整

2021年末,从持有者类型来看,股份制商业银行、农村金融机构、国有商业银行及城市商业银行票据持有余额居前,张数合计占比为95.08%,较上年末上升2.52

个百分点；金额合计占比为95.48%，较上年末上升4.96个百分点。其中，股份制商业银行和城市商业银行持有余额同比增长率较高，分别为25.80%和21.37%。

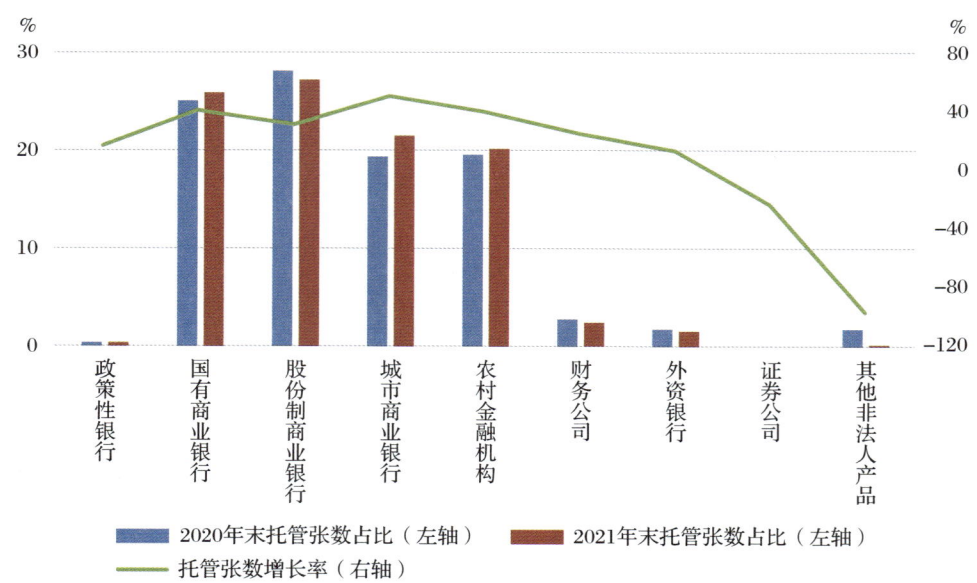

图1-28　2020年、2021年末票据持有者类型结构（张数）

图1-29　2020年、2021年末票据持有者类型结构（金额）

2021年末,票据持有机构所属省份仍集中在广东、江苏、浙江、北京和上海,张数合计占比为48.54%(较上年末下降0.05个百分点),金额合计占比为40.93%(较上年末下降5.49个百分点)。其中,天津和福建持有余额同比增长率居前,分别为64.64%和50.78%;西藏、北京和上海持有余额同比增长率靠后,分别为-39.73%、-19.06%和-14.38%。

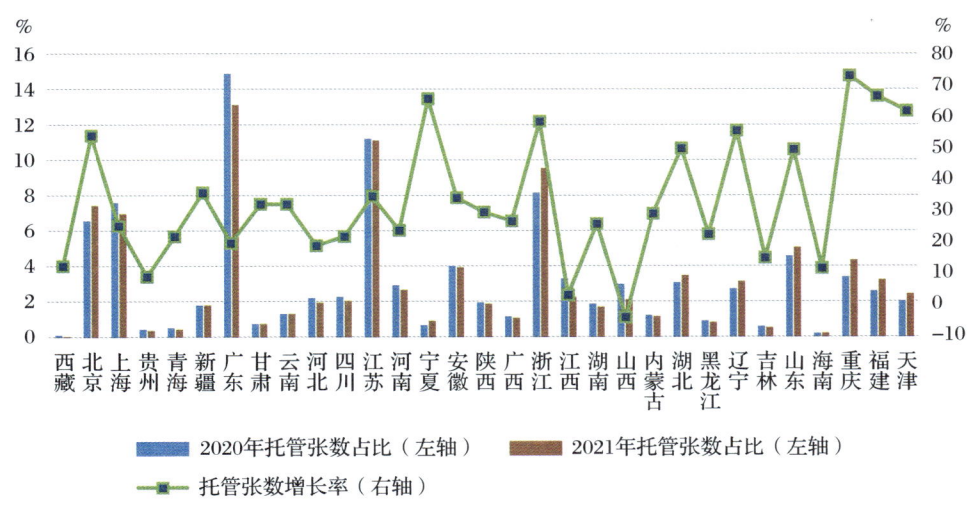

图1-30　2020年以来季末票据持有者省份结构(张数)

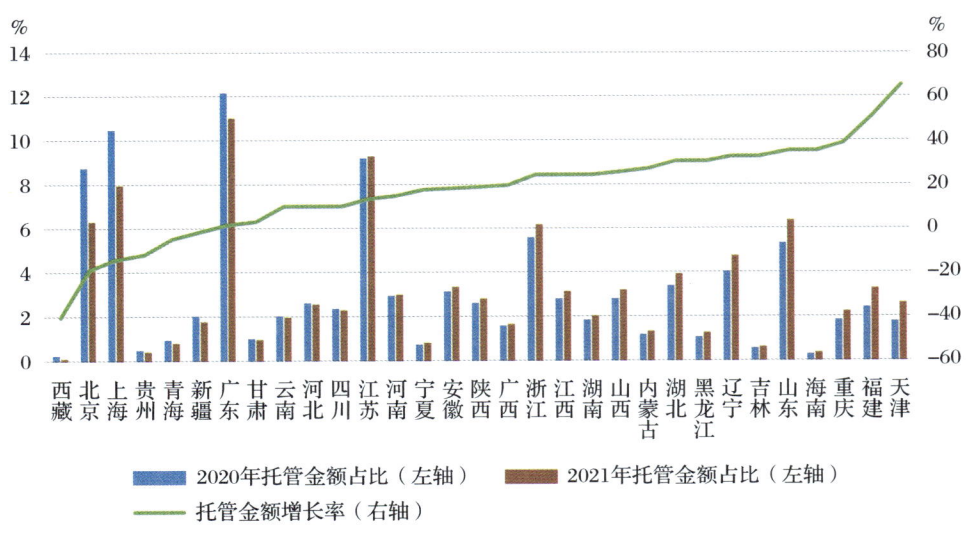

图1-31　2020年以来季末票据持有者省份结构(金额)

### （三）用作担保品的托管票据余额逾万亿元

2021年末，质押式回购待赎回票据余额0.43万亿元，再贴现质押式待赎回票据余额0.59万亿元，质押票据余额105.87亿元，买断式回购待返售票据余额171.5亿元。加总来看，2021年末托管票据用作金融机构之间的质押式回购、买断式回购、质押，以及金融机构与央行之间的再贴现质押式回购担保品的余额达1.05万亿元。

另外，票据在用作期货市场标准仓单担保品方面取得创新突破。2021年8月，郑州商品交易所新增银行承兑汇票作为厂库仓单担保方式，先期在硅铁、锰硅品种上实施。探索以票据替代现金、银行保函等担保方式，可以为中小企业带来更加多元化的担保品选择，显著提高企业持票的利用率、减少经营资金占用，更好发挥票据服务实体经济的功能。

供稿单位：上海票据交易所

执笔人：李　麟　张　赟　李泽源　徐　哲

第一部分　票据市场总体运行情况

# 票据交易情况分析

2021年，票据转贴现交易量平稳增长，利率总体下行；票据回购交易量较快增长，利率稳中有升；市场参与者数量稳步增长，中小机构交易活跃度有所提升。

### 一、票据交易量平稳增长

2021年，票据交易量保持增长，但同比增速有所放缓。全年交易量69.91万亿元，同比增长9.09%，增速较上年低16.95个百分点。其中，转贴现是最主要的交易品种，全年交易量46.94万亿元，占交易总量的67.13%；回购交易量22.98万亿元，占交易总量的32.87%，较上年高1.69个百分点，占比进一步提升。

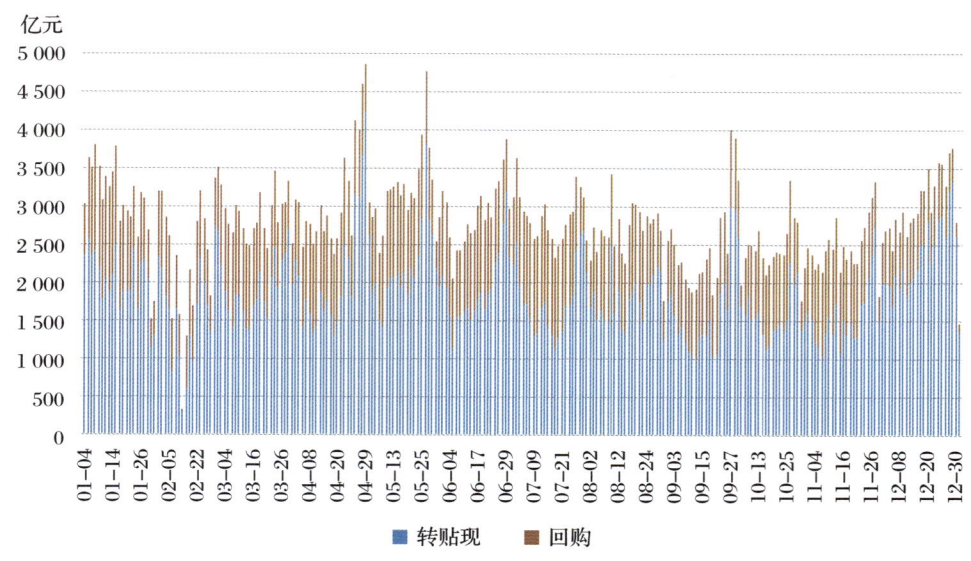

图1-32　2021年票据交易量情况

月度交易量呈季节性变化，整体波动较2020年更为平稳。交易最活跃的月份分别为3月、4月和12月，单月交易量约在6.8万亿元。与上年相比，3月和4月交易量同比下降均超过10%，其他月份交易量均有不同程度的增长。

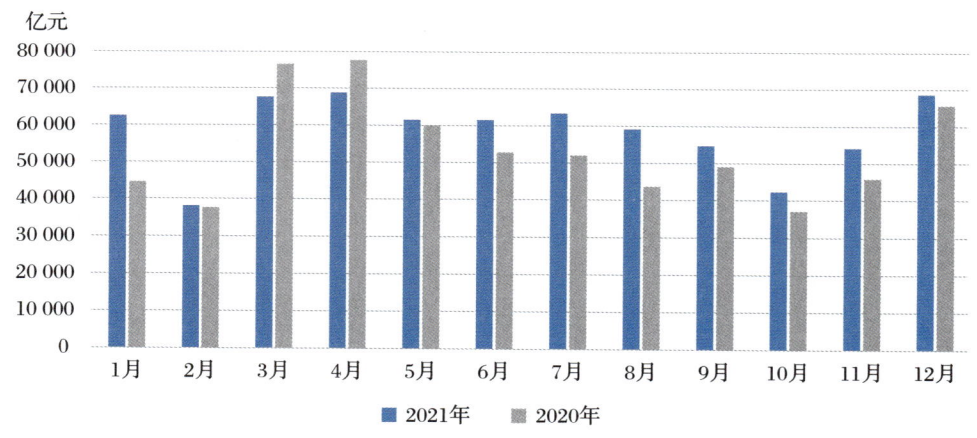

图1-33　2020年、2021年票据交易量月度变化情况

从单日交易量变化来看，2021年日均交易量为2 796.58亿元，较上年增加222.66亿元。单日最高交易量出现在4月29日，交易量为4 856.72亿元，略高于上年最高值

4 846.47亿元，创纸电融合以来新高。从单日交易量分布来看，全年共250个交易日，单日交易量超过4 000亿元的共计4个交易日（分布于4月和5月下旬），较上年少6个交易日；单日交易量在3 000亿~4 000亿元的共计80个交易日，较上年多21个交易日；单日交易量在2 000亿~3 000亿元的共计149个交易日，较上年多16个交易日。

## 二、转贴现交易量平稳增长，利率总体下行

2021年，转贴现交易量46.94万亿元，同比增长6.41%，增速较上年低7.2个百分点。其中，银票交易量42.07万亿元，同比增长2.7%，占转贴现交易总量的89.63%；商票交易量较快增长，全年交易量4.87万亿元，同比增长54.74%，占转贴现交易总量的10.37%，占比较上年高3.24个百分点。内部交易占比持续下降，2021年转贴现内部交易量占比34.24%，较上年低4.67个百分点。

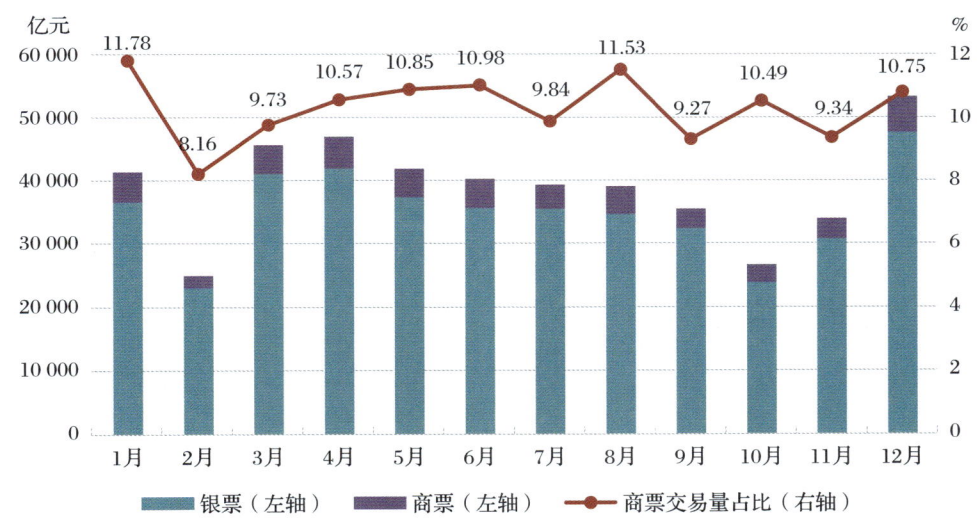

图1-34 2021年银票和商票交易量情况

从交易量期限结构来看，短期和长期转贴现交易量占比有所提升，中间期限转贴现交易量占比有所下降。2021年，1M和3M期限转贴现交易量合计占比为25.73%，较上年高3.58个百分点；6M和9M期限转贴现交易量合计占比为38.54%，较上年低6.4个百分点；1Y期限转贴现交易量占比为35.73%，较上年高2.82个百分点。

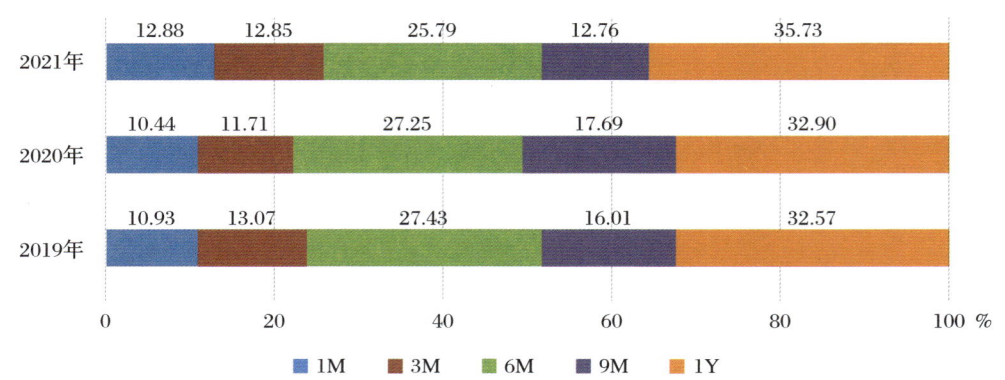

**图1-35  2019—2021年转贴现各期限品种交易量占比**

在利率方面，2021年转贴现交易利率走势总体下行，年加权平均利率为2.62%，同比下降9个基点。直贴与转贴现利差有所收窄，全市场利差23个基点，较上年收窄4个基点。其中，银票转贴现加权平均利率为2.56%，同比下降8个基点，利差17个基点，较上年收窄5个基点；商票转贴现加权平均利率为2.99%，同比下降7个基点，利差121个基点，较上年收窄13个基点。从月度利率走势来看，市场整体利率自2月起持续下行，全年银票、商票转贴现利差逐渐扩大，12月出现明显分化；从直转利差变化来看，银票利差呈季节性波动，2月、3月和12月较高，1月、6月和8月较低，而商票利差相对稳定。

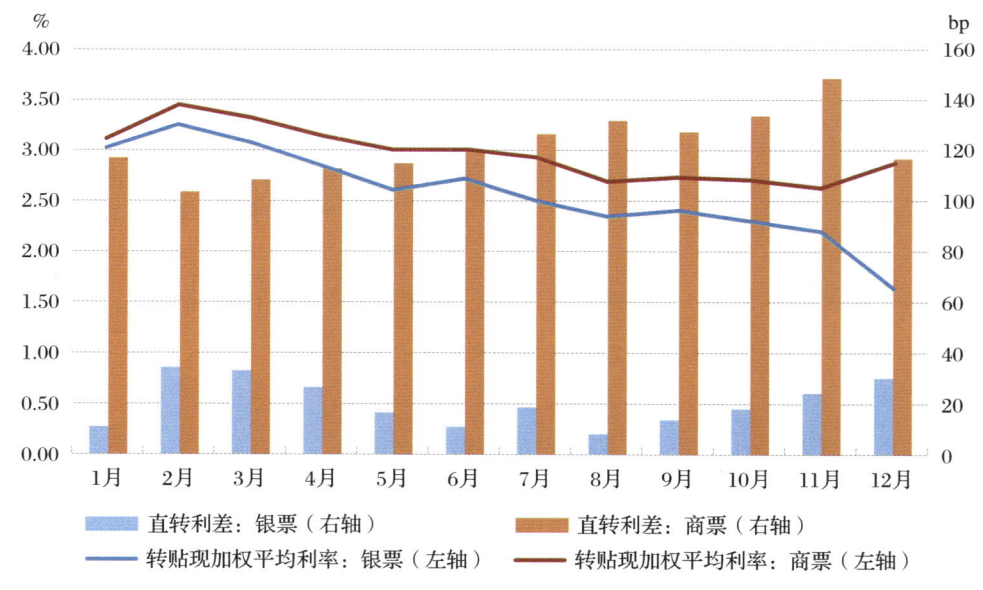

**图1-36  2021年转贴现利率月度变化情况**

分期限来看，1M银票转贴现利率波动规律较为明显，通常在月末快速下降，次月初逐渐回升；6M、1Y银票转贴现利率震荡下行；长期和短期利率利差随全市场利率水平下降而逐渐收窄。值得注意的是，12月跨年票据供不应求，导致银票转贴现利率出现较大波动：12月上旬起，3M、6M银票转贴现利率快速下行，并逐渐向长期利率传导，1M以上期限利率均在23日、24日达到全年最低值，24日后各期限利率快速反弹，至年末已回升至全年平均水平。

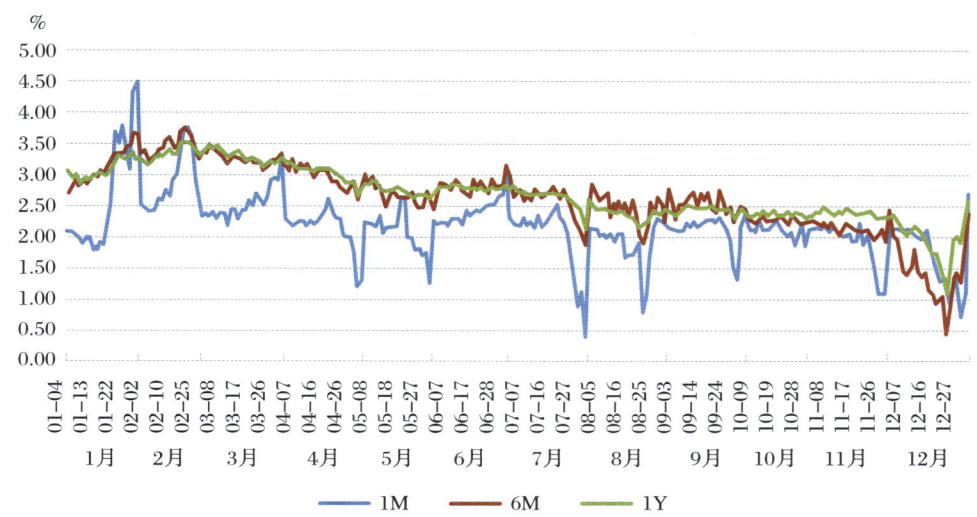

图1-37　2021年1M/6M/1Y银票转贴现利率走势

### 三、回购交易量较快增长，利率稳中有升

2021年，回购交易量22.98万亿元，同比增长14.98%。其中，质押式回购交易量平稳增长，全年交易量21.7万亿元，同比增长11.06%，占回购交易总量的94.44%。买断式回购交易量较快增长，全年交易量1.28万亿元，同比增长187.52%，占回购交易总量的5.56%，占比较上年高2.22个百分点。2021年开展买断式回购交易的会员单位数量达84家，较上年增加35家，机构类型覆盖国有商业银行、城市商业银行、财务公司、非银机构等各类金融机构。

从回购交易量月度变化情况看，除2月之外，上半年各月回购交易量基本保持在2万亿元左右；下半年回购交易量呈下降趋势，单月交易量在1.5万亿~2万亿元。

图1-38　2021年回购交易量月度变化情况

从交易量期限结构上看，2021年回购交易各期限品种交易量占比保持稳定。回购交易仍以短期为主，7D及以下期限回购交易量占比为81.53%，较上年高1.15个百分点；14D和1M回购交易量占比为12.76%，较上年低0.27个百分点；1M以上期限回购交易量占比为5.71%，较上年低0.88个百分点。

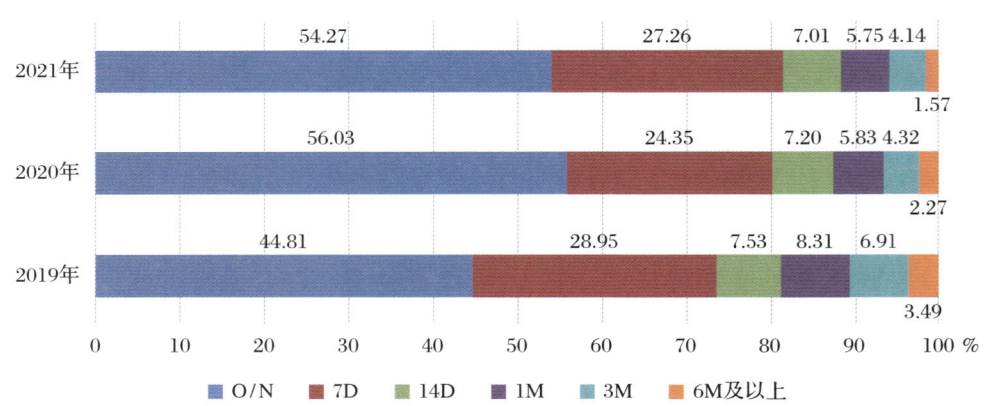

图1-39　2019—2021年回购交易各期限品种交易量占比

在利率方面，2021年回购交易利率总体平稳，整体利率水平有所上升。质押式回购年加权平均利率为2.15%，同比上升28个基点；买断式回购年加权平均收益率为2.17%，同比上升6个基点。

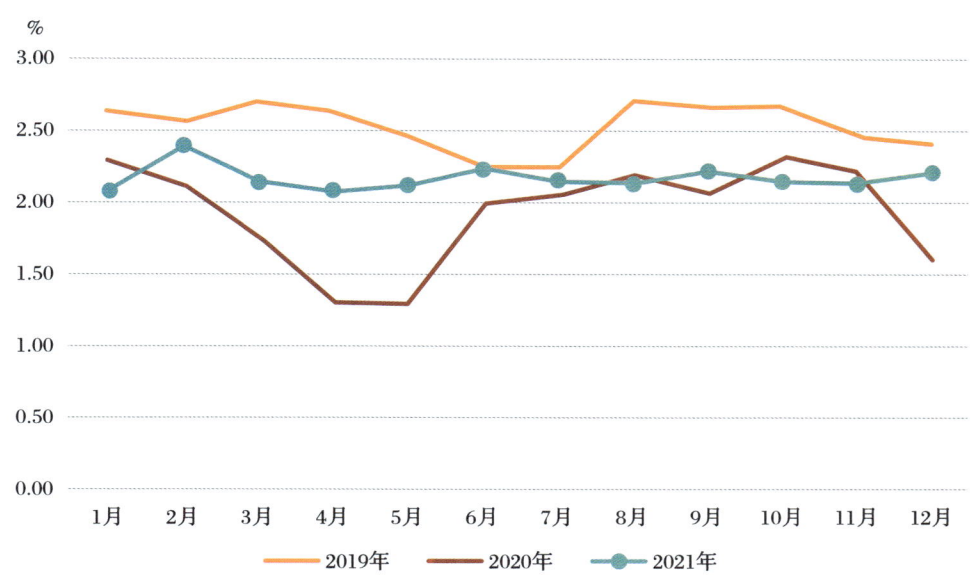

图1-40　2019—2021年质押式回购加权平均交易利率月度变化情况

分期限来看，短期回购利率相对平稳，隔夜、7D回购利率基本保持在1.5%~2.5%，仅在1月末和12月末的个别交易日突破3%，受年末因素影响，7D回购利率在1月29日达到全年最高值4.13%。相较之下，中长期限品种利率波动更为明显，1M、3M质押式回购利率在第一季度出现较大波动，第二、第三季度保持平稳，第四

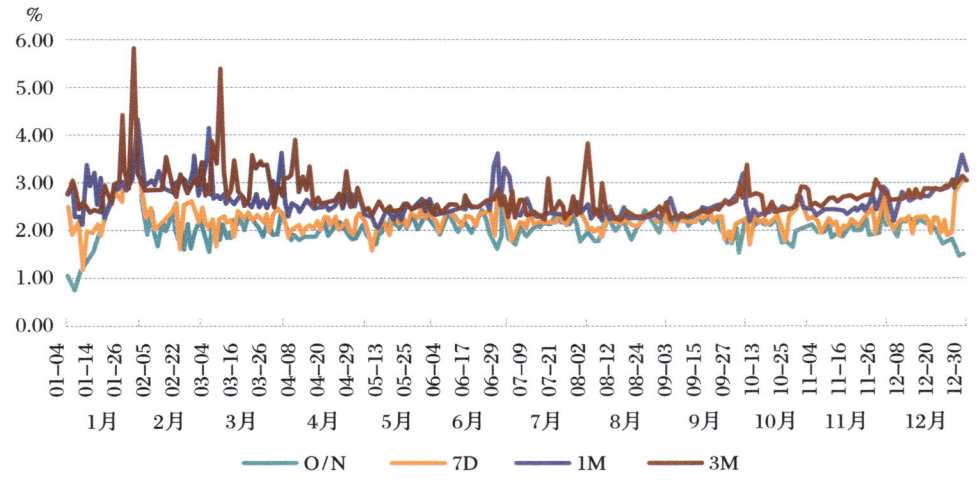

图1-41　2021年质押式回购不同期限品种交易利率走势

季度呈明显上升趋势。此外，除年初、年末等特殊时点，票据市场质押式回购利率与货币市场利率走势基本一致，质押式回购隔夜利率与DR001的相关系数为0.92，7天回购利率与DR007的相关系数为0.79。

### 四、交易主体数量稳步增长，中小机构交易活跃

自票交所开业以来，通过票交所系统开展交易的会员单位超过2 000家，系统参与者数量超过1万家。其中，2021年开展交易的会员单位数量为2 120家，系统参与者数量为9 500家，同比分别增长3.11%和7.08%。此外，2021年开展外部交易的系统参与者数量较上年略有减少，反映出市场参与者交易权限进一步集中。

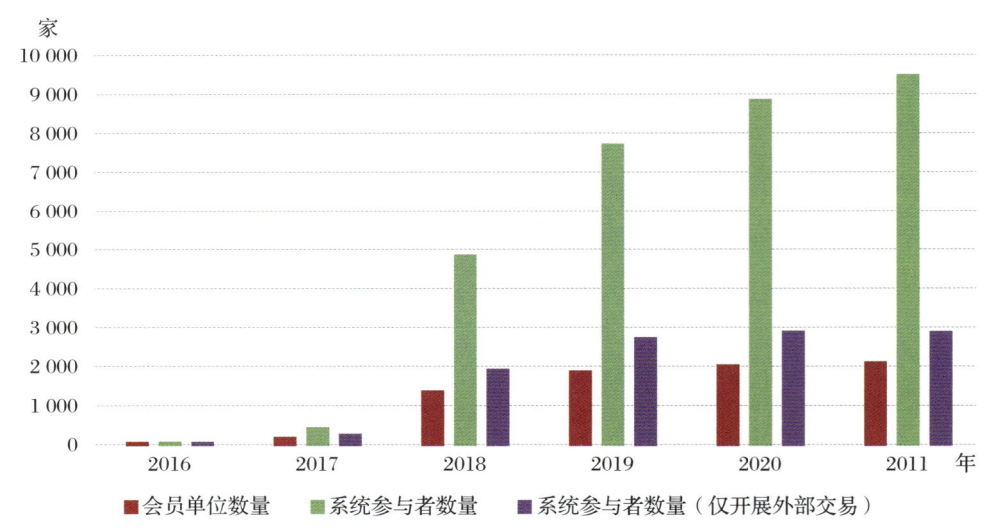

图1-42　2016—2021年开展交易的会员单位和系统参与者数量

从各类型机构交易量占比来看，国有商业银行、股份制商业银行、城市商业银行是最主要的市场参与者，2021年三者交易量合计占比达76.67%。中小机构交易更加活跃，农村金融机构、非银机构交易量同比分别增长37.12%和75.08%，两者交易量占比分别较上年高2.97个百分点和1.83个百分点。2021年，非法人产品交易量明显下降，同比下降26.01%，交易量占比为2.96%，较上年低1.4个百分点。

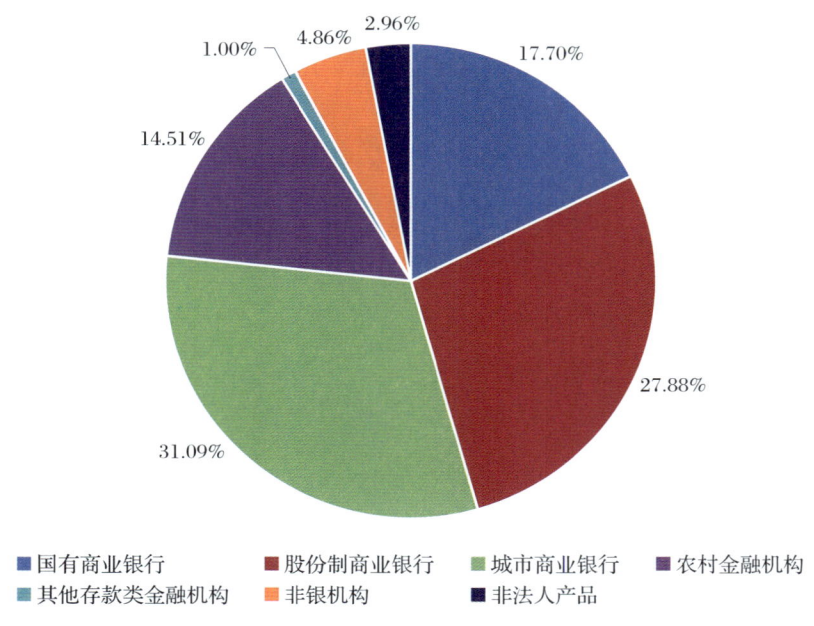

图1-43　2021年各类型机构交易量占比（双边统计）

从转贴现交易来看，股份制商业银行是最活跃的市场参与者，交易量占转贴现交易总量的35.62%，以卖出交易为主，2021年净卖出交易量超过3万亿元；而农村金融机构多以买入交易为主，且近三年净买入交易量呈明显上升趋势。从回购交易来看，城市商业银行是回购交易中最活跃的市场参与者，交易量占回购交易总量的45.73%。城市商业银行、非银机构多以正回购交易为主；相较之下，国有商业银行是最主要的资金融出方；股份制商业银行正、逆回购相对平衡，且净融入融出情况在不同年份中表现有所差异；农村金融机构则由上一年的资金净融出转变为净融入。

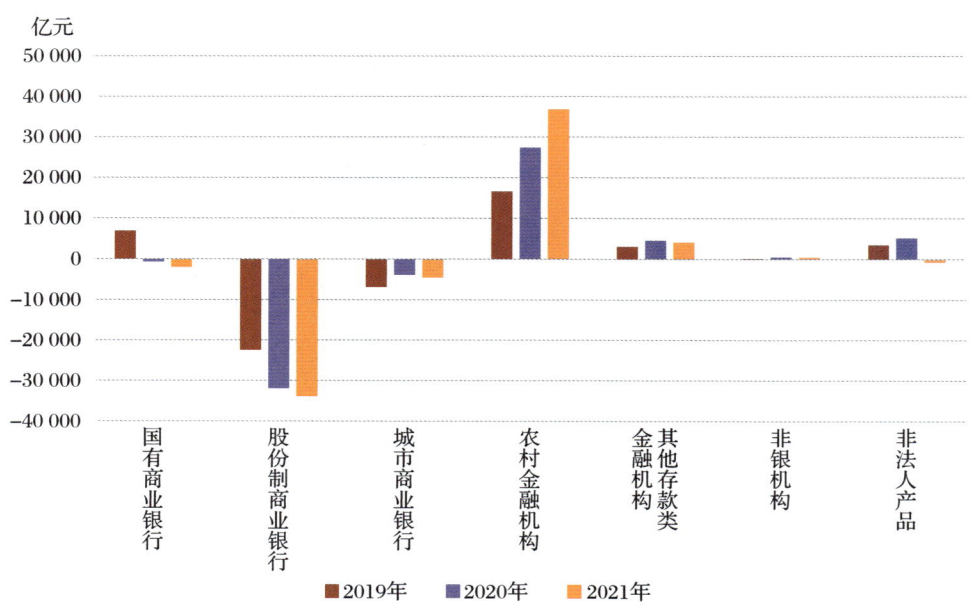

图1-44　2019—2021年各类型机构转贴现净买入①情况

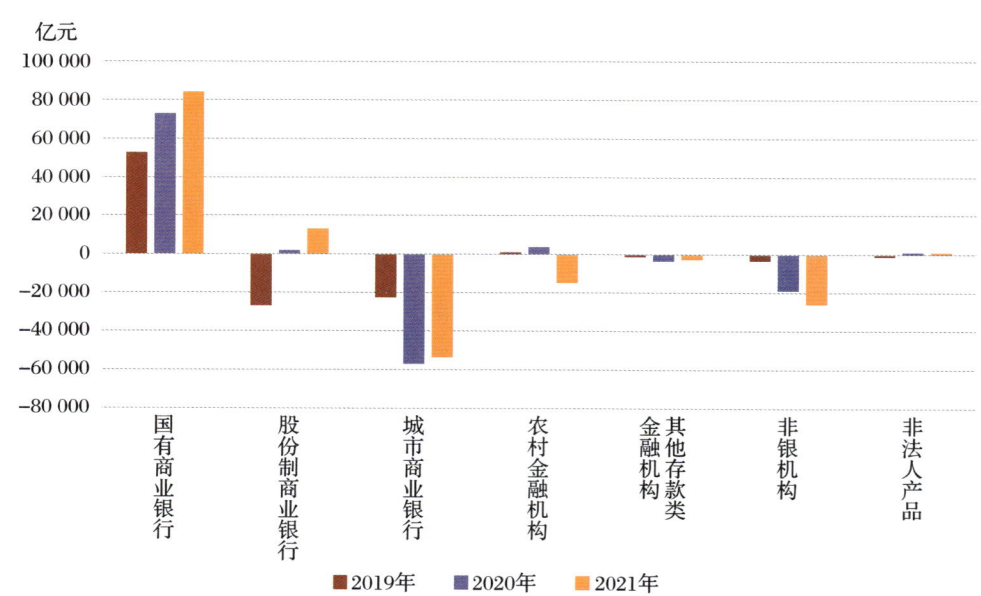

图1-45　2019—2021年各类型机构票据回购资金净融出②情况

供稿单位：上海票据交易所

执 笔 人：汤莹玮　王培虎　林　蓓

---

① 转贴现净买入＝转贴现买入交易量－转贴现卖出交易量。
② 票据回购资金净融出＝逆回购交易量－正回购交易量。

第一部分　票据市场总体运行情况

# 票据清算结算情况分析

2021年，票据清算结算业务运行平稳，票据业务结算量延续增长势头。电票结算量持续增长，纸电票据结算量差距继续扩大。各业务种类结算量持续增长，交易业务结算量持续攀升。依托票交所资金账户开展线上清算的中小金融机构数量稳步增长，线上清算业务量大幅增长。

## 一、票据清算结算总体情况

### （一）票据业务结算量持续增长，电票占比进一步提高

2021年，票交所累计办理票据业务DVP结算2 351.29万笔、金额97.92万亿元，结算金额同比增长14.18%。

按票据介质区分，电票业务DVP结算2 342.76万笔、金额97.89万亿元，结算金额同比增长14.21%，结算笔数和金额分别占结算总量的99.64%和99.97%，分别较上年提升0.20个和0.02个百分点；纸票业务DVP结算8.53万笔、金额0.03万亿元，分别占结算总量的0.36%和0.03%，结算金额同比下降38.21%。

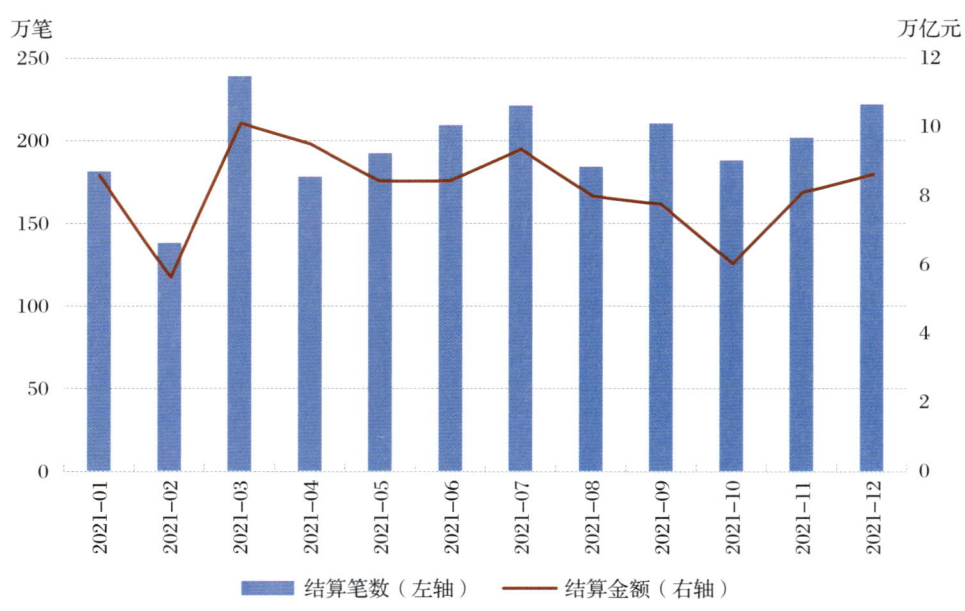

图1-46　2021年票据业务DVP结算情况

表1-3　2021年票据业务DVP结算情况（按票据种类和票据介质区分）

| 分类 | 笔数（万笔） | 金额（万亿元） | 笔数占比（%） | 金额占比（%） |
| --- | --- | --- | --- | --- |
| 电子银行承兑汇票 | 2 131.42 | 93.28 | 90.65 | 95.26 |
| 电子商业承兑汇票 | 211.34 | 4.61 | 8.99 | 4.71 |
| 纸质银行承兑汇票 | 8.01 | 0.021 | 0.34 | 0.02 |
| 纸质商业承兑汇票 | 0.52 | 0.004 | 0.02 | 0.01 |

（二）票据业务结算呈现交易类业务金额大、非交易类业务笔数多的特点

2021年，交易类业务DVP结算43.74万笔、金额77.48万亿元，分别占结算总量的1.86%和79.12%，结算金额同比增长14.63%；非交易类业务DVP结算2 307.55万笔、金额20.44万亿元，分别占结算总量的98.14%和20.88%，结算金额同比增长12.52%。

表1-4 2021年票据业务DVP结算情况（按业务种类区分）

| 业务类型 | 结算笔数（万笔） | 结算金额（万亿元） | 结算笔数占比（%） | 结算金额占比（%） |
| --- | --- | --- | --- | --- |
| 转贴现 | 33.40 | 31.68 | 1.42 | 32.35 |
| 质押式回购（含到期） | 9.59 | 43.30 | 0.41 | 44.22 |
| 买断式回购（含到期） | 0.75 | 2.50 | 0.03 | 2.55 |
| 交易类业务DVP结算合计 | 43.74 | 77.48 | 1.86 | 79.12 |
| 贴现 | 17.01 | 0.24 | 0.72 | 0.25 |
| 到期托收 | 2 289.10 | 20.07 | 97.36 | 20.50 |
| 追索 | 1.44 | 0.13 | 0.06 | 0.13 |
| 非交易类业务DVP结算合计 | 2 307.55 | 20.44 | 98.14 | 20.88 |
| 总计 | 2 351.29 | 97.92 | 100.00 | 100.00 |

从笔均结算金额来看，非交易类业务笔均结算金额88.58万元，同比下降7.87%；交易类业务笔均结算金额1.77亿元，同比下降13.62%。

## 二、中小金融机构线上清算业务持续增长

为提升中小金融机构票据业务的清算效率，票交所为未开立人民银行清算账户的中小金融机构提供线上清算结算服务。截至2021年底，依托票交所资金账户开展线上清算业务的中小金融机构达到526家，较2020年增加29家，增长5.84%。其中，开展ECDS线上清算业务的财务公司达到103家，村镇银行46家。

2021年，中小金融机构依托票交所完成线上清算100.44万笔、金额16.25万亿元，分别较2020年增长53.58%和24.53%。其中，办理ECDS线上清算业务49.53万笔、金额4 820.51亿元，同比分别上升114.32%和142.69%。

供稿单位：上海票据交易所
执 笔 人：张艳宁 童相新 吴思行

# 票据市场参与者接入情况分析

2021年票据市场参与者接入情况总体保持稳定，参与者类型结构、地域分布等方面与上年度基本保持一致。

**一、会员接入总量稳中有增，系统参与者数量平稳增长**

截至2021年末，票交所系统共接入会员3 082家，较上年末增加60家；系统参与者106 647个，较上年末增加2 521个。随着票据市场主要参与者均已接入票据业务系统，近年来会员数量趋于稳定，系统参与者数量仍保持平稳增长。

表1-5 会员及系统参与者分类统计

| 机构类型 | | 会员数量（家） | 占比（%） | 系统参与者数量（个） | 占比（%） |
|---|---|---|---|---|---|
| 银行类 | 政策性银行 | 3 | 0.10 | 2 145 | 2.01 |
| | 国有商业银行 | 6 | 0.19 | 58 423 | 54.78 |
| | 股份制商业银行 | 12 | 0.39 | 11 150 | 10.46 |
| | 城市商业银行 | 135 | 4.38 | 14 873 | 13.95 |
| | 外资银行 | 50 | 1.62 | 564 | 0.53 |
| | 农村商业银行 | 1 452 | 47.11 | 15 821 | 14.83 |

续表

| 机构类型 | | 会员数量（家） | 占比（%） | 系统参与者数量（个） | 占比（%） |
|---|---|---|---|---|---|
| 银行类 | 农村信用社 | 526 | 17.07 | 1 809 | 1.70 |
| | 村镇银行 | 417 | 13.53 | 1 070 | 1.00 |
| | 农村合作银行 | 23 | 0.75 | 47 | 0.04 |
| | 民营银行 | 20 | 0.65 | 20 | 0.02 |
| 非银类 | 财务公司 | 237 | 7.69 | 267 | 0.25 |
| | 证券公司 | 57 | 1.85 | 57 | 0.05 |
| | 基金公司 | 3 | 0.10 | 3 | 0.00 |
| | 信托公司 | 2 | 0.06 | 2 | 0.00 |
| | 资产管理公司 | 15 | 0.49 | 15 | 0.01 |
| 资管类（非法人产品） | 证券公司 | 41 | 1.33 | 116 | 0.11 |
| | 基金公司 | 7 | 0.23 | 7 | 0.01 |
| | 资产管理公司 | 35 | 1.14 | 180 | 0.17 |
| 资管类（标准化票据产品） | 商业银行 | 15 | 0.49 | 23 | 0.02 |
| | 证券公司 | 25 | 0.81 | 50 | 0.05 |
| | 票交所 | 1 | 0.03 | 5 | 0.00 |
| 总计 | | 3 082 | | 106 647 | |

## 二、机构类型分布结构稳定，银行类金融机构市场主导地位明显

**（一）银行类会员中大型商业银行系统参与者数量占比超八成，农村金融机构[①]会员数量占比超九成**

截至2021年末，银行业金融机构共接入银行类会员2 644家、系统参与者105 922个，分别占接入总数的85.79%和99.32%，较上年末新增会员45家、系统参与者2 627个，分别占2021年新增数量的75.00%和104.20%。

---

① 农村金融机构是指农村商业银行、农村合作银行、农村信用社以及村镇银行。

其中，农村金融机构法人数量占比较高，达91.45%，国有商业银行、政策性银行、股份制商业银行以及城市商业银行等大型金融机构系统参与者数量占比较高，达81.75%。

银行类金融机构分类情况见图1-47。

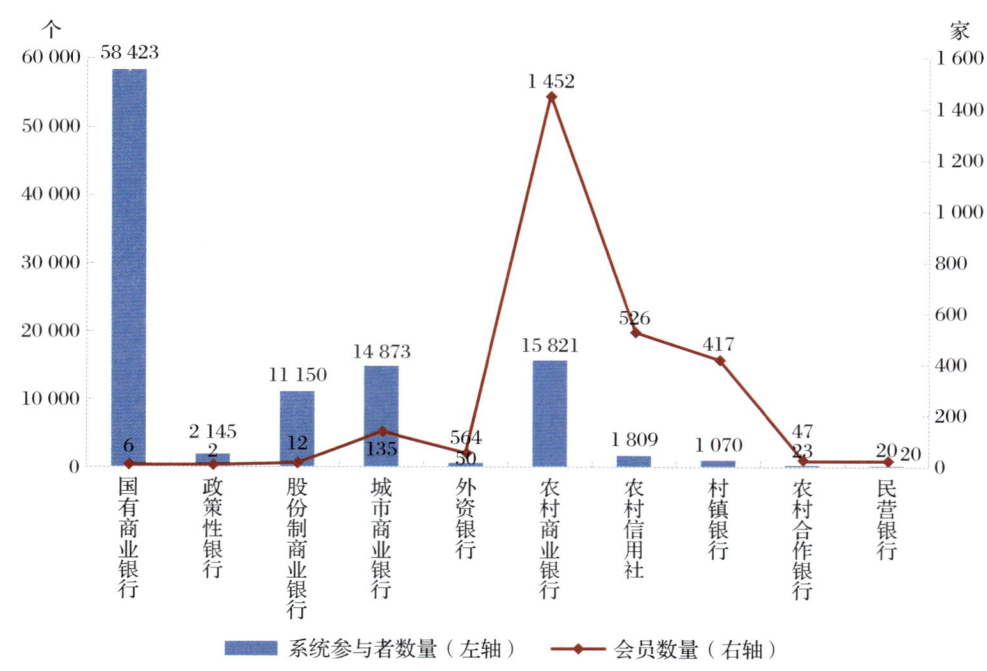

图1-47 银行类金融机构分类情况

（二）非银类金融机构数量略有增长，非法人产品数量有所下降

截至2021年末，共有359家非银类金融机构接入票交所系统（不含存托机构），较上年末增加10家，其中，有40家机构同时申请非银类会员（开展自营业务）和资管类会员（开展资管业务）。

非银类会员314家，系统参与者344家，较上年末均增加15家。非银类会员分类情况见图1-48。

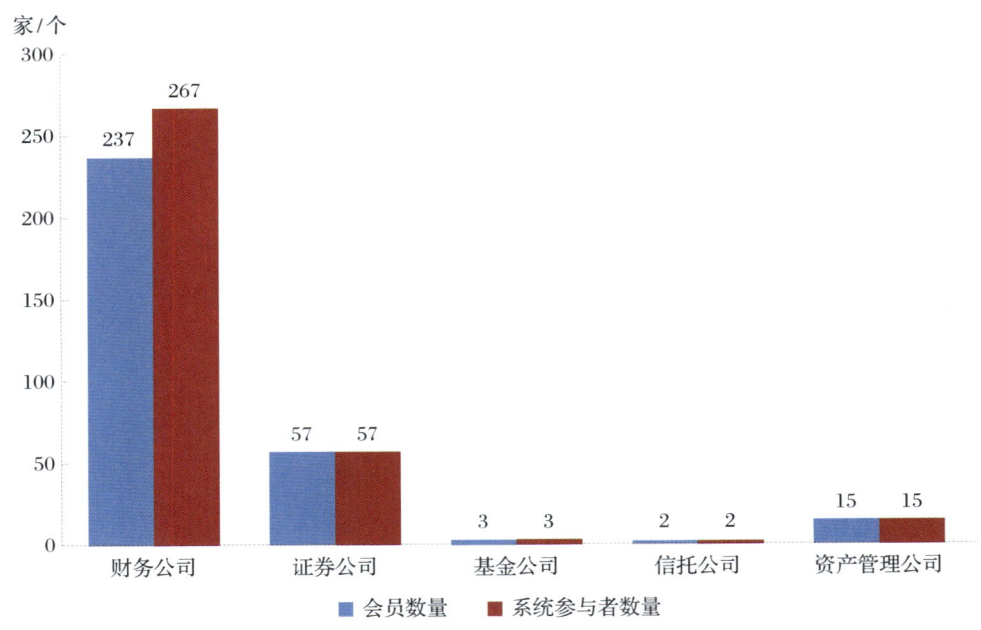

图1-48　非银类会员分类情况

资管类会员83家，系统参与者303个，资管类会员数量与上年末持平，非法人产品较上年末减少68个。资管类会员（非法人产品）分类情况见图1-49。

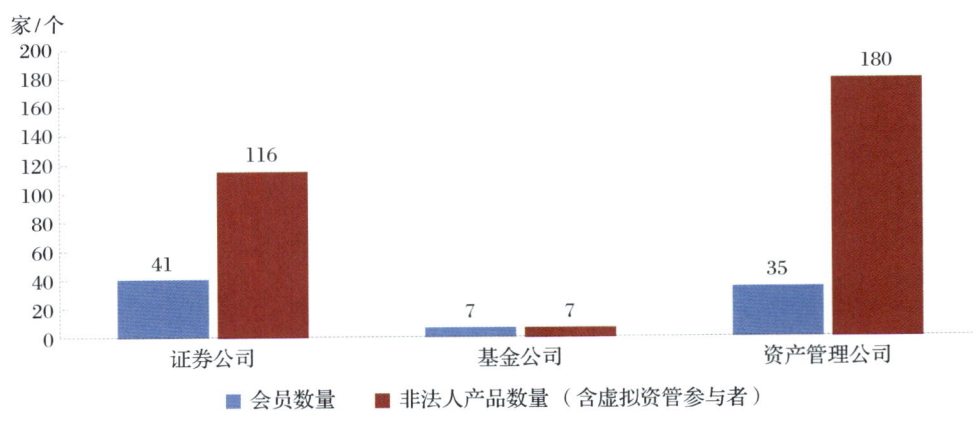

图1-49　资管类会员分类情况

（三）标准化票据存托机构数量持平

截至2021年末，票交所系统共接入标准化票据存托机构40家，与上年末持平。其中，商业银行接入15家，证券公司接入25家。15家商业银行中，包括国有商业银行2家、股份制商业银行8家、城市商业银行5家。标准化票据存托机构分类情况见图1-50。

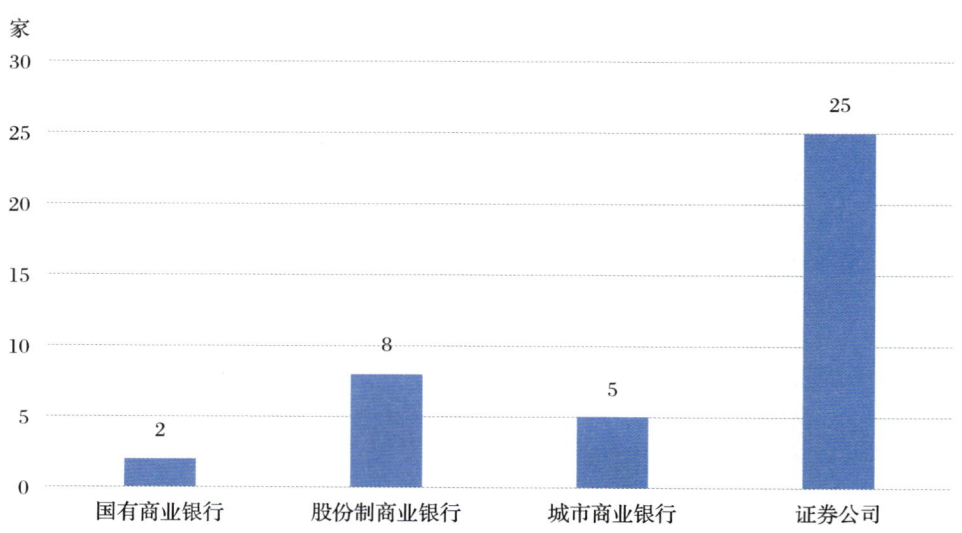

图1-50　标准化票据存托机构分类情况

**三、会员机构数量区域分布总体均匀，系统参与者数量与区域经济发展程度高度相关**

各省份接入会员及系统参与者情况见图1-51。

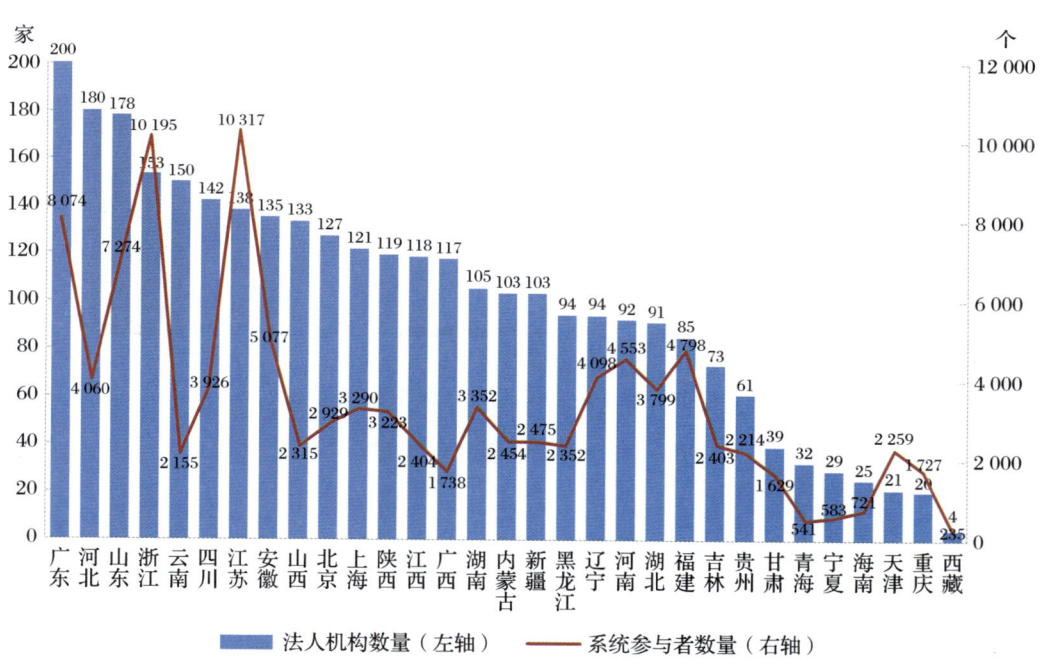

图1-51　法人机构及系统参与者地区分类情况

从法人机构区域分布情况来看,广东、河北、山东法人机构接入数量居前列,均超过170家;西藏、重庆、天津、海南、宁夏的法人机构数量较少。

从系统参与者区域分布情况来看,江苏、浙江、广东的系统参与者数量占比较高,分别占总量的9.67%、9.56%及7.57%,西藏、青海、宁夏及海南的系统参与者较少,分别占总量的0.22%、0.51%、0.55%及0.68%,系统参与者的地区分布情况与经济发展情况正相关。

供稿单位:上海票据交易所

执 笔 人:曹衍楠　蔡制宏　王佳丹

# 第二部分
CHAPTER 2

# 票据市场基础设施建设

第二部分 票据市场基础设施建设

▶ **第一篇 新一代票据业务系统建设稳步推进**

# 票据业务系统功能升级

为切实改变当前票据市场电子商业汇票系统（ECDS）与中国票据交易系统（以下简称交易系统）并存的现状，为票据全生命周期业务提供更强大、高效、稳定的业务处理平台，票交所在人民银行的组织指导下，正在着力推进新一代票据业务系统（以下简称新系统）建设，以优化票据市场环境，为实体经济提供更好的票据业务产品和服务。

**一、新形势下票据市场需要更高效稳定的业务处理平台，为票据服务实体经济、防控业务风险的双轨驱动提供支撑**

由于历史原因，票据市场客观上形成了票据贴现后业务在交易系统处理、贴现前业务在ECDS处理的格局，两个系统技术路线不一致导致了业务处理复杂、运行风险大、成本投入多等技术问题，因此，票据市场对加快实现交易系统和ECDS融合的呼声日趋高涨。

（一）票据业务的处理平台，需要彻底打通票据全生命周期业务环节并融合中后台业务功能

目前，票据市场成员在办理电票全生命周期业务时，按贴现前、后区分，需分

别在ECDS和交易系统两个系统办理。两个系统由于历史原因，业务规则、功能架构以及与市场成员互联的接口规范、运行维护机制不尽相同，不仅增加了市场成员业务处理的复杂度，也增加了系统建设与运维投入成本。

（二）电子票据的流转方式，需要灵活满足供应链贸易场景的企业支付诉求

供应链贸易场景下，企业持有的票据金额与实际支付金额不匹配的痛点问题比较突出，企业不得不采用质押换票或贴现融资等方式解决经营性支付的需求，现有的票据支付方式既难以满足企业在供应链贸易中灵活支付的需要，无形中也增加了企业财务成本。

（三）市场风险的防控机制，需要妥善应对市场风险的新现象和新特点

票交所成立以来，传统的票据市场风险逐渐出清，但随着票据市场发展，票据业务风险也呈现出新现象和新特点。近年来，个别市场主体超额承兑导致票据到期无法兑付，部分市场主体被不法分子冒用虚假账户办理电票业务，引起了社会公众对票据安全的疑虑。针对新的风险特点和形势，市场对前移风险防线、穿透监测票据行为风险提出了更高要求。

## 二、新系统建设了统一高效的业务处理平台，为提高市场运行效率、促进市场高质量发展提供新支撑

完善的金融基础设施是现代金融市场运行的基础。新系统建设在延续业务参与者使用习惯的基础上，打通了原先分散在ECDS和交易系统处理的电票全生命周期业务流程，整合了两个系统的登记托管、清算结算、参与者管理等中后台功能，实现一个业务系统、一套接口功能兼容纸电票据的全生命周期业务，从根本上解决了当前两个系统并存导致的重复投入、系统割裂等问题，节约了市场成员系统成本，提高了业务办理效率。

## 三、新系统进一步强化了风险防控，为促进票据市场健康稳定发展提供支持

新系统融合了票据全生命周期业务的数据信息，有效解决了两个系统并存、市场数据分隔导致的数据分析和风险监测力度不足瓶颈；引入了企业信息报备、票据

账户主动管理等功能，前置并强化了对企业身份的准入校验和管控；深化承兑信息披露、优化信用信息查询应用，进一步加强市场的信用约束；提高票据到期业务的自动化处理水平，降低票据到期兑付的操作风险和道德风险；建立了票据业务监测平台，对承兑人超额承兑等风险行为进行大数据分析监测，并完善了风险票据的应急处置机制，有效提升了面对复杂风险的综合管控能力。

### 四、新系统利用科技赋能，优化业务功能，为票据市场服务实体经济提供新助力

为解决企业票据持有金额与支付金额不匹配等痛点，新系统通过科技赋能，对传统电票的签发和流转形式优化升级，支持出票人签发由标准金额（0.01元）票据组成的票据包，票据持有人可依据实际业务场景需要，在各业务环节将持有票据包按实际交易金额灵活支付，为票据更好地服务实体经济、实现更高质量发展提供强大支撑。同时，新系统还提供了包括票据签发、背书流转、贴现融资等基础业务以及线上贴现、票付通等创新产品在内的多层次全产品体系，融合打通了由系统分隔导致的业务和产品壁垒，从实体经济的多样化需求出发优化票据应用场景，提供多样化的票据流转和融资服务。

建成投产后的新系统，将有效扩大票据在实体经济中的应用场景，为新时期的票据市场以及多层次的市场主体提供稳定坚实、丰富多元的服务保障。

### 五、结语

票据市场的根基在于服务实体经济。展望未来，随着系统平台建设的不断推进，票据市场的制度环境将越来越健全、平台功能将越来越完善、市场信息将越来越透明，票据流转的堵点进一步打通，企业融资的障碍进一步消除，票据市场服务实体经济的能力越来越强，这是一个百万亿级庞大体量市场的改革创新，也是新时代票据市场的再出发。

供稿单位：上海票据交易所
执 笔 人：张艳宁　唐　磊　苏智欣

# 运用金融科技手段优化系统架构
# 实现新一代票据业务系统功能升级

票据市场作为我国金融市场体系的重要组成部分，在服务实体经济中发挥了重要作用。票交所于2016年12月8日正式成立，奠定了全国统一的票据市场形成的基础，标志着我国票据市场发展进入一个新时代。票交所作为我国票据领域的登记托管中心、交易中心、创新发展中心、风险防控中心、数据信息研究中心，为完善中央银行金融调控、防范金融风险、服务实体经济发展提供了重要支持和保障。

伴随着票据业务快速发展，票交所面临着数字化转型、业务模式组合、风控模型升级、信创等新要求、新挑战。为逐步完成上述目标，票交所运用金融科技手段优化原有系统架构，通过将票据拆分流转、融合电子商业汇票系统（ECDS）和中国票据交易系统，形成新一代票据业务系统，为票据市场参与者提供更优质的服务。

## 一、票据业务系统的技术架构演进

新一代票据业务系统在技术上延续了分布式架构，使用前、中、后台分离的设计，遵循分层解耦的理念，搭配高质量的分布式公共组件，适时引入稳定流行的新技术，构建统一高效的技术架构。

一是优化应用架构布局，将核心与非核心交易进行解耦隔离，保证核心功能稳定。二是统一接入层，为会员及场务提供模块化、标准化的客户端服务和报文接口服务。三是对业务流程进一步进行抽象和标准化，采用分层服务架构设计，提升功能灵活性。四是引入稳定可靠的企业级组件，在确保系统稳定可靠的基础上提升业务处理能力，并做好技术管控，以适应信息技术应用创新要求。五是采取分库、分表、分区等手段提升数据存储和访问性能。

### （一）优化服务分层

原有的票据业务系统按照传统票据业务流程进行设计，实现了纸票全生命周期业务及电票贴现后业务。渠道接入层负责与外部系统进行通信，接收外部系统报文。服务集成层提供服务注册、服务调度等服务管理功能，各业务系统通过服务集成层完成系统间服务调用。业务处理层包含票据登记与托管、票据交易、票据清算与结算和会员及公共管理子系统，分别提供票据托管账务及非交易录入、票据交易、资金清算结算和会员及机构管理相关功能。决策支持层包括统计监测、数据服务平台等外部系统。

新一代票据业务系统需要融合票据贴现前和贴现后业务，随着业务量增长，对交易系统处理能力提出了更高的要求。同时，票据业务系统需要具备更大的灵活性以支持票据等分化和其他票据产品创新。票据模型需要进行调整以支持可拆分票据，并保证系统处理能力。新的票据形态意味着更频繁的业务创新，系统需要具有更高的可维护性和可扩展性。为此，新一代票据业务系统重新定义了票据资产模型，调整了应用层次，将交易系统逻辑划分为外部系统层、渠道接入层、交易达成层、结算调度层、结算层。

外部系统层指位于交易系统外部，与交易系统通信的系统，如供应链平台、金融机构、大额支付系统等通过该层与交易系统进行通信。

渠道接入层提供内外部系统通信功能，接收外部系统层通信，向外部系统层反馈处理结果等。

交易达成层提供交易撮合、交易录入功能，为参与者提供贴现、质押、背书等业务处理功能，在交易达成后，生成交易指令交由结算调度层完成结算指令调度及处理。

结算调度层接收交易指令，提供结算调度、引擎管理相关功能，通过控制票据资产结算和资金结算节点完成结算指令处理，并向交易达成层反馈结算指令处理结果。

结算层提供票据资产结算及资金结算功能，接收结算调度层发来的结算指令，并完成结算处理，处理完成后向结算调度层反馈处理结果。

各层逻辑关系如图2-1所示。

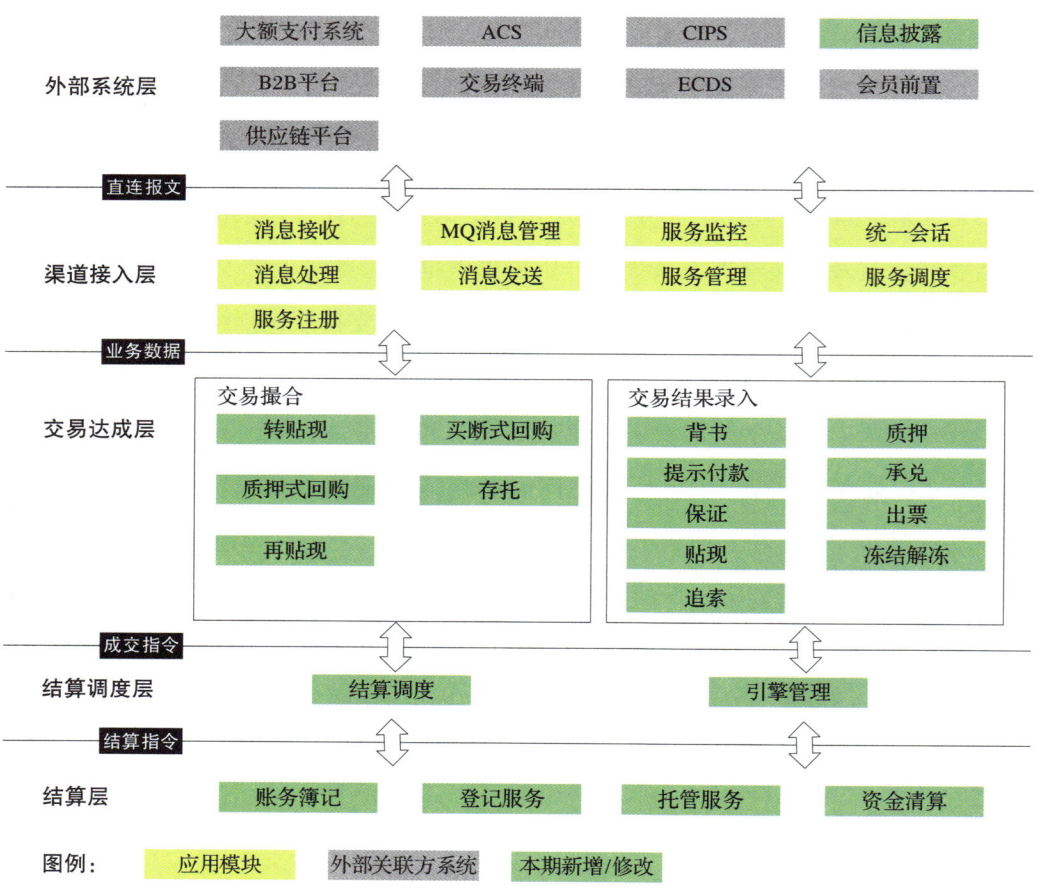

图2-1 交易系统各层逻辑关系

基于上述思路，交易系统应用架构规划如图2-2所示。

## 第二部分 票据市场基础设施建设

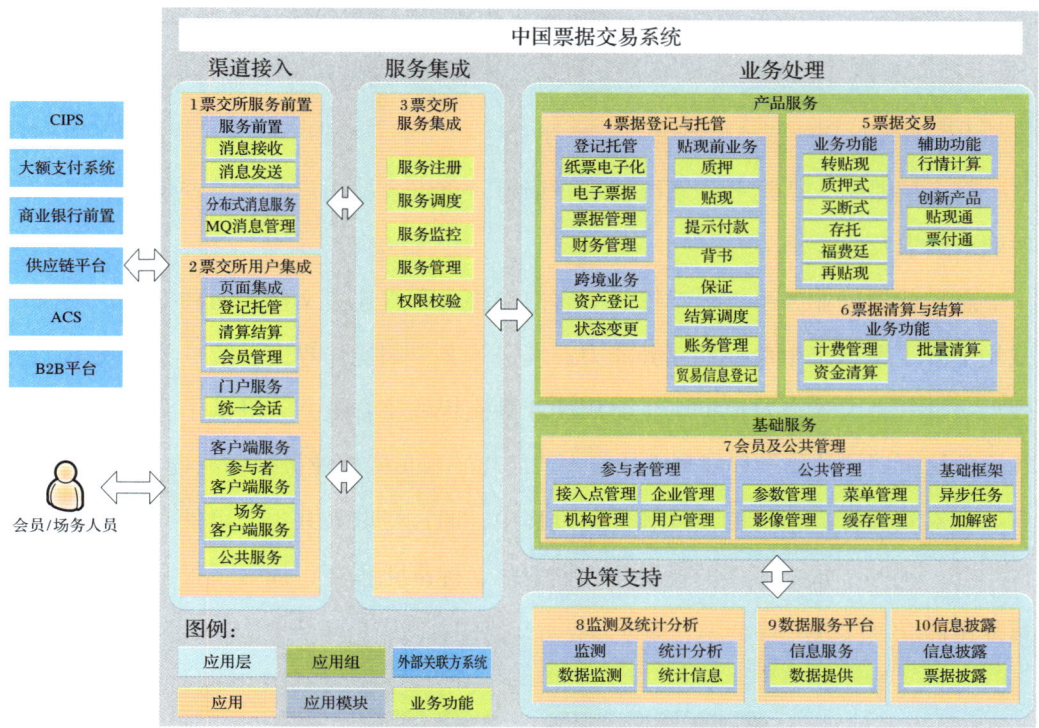

图2-2 交易系统应用架构规划

调整后的应用架构层次、功能边界清晰，具有较好的扩展性和可维护性。渠道接入层屏蔽了渠道差异，渠道接入层与交易达成层完成了解耦，核心与非核心功能解耦，系统扩展性强，风险可控。

在关键应用内，票据业务系统借鉴了互联网行业经验优化应用架构布局，使用业内流行的Spring框架，搭配轻量级核心交易引擎，提取并抽象金融资产要素，标准化业务流程，将核心与非核心交易进行解耦隔离，实现关键模块可复用，确保核心组件功能稳定、职能明确、日志清晰。同时，将线上业务中需要使用的流程框架、任务处理组件、文件操作工具、通信工具、日志工具、调度引擎等企业级公共组件进行统一、抽离和模块化，作为对核心业务的支撑。

核心模块不涉及业务模型，但实现了对金融资产的登记、托管、交易、结算等原子操作。核心模块兼容不同的金融资产模型，全面支持了新一代可拆分票据及传统纸电票，抽象了金融资产原子业务操作，完整支持了票据全生命周期线上业务流程，并为组合业务功能、开展票据业务创新提供了必要的处理能力。

### （二）为会员单位提供统一安全的接入

接入层是接入票据业务系统的统一渠道，负责会员用户的统一登录、鉴权、转发业务请求及应答。

新一代票据业务系统仍然提供了客户端接入和直连报文接入两种方式。两种方式均整合了票据全生命周期业务能力，统一了客户端操作界面，统一了贴现前、贴现后报文规范。通过对票据全生命周期业务流程的整合统一，降低了会员单位建设和维护接入系统的复杂程度和维护成本，简化了会员票据业务操作流程。

在对直连接口报文的设计和优化过程中，通过提取公共报文组件，定义报文组件组合，提高了报文模型的模块化、抽象化、标准化程度，加强了报文校验模块的可复用性。

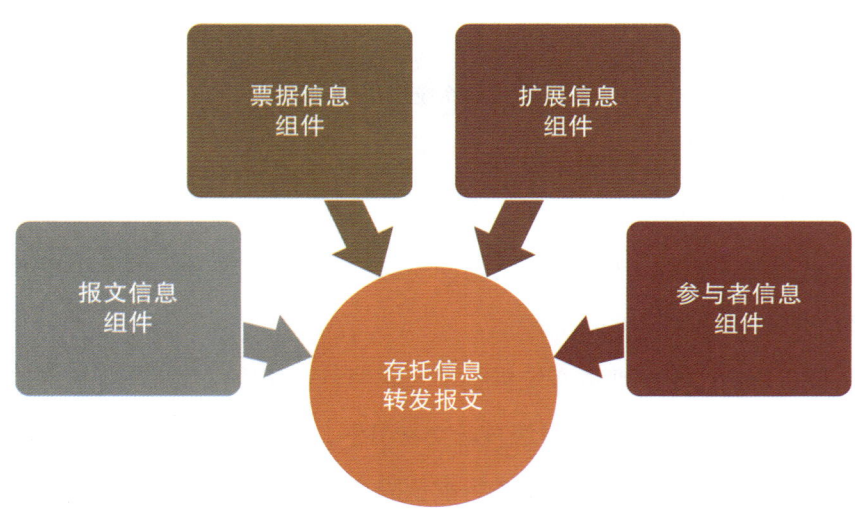

图2-3　报文组件模块化

在权限控制上，新一代票据业务系统将业务权限、接口权限、菜单权限进行解耦，引入接入机构权限体系，设置"代客（企业）、经纪、自营（一级市场）、自营（二级市场）、资管、存托"以按角色组合机构的业务权限。通过进一步抽象市场参与者类型，提升系统的业务组合能力。

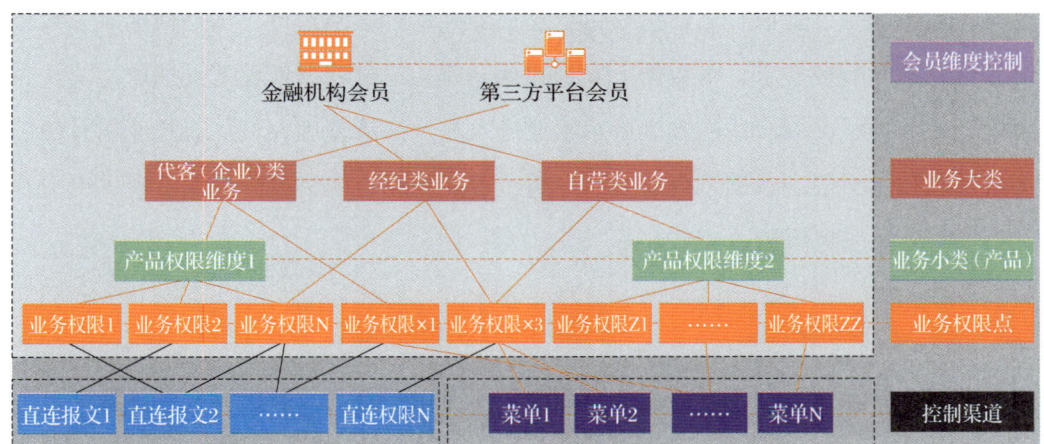

图2-4 新一代票据业务系统权限体系

### (三) 为业务创新提供灵活的模块组合

新一代票据业务系统对核心功能的独立和解耦，为灵活构建票据业务模型提供了可能。

围绕核心模块，搭建了票据业务服务模型，通过组合原子级业务操作形成出票、承兑、背书、质押、贴现、转贴现、提示付款、清算、追索等基本票据业务功能，满足完整的线上票据业务场景需求，建立应急处理机制。通过对资产和资金处理能力进行组合，实现了票据全生命周期的线上流程，顺利完成了央行再贴现DVP要求，达成了票据交易安全性和便捷性的统一。

稳固的票据业务服务层，为创新产品的设计提供了可能。"票付通""贴现通"等创新产品以标准接口接入核心层，构建对应的业务模型以对外提供服务，助力实体经济改革发展。

### (四) 为运维及决策分析人员提供全面准确的信息服务

系统运行的健康状况、票据的流转历史以及票据市场状态对运维人员、业务人员、决策管理人员来说至关重要。票据业务系统使用日志工具和数据处理工具对业务流转日志、系统状态、市场状态进行抽取和展示。

一是在应用内，使用了统一的日志工具按照标准模板记录业务流转及接口调用情况，运维端组件提取日志信息通过全息视图展示给运维人员。二是根据业务数据统计监测的时效性要求，将数据下发到数据仓库，通过数据处理工具抽取、清洗、组织有效数据，并以合适的维度展示给业务人员及决策管理人员。三是使用算法、工具及新技术对静态数据进行学习、分析、智能预测，向决策分析人员展示更直观的市场趋势及风险预警。

### （五）稳步进行信息技术应用创新

分层解耦模块化的系统使新技术能够快速应用和接入。票据业务系统也在持续探索进行信息技术应用创新，使用智能化工具代替人工操作以提高系统的数字化能力，简化业务操作过程；使用自主可控、安全稳定的产品替换现有国外商业组件，降低对国外软件产品的依赖性。

一是接入智能化产品代替人工操作，如智能影像、OCR识别、智能客服等技术，对重要数据进行业务前识别和校验，借助技术手段减少人工干预、提高业务执行效率、减少业务风险。通过引入机器学习、人工智能等技术，对数据进行学习和分析，提前识别市场风险。二是在升级及引入创新技术时以选择主流开源、成熟稳定、兼容适配性强的产品为原则，避免技术架构受限。

## 二、未来展望

在金融科技的快速发展过程中，云计算、大数据、区块链等技术得到更多的深入研究和应用。票据业务系统也要充分利用新技术的优势，打造更加数字化、自动化、智能化的技术架构。

2022年1月，中国人民银行印发了《金融科技发展规划（2022—2025年）》（以下简称《规划》）。《规划》依据《中华人民共和国国民经济和社会发展第十四个五年规划和2035年远景目标纲要》（以下简称《纲要》），提出了新时期金融科技发展指导意见，明确了金融数字化转型的总体思路、发展目标、重点任务和实施保障。《纲要》着重解决金融科技发展不平衡不充分等问题，推动金融科技健全治理体系，完善数字基础设施，促进金融与科技更深度融合、更持续发展，更好地满足数字经济时代提出的新要求、新任务。

在推进票据业务系统建设的过程中,票交所将围绕《规划》,充分利用新兴数字技术,打造符合"十四五"规划远景目标的金融基础设施。一是强化金融科技治理,加强数字化建设,规划API平台,为企业、会员提供灵活的、接入便捷的业务服务,为社会公众、企业、会员、研究机构、央行提供准确的信息服务,构建互促共进的数字生态。二是全面加强数据能力建设,集成核心系统交易数据,接入外部企业信用数据、行业数据,打造数据中台。三是建设绿色高可用数据中心,提高分布式运算能力,布局先进高效的算力体系,提高弹性供给、多地多活部署能力,进一步夯实系统"数字底座"。四是深化数字技术金融应用,跟进数字研究成果应用尝试,打通科技成果转化"最后一公里"。五是优化应用分层,搭建业务、技术、数据融合联动的一体化运营中台,建立智能化风控机制,全面激活数字化经营新动能。六是深化金融服务智慧再造,优化票据信息服务能力,为参与者提供全面准确的信息服务。七是加快监管科技的全方位应用,充分运用大数据进行模式识别,持续强化机器学习能力,提高风险识别能力,建设风险库,应用全方位多维度信息视图,筑牢金融与科技的风险防火墙。八是开展标准化建设以及标准及规则数字化,通过对金融标准和规则体系进行数字化建模,有效确保各项规则安全落实,为金融科技行稳致远保驾护航。

供稿单位:上海票据交易所<br/>执笔人:张　泉　李　欣

### 第二篇　票据信息披露平台规范商业承兑汇票使用

# 推动商票信息披露制度实施构建票据市场信用体系

2020年12月，人民银行发布〔2020〕第19号公告规范商业承兑汇票（商票）信息披露，于2021年8月1日起正式实施。在人民银行的统筹安排下，票交所配套建设运行票据信息披露平台，在人民银行分支机构、市场成员的大力支持下，票交所组织企业、财务公司在平台开展注册和披露，为制度实施做好准备。制度正式施行以来，企业票据业务行为规范性明显改善，商票市场信用环境得到优化，信息披露制度推动票据市场健康发展的积极作用初步显现，为票据市场信用体系建设迈出了关键一步。

### 一、商业承兑汇票信息披露制度顺利实施

2021年以来，企业、财务公司对商票信息披露的参与度不断提升，注册率、披露率持续上升，票交所积极建设运营票据信息披露平台，组织承兑企业开展披露，全力保障制度落地实施效果。

**（一）企业积极注册披露，制度落地实施平稳**

2021年以来，通过多渠道宣传推广，承兑企业、财务公司对信息披露的关

注度和参与度不断提高，注册率、披露率不断上升。2021年末，平台累计注册用户共47 030家，按照8月1日以来发生过承兑业务的企业进行统计，覆盖率为87.66%。从披露情况看，8~12月企业主动披露承兑信息的票据金额16 883亿元，承兑信息披露率由8月末的77.35%提高到年末的94.00%，制度实施效果良好，业务开展平稳。

*（二）平台功能不断完善，披露效率持续提升*

为满足用户需求、提升用户体验，票交所在建设票据信息披露平台的基础上，不断完善和优化平台各项功能，完成整体页面风格升级，上线委托披露、公告栏、短信通知服务等功能，为金融机构提供承兑信息批量查询功能，优化用户体验。同时，实现用户注册、信息推送和披露操作的准实时处理，提升用户业务办理效率。

*（三）运营管理能力提升，服务保障不断增强*

票交所密切关注票据信息披露平台业务运行情况，通过热线电话、微信群等多个渠道开展业务咨询答疑，开展业务运行检查、技术支持和用户服务等工作，保障平台运行平稳高效。持续监测承兑企业披露情况，与各地人民银行分支机构、金融机构密切配合，做好信息共享，合力推动信息披露工作开展。

**二、商业承兑汇票信息披露制度的积极作用逐步显现**

商票信息披露在规范企业票据行为、改善风险识别效果、增强商票流通性等方面的作用逐步显现。

*（一）企业票据行为趋于规范，商票到期兑付率提升*

商票承兑企业逐步适应了信息披露制度安排，更加珍视自身信用，票据行为更加规范。信息披露制度要求对存在未注册、伪假账户、延迟披露、持续逾期以及其他异常情况的承兑人进行市场公开提示，这增加了承兑人的违约成本，促使企业不断增强票据业务操作规范性。在信息披露制度实施前，存在大量承兑人操作不规范的情况，如承兑人线下清偿票据，但未将票据状态结清等，造成非承兑人自身信用问题导致的商票逾期。商票信息披露后，此类操作不规范造成的逾期行为大大减少，客观上也使商票到期兑付率有所提升。

### （二）伪假票据风险得到控制，市场化约束机制逐步形成

一方面，2021年8月1日商票信息披露制度正式实施后，通过对票据信息披露的日常监测，票交所在伪假票据开出的第二天进行拦截，及时处置了两起伪假票据事件。2021年全年，票交所发挥商票信息披露制度对相关风险控制的积极作用，处置金融机构上报的伪假票据事件14起，涉及金额27.84亿元。另一方面，金融机构办理贴现、质押、保证等业务前，遵照信息披露制度要求，履行相关查询义务，了解企业承兑票据信息及信用情况，进一步增强了金融机构识别企业票据真伪及信用状况的能力，有利于引导资金流向信用状况良好的企业，从而实现"信用创造价值"。

### （三）商票流通性逐步增强，支持实体经济能力提升

2021年，未贴现商票的换手率[①]达到2.83，同比上升16.00%；年末商票的贴现承兑比达到38.14%，较上年同期提高6.34个百分点。票据信息披露平台为企业提供了展示信用的渠道，提升了商票透明度，部分商票信息披露制度执行情况好的企业融资成本有所下降。以参与信息披露试点工作的某大型企业为例，对比信息披露制度实施前后的商票贴现情况，其承兑票据2021年4~7月平均贴现利率为4.74%，高于市场平均贴现利率54个基点。2021年8~11月其承兑票据平均贴现利率为4.50%，高于市场平均贴现利率46个基点。商票信息披露制度执行后，其商票平均融资成本下降了8个基点。随着制度的深入推进，信用良好企业的商票承兑和披露意愿有所提升，票据融资能力提升效果将更加显著，从而形成商业信用发展的良性循环，进一步强化商票支持实体经济的作用。

---

① 票据换手率＝报告期背书次数／（报告期末承兑张数余额－报告期末贴现张数余额）。

### 三、未来展望

商业承兑汇票信息披露制度的实施,为票据市场健康发展、票据市场信用体系建设迈出了重要一步。随着信息披露工作的深入推进,商业承兑汇票信息透明度进一步提升,信用环境持续优化。未来,票交所将继续优化平台服务,持续推动企业、财务公司依规开展披露,为落实好商票信息披露制度提供支持,充分释放和发挥票据服务实体经济发展的潜力与作用。

供稿单位:上海票据交易所

执 笔 人:王绍兴 张 斌 杨 扬

# 推动商票信息披露
# 促进商票市场发展

建立和完善商票信息披露制度，是发展商业承兑汇票市场，推动票据市场结构性优化，构建更加完整、成熟的票据市场基础制度体系的重要内容。自商票信息披露制度实施以来，江苏银行作为票据市场的重要参与者，紧跟政策步伐，积极参与和推动商票信息披露工作，与企业共成长，与市场共发展。

## 一、商票市场存在的问题

### （一）信用环境薄弱，商票市场发展滞后

商业信用在社会生产链条中，通过企业与企业间的供应链进行传导。商业承兑汇票本质上是商业信用流通和信用传递的媒介，商业信用基础薄弱是限制商业承兑汇票信用传导作用的主要症结。近年来，商票风险案件和信用违约事件屡有发生，对原本薄弱的商票信用环境形成了冲击，在企业票据结算和融资需求依然旺盛，且一定程度上银行信用几乎等同于国有信用的社会认知下，企业优先使用银行承兑汇票成为必然的选择，票据市场自然发展成为当下过度依赖银行信用，以银行承兑汇票为主导的市场格局。长期以银票为主导的市场格局下，企业使用商票结算和融资的意识和意愿不足，商票缺乏发展的土壤，直接导致商票市场的发展始终滞后于整

个票据市场的发展。

### （二）银商比例失调，市场结构明显失衡

2021年全市场商业汇票累计承兑发生额24.15万亿元、贴现发生额15.02万亿元，其中商业承兑汇票承兑和贴现发生额分别为3.8万亿元和1.22万亿元，占总承兑量和贴现量的比例分别为15.73%和8.12%。

银行承兑汇票和商业承兑汇票比例失衡是当前我国票据市场的典型特征之一，商业承兑汇票发展滞后是我国票据市场发展中的突出短板，无论是商业银行贴现业务结构，还是企业结算和融资需求结构，票据市场都呈现以银行信用为主、商业信用为辅的结构性失衡。

### （三）基础制度缺位，发展基础不稳

长期以来，商业承兑汇票市场存在信息不对称、信用不透明等不足，严重影响了商业承兑汇票流动性和融资可获得性，究其原因还在于我国社会整体商业信用体系不健全，商票市场信用信息披露、数据统计、违约处置等顶层设计缺失。商业承兑汇票由企业自行签发承兑，签发使用门槛低，承兑主体信用评级不等，商业承兑汇票基础制度体系对企业商票的签发、承兑、违约缺乏有效监督和规范。商业承兑汇票作为企业基于自身信用签发的债权凭证，与股票、债券等相比，其优势就在于便利性和普惠性。商业承兑汇票可以下沉到中小企业，以便利的方式服务于企业账期融资和支付结算；可以传导信用价值，以普惠性的融资效率满足中小企业融资需求。正是由于商业承兑汇票由企业自行签发承兑，签发使用门槛低，承兑主体信用评级不等，更需要商业承兑汇票基础制度体系对企业商票的签发、承兑、违约开展有效监督和规范。近年来，部分企业超量承兑商票导致信用风险集聚的案例说明，在信用基础不牢固、信用体系不健全、商票基础制度体系缺失的环境下，商票市场发展的基础是不稳固的。

### 二、商票信息披露的意义

加快推进以商票信息披露为核心的商票市场信用体系建设，是推动商业承兑

汇票市场快速发展，充分发挥票据市场服务实体经济、支持中小微企业和供应链发展、畅通货币政策传导功能的重要内容，是建设现代化、国际化的成熟票据市场的必然要求。

### （一）建立和完善商票信息披露制度有利于促进商业信用体系和商票市场发展的良性循环

推进商票业务发展是优化票据市场结构、深化票据市场改革、全面提升票据市场发展质量的关键环节，建立和完善商票信息披露制度是推进商票信用体系建设、推进商票市场全面发展的核心内容，意义重大。一直以来，企业商票的承兑发生额、承兑余额、累计逾期发生额、逾期余额等核心数据从未有官方平台对外公布，这就使得市场参与主体对核心企业的票据信息了解有限，对核心企业票据真实情况和信用现实状况缺乏客观、准确的认知，一方面限制了市场参与主体对商票的接受程度，另一方面阻碍了核心企业签发承兑商票的主观动力。实施商票信息披露制度，承兑人充分披露持票人、贴现行或投资人等市场参与主体作出价值判断和决策所必需的信息，确保信息披露真实、准确、完整、及时、公平，为市场参与主体作出价值判断提供依据，真正把企业商票信用信息暴露在阳光下，当市场形成了规范透明的环境，承兑人的签发意愿和持票人的接受意愿将会提高，从而形成商业信用助推商票市场发展、商票市场发展提升商业信用体系的良性循环。

### （二）建立和完善商票信息披露制度有利于强化市场信用约束和推动商票市场高质量发展

商票承兑企业是商票市场发展的基石，商票承兑企业的质量决定了商票市场发展质量。商业承兑汇票对于企业具有广泛性和普惠性，其服务对象几乎可以涵盖大中小微各类企业。在信息不透明的市场环境中，商票风险事件频发，商票违约成本极低，商票市场的发展质量因而受限。完善商票信息披露制度，一方面以提升透明度为目标，优化信息披露规则体系，能够督促承兑企业真实、准确、完整、及时、公平地披露信息，有利于强化企业的公司治理能力、信用履约能力，提升其规范经营、诚信经营水平；另一方面进一步明确和规范签发承兑规则，将提升企业商票可接受度和财务信息质量。

### 三、江苏银行商票信息披露实践案例

#### 案例一：信息披露提升市场信心，商票融资化解小微困境

深圳某板材制造企业是一家从事镀锌板、彩涂板和剪切产品生产的小微企业，成品广泛应用于家电行业。受新冠肺炎疫情和国内外经济形势等多重因素影响，下游应收账款积压对企业资金占用导致企业资金流偏紧，2020年应收账款达到2亿多元，企业经营活动受到较大影响。由于对商票承兑企业的信用情况不了解、不信任，加之近年来商票信用违约事件频发，该企业宁愿接受应收账款，也不愿意接受下游客户的商票结算。

2021年8月商票信息披露平台上线后，江苏银行深圳分行积极向该企业宣讲商票信息披露制度的作用和价值，并针对其应收账款多、融资难融资贵的痛点，向企业提供了应收账款票据化的解决方案。该企业了解到在信息披露平台上可以查询票据承兑信息及承兑主体的承兑信用信息，以此了解承兑企业的信用情况、经营情况和偿付能力，对商票的认可度和接受度大大增加。

自2021年下半年开始，江苏银行和该企业与下游企业协调，协助下游企业开展信息披露，并将部分应收账款票据化，该企业逐渐接受了承兑信用信息完整、无逾期等异常情况的商票。同时，江苏银行为该企业申请了商票保贴额度，解决了企业流动性紧张的问题。

这一案例说明，商票信息披露作为一项信用保护机制，明显增强了企业接受和使用商票的信心，有力化解了小微企业应收账款积压和融资难融资贵的困境。

#### 案例二：信息披露彰显信用价值，绿色商票助力低碳发展

世界各国相继制定碳中和目标，我国也确立了"2030年前实现碳达峰，2060年前实现碳中和"的发展目标，在此背景下，发展光伏产业，推动能源结构绿色转型是实现"碳达峰、碳中和"的必然路径。

江苏常州地区的某光伏企业是一家人民银行绿色企业名录内的上市公司，主营业务为多晶铸锭、单晶硅棒、硅片、太阳能电池片、光伏组件的制造和销售。随着光伏产业市场需求的扩大，该公司采购光伏组件原材料的需求也逐渐扩大，给公司的现金流以及应付账款管理带来一定压力。为了缓解自身财务压力，同时不挤占上游供应商现金流和应收账款，维护良好的供应链环境，该公司意向签发商业承兑汇票用于支付货款。但上游供应商多为中小企业，因为商票市场透明度不高，商票流通性不强，一直不愿意接受商票结算。

江苏银行常州分行了解到该公司的困扰后，立即向其介绍了商业承兑汇票信息披露制度，协助公司在票交所商票信息披露平台完成了注册和披露工作，并为该公司申请了商票保贴额度。在此基础上，经过银企共同推介，上游供应商打消了接受商票的疑虑，最终接受了该光伏企业签发的商票，既解决了承兑企业商票流动性问题，又为持票企业商票贴现提供了方案。

这一案例说明，在商票信息披露制度的作用下，商票在供应链产业链中的价值和作用得到彰显，商票成为支持实现"碳达峰、碳中和"的重要金融工具。

**四、商票信息披露未来展望**

商票信息披露制度实施以来，成效显著，市场反馈积极。但千里之行始于足下，构建商业信用体系，建设成熟票据市场的目标还任重道远。商票信息披露以及商业信用体系建设未来还有很大的空间。

**（一）积累信用数据，构建中小企业信用数据库**

商业承兑汇票承兑企业涵盖了大中小等不同类型。参与股票市场或债券市场融资的大型企业往往已经通过资本市场的渠道向市场进行了企业信息披露，大型企业信息披露已经较为成熟，信用信息的积累也较为充分，投资人通过公开市场的披露信息可以全面、完整地了解大型企业基本情况。票据市场与资本市场的不同之处就在于其广泛性和普惠性，参与主体涵盖了广大无法达到资本市场融资门槛的中小企业，而长期以来中小企业信用信息数据的缺失，导致市场无法全面、完整地了解和评价中小企业信用状况，这正是其融资难融资贵的主要症结之一。作为中小企业应用最多的金融工具，商票在一定程度上可以视为反映中小企业生产经营和财务管理情况的"晴雨表"。大力推广商票和商票信息披露机制，可以沉淀和积累广泛的中小企业商票信用数据，在将来条件成熟的情况下再逐步配套企业股权信息、经营情况、财务数据等其他对企业信用价值判断有实质性影响的信息，商票信息披露平台完全有条件建成以商票信用数据为核心的中小企业信用数据库，弥补当前中小企业信用体系建设缺失的不足。

### （二）共享信用信息，搭建完整的商业信用体系

人民银行《关于规范商业承兑汇票信息披露的公告》明确指出："承兑人可以通过票据信息披露平台披露其他信用信息。承兑人在债券市场发生违约的，可以通过票据信息披露平台披露债券违约情况。"因此，商票信息披露已经设计了跨市场信息共享和交叉披露的机制，可以预见，商票信息披露平台的信息共享和交叉披露机制会进一步拓展延伸，既可以实现与银行间债券市场共享交互披露信息，也能够与资本市场建立信息共享交叉验证机制，打通不同市场间信息披露相互独立的藩篱，彼此间既是信息提供者，又是信息接收者，形成不同市场间交叉信息披露、交叉验证约束的长效机制，共同搭建横跨票据市场、债券市场和资本市场的完整商业信用体系。

### （三）配套处置机制，实现市场化加制度化双重约束

在社会信用体系不完善的当下，商票持票人的合法权益得不到有效保障，承兑人违约成本极低。其主要原因在于，一方面目前《票据法》等有关法律法规对商票违约处置处罚力度偏弱、手段偏少，另一方面商票信息不透明、不对称等现象导致违约信息得不到公开披露。商票信息披露机制一方面通过公开平台披露承兑违约失信行为，可以有效改善以前信息不透明、不对称的情况，将信用信息暴露在阳光下，让市场说话，用价格投票，有利于推动形成市场性约束和惩戒，提高企业违约成本，使违约企业在市场交易中受到约束；另一方面引入完善的制度化违约惩戒机制，明确具体的制度化处罚措施，如人民银行《关于规范商业承兑汇

票信息披露的公告》已经明确"承兑人披露信息存在延迟、虚假或者承兑的票据持续逾期的，金融机构应当审慎为承兑人办理银行承兑业务，审慎为承兑人承兑的票据办理贴现、质押、保证等业务"，用制度层面的约束确保商业承兑汇票的公信力。

供稿单位：江苏银行

执 笔 人：陆　跃　王晓明

第二部分　票据市场基础设施建设

# 加强商票信用体系建设
# 完善市场化约束机制

2020年12月，人民银行发布公告（中国人民银行公告〔2020〕第19号，以下简称公告），规范商业承兑汇票信息披露工作。2021年8月，经过近一年的试点，商业承兑汇票信息披露正式全面实施，这是加强商业承兑汇票信用体系建设、完善市场化约束机制的一次有益尝试，是票据市场的一次革故鼎新，对全体票据市场参与者产生了重大而深远的影响。

## 一、开展票据信息披露的必要性

近年来，票据市场业务规模逐步增长。2020年，全国票据签发22.09万亿元，是同期公司信用类债券发行量的1.81倍；票据贴现13.41万亿元，贴现增量占同期短期贷款增量的24.97%。作为与实体经济联系最密切的金融子市场，票据市场在服务实体经济、解决中小微企业融资难融资贵方面发挥着十分重要的作用。

但同时，票据的发展也受到市场透明度较低、商业信用体系不健全、违约处置机制约束力较弱等因素的制约。根据欧美、日本等发达经济体票据市场信用管理经验，设置合理的拒付处分制度并公开票据信用信息，能够在很大程度上使不良票据失去滋生的土壤，从而达到防范票据市场风险、保障持票人合法权益、促进票据市场持续健康发展的目的。

此外,我们也可以看到,近年来中国人民银行和中国银行保险监督管理委员会在不断推动票据市场建立完善信用约束和风险防控机制。可以预见,在不久的将来,票据信息披露将成为企业、财务公司乃至商业银行开展票据业务的前提,承兑人信用信息情况也将成为一张受到所有票据市场参与者关注、珍视的"信用名片"。

## 二、票据信息披露的实践经验

### (一)财务公司——先行一步

长期以来,相较于大型商业银行承兑的银票,财务公司承兑的电子银行承兑汇票在市场推广方面受到一定程度的制约,突出表现为企业在接收票据时往往因不熟悉承兑人名称而产生顾虑,而核心企业向供应商口耳相传的方式又降低了票据的流转效率。与此同时,财务公司却苦于没有公开、便捷的途径向市场展示自身资信情况,以有效打消潜在收票人的隐忧。公告的发布使这一难题迎刃而解,信息披露制度的建立为财务公司提供了一次难得的向全体市场参与者展现资信的机会。

中船财务有限责任公司(以下简称中船财务)成立于1997年,是中国船舶集团有限公司下属持牌金融机构。2021年,中船财务与中船重工财务有限责任公司进行合并重组。合并重组后,公司资产总额突破2 000亿元。多年来,中船财务聚焦海洋防务、船舶海工、科技应用和船海服务四大产业板块,以票据业务为抓手,着力提升产业链上企业金融服务的可得性,为产业链安全稳定和优化升级贡献了"中船"力量。

2021年,中船财务票据业务规模达486.84亿元(其中银票承兑业务规模408.47亿元,贴现业务规模78.37亿元),服务客户(含贴现申请人、承兑申请人及承兑票据的第一手收票人)3 800余家,覆盖全国30个省级行政区。客户以制造业、科学研究和技术服务业、批发零售业为主,其中制造业占比最高,基本涵盖了产业链上主机、辅机、金属材料、油漆、线缆、零配件等主要生产制造企业。在所有承兑银票中,小于等于10万元的票据占比超过20%,小面额票据更容易在中小微企业间流转，通过票据的背书转让，核心企业和财务公司较好的信用被产业链上的中小微企业共享。

2021年5月，在人民银行和票交所的指导下，中船财务完成了商业汇票信息披露平台的注册工作，2021年全年累计披露金额超过200亿元票据承兑信息。公司通过在票据信息披露上先行一步，积累了较为丰富的实践经验，进一步加深了对于信息披露制度的理解，也对后续成员单位开展信息披露工作具有借鉴意义。

### （二）成员单位——统筹推动

作为企业集团的"内部银行"，中船财务除了准确完成自身的票据信息披露工作外，还需协调组织集团内成员单位完成商票信息披露工作。如何高效组织公告中关于企业商票信息披露的要求，是公司面临的一项挑战。为此，中船财务制定了两项任务目标，并开展了三项重点工作。

1. 两项任务目标。准确地理解披露规则是执行规则的前提。公告发布后，公司第一时间组织专业团队分析了公告规定的信息披露内容，确保准确、全面理解政策要求，并结合集团内成员单位业务实际形成了《关于商业汇票信息披露的分析报告》。通过分析，公司得出只要抓住了平台注册和信用保护这两个核心问题，就抓住了企业商票信息披露的关键这一结论。为此，中船财务确定了两项任务目标，即"确保企业准确掌握平台的注册方式并在规定时间内完成注册"和"确保企业准确理解逾期发生额及逾期余额的统计口径及产生逾期余额后对企业信用产生的不利影响"。

2. 三项重点工作。一是政策宣贯。2021年5月，在周密策划后，公司正式启动了向成员单位的宣贯工作。公司通过下发《财务公司关于商业汇票披露有关事宜的说明》、召开线上沟通会和对出票金额较大的重点单位进行一对一指导等方式，详细讲解了披露要求及披露平台注册方式。鉴于公告明确要求"承兑人应当于承兑完成日次1个工作日内披露每张票据的承兑相关信息，应当于每月前10日内披露承兑信用信息"，公司建议出票企业在平台注册时进行全账号绑定和全自动勾选，一方面满足公告对于披露时效性的要求，另一方面减少企业手动披露的差错率和工作量。2021年5月至年末，中船财务协助集团内32家成员单位进行了平台注册。

二是定期回访。中船财务建立了定期回访机制，协助成员单位检查商业承兑汇票信息披露情况。2021年全年，协助成员单位披露金额达54.67亿元票据承兑信息。同时，中船财务建立了成员单位信用保护长效工作机制，反复宣贯商业承兑汇票信息披露操作细则中关于"累计逾期发生额"的认定方式，明确"商票应答期限"，营造珍惜企业信用、保护企业信用的良好氛围。

三是正向激励。已完成平台注册和票据信息披露的核心企业在办理银行承兑业务时可获得优先服务，同时完成票据信息披露的核心企业及其供应商在向中船财务申请办理贴现业务时也可获得更为优惠的融资利率。中船财务还将继续研究其他正向激励措施的可行性。

### 三、票据信息披露的运用价值

票据信息披露的魅力和生命力在于，它不仅明确了票据市场参与者的义务，更赋予了票据市场参与者宝贵的权利，即"票据承兑信息和承兑信用信息为社会公众共享"。金融机构、持票企业、社会公众均通过访问票据信息披露平台，输入筛选条件，查询已披露的票据承兑信息或承兑信用信息。"累计承兑发生额"和"承兑余额"可以帮助市场参与者提前了解承兑人承兑情况，判断是否存在过度承兑的信用风险；"累计逾期发生额"和"逾期余额"使市场参与者能够了解承兑人的中长期票据信用状况。此外，为帮助公众更为准确直观地识别票据风险，票交所还定期发布未注册企业名单、持续逾期名单、延迟披露名单和大额逾期名单。票据信息披露制度的确立，拓宽了社会公众识别企业信用风险的途径，成为持票人规避风险票据的重要工具。

为帮助成员单位用好披露信息，中船财务组织团队进行专题研究，建立了成员单位防范票据风险的四道防线。

一是宣教结合引关注。开设"防范电子商业汇票风险"小课堂，运用平实易懂的语言系统讲解票据业务风险及防范措施。

二是定期培训强意识。每月向成员单位转发持续逾期企业名单，引导其识别已经暴露承兑风险的企业名录。

三是专人专岗解疑问。为提升培训的直达性，对企业票据业务人员进行一对一电话指导，引导其在签收票据之前登录票据信息披露平台查询承兑人的信用信息情况，将兑付风险拦在门外。

四是科技赋能控风险。引入成熟的风险管理产品，对承兑人进行量化评级，形成风险指数。

### 四、总结与展望

经过近两年的实施，在票交所和全体票据市场参与者的共同努力下，票据信息披露工作有序推进，迈出了推动中国票据市场信用体系建设的关键一步。

一是用户活跃度逐渐提升。截至2021年12月31日，平台已注册企业和财务公司超过47 000家，披露承兑信用信息的承兑发生额超过1.5万亿元。

二是平台功能不断优化。平台设计了企业信息披露便捷操作功能，提高企业信息披露效率；开通了短信服务通知功能，减少企业漏批、延批情况；推出了金融机构信息披露查询便捷操作，提高信息披露业务处理效率。

三是市场关注度逐渐提升。自开展票据信息披露以来，经过人民银行、票交所的大力宣传推广，主流媒体多次报道票据信息披露有关事宜，部分企业商业承兑汇票逾期的资讯也引起了证券市场投资者的广泛关注，成为识别企业信用风险的重要风向标。

未来，随着修订后《商业汇票承兑、贴现与再贴现管理办法》的出台，票据信息披露的参与者数量将进一步增加，信用信息披露的范围将进一步扩大，在票据市场风险防控方面发挥的作用将进一步增强。我们相信，票据信息披露的目的不单是惩戒违约失信行为，更重要的是通过市场化约束提升票据兑付时效性，以有效防止票据拒付情况发生，从而推动票据市场规范健康发展，为经济社会发展实现"十四五"良好开局贡献票据市场的重要力量。

供稿单位：中船财务有限责任公司

执 笔 人：马　悦

## 第三篇　再贴现业务系统提升业务办理效率

# 建设再贴现业务电子化操作平台 助力再贴现政策进一步提质增效

再贴现业务系统是人民银行开展再贴现业务，实施和传导再贴现货币政策的电子化操作平台。在人民银行指导下，票交所自2017年9月开始建设再贴现业务系统（以下简称系统）。五年来，再贴现业务系统根据货币政策操作要求和票据市场最新发展不断完善功能，逐步实现了纸质票据再贴现线上办理、纸电票据再贴现同时线上办理，推动了再贴现业务办理效率的提升。2021年11月，再贴现票款对付（DVP）功能上线，打通了再贴现业务全流程电子化操作"最后一公里"，实现了再贴现业务全流程线上化、电子化操作，有助于提升货币政策传导效率，精准滴灌符合政策导向的实体经济领域，为解决中小微等企业融资难融资贵问题提供新支撑、注入新动能。

### 一、实现再贴现业务电子化操作的重要意义

再贴现作为央行三大传统货币政策工具之一，担负着调节货币供应量和传导利率政策、信贷政策的重要职能。在票交所成立之前，再贴现业务办理需要在线下递交纸质票据和各类申请资料，手续较为烦琐，效率较为低下。票交所成立后，票据市场步入新时代，为再贴现业务实现电子化操作创造了条件。

再贴现业务系统是票交所为央行实施再贴现政策建立的全国性的、统一的操作

平台，可以实现再贴现业务全流程线上化、电子化操作，在国内外均属首例，分别获得2017年上海金融创新成果三等奖和2018年银行科技发展二等奖。

央行通过再贴现业务系统受理再贴现业务，不仅能够极大地提高业务办理效率，还可以通过设置多维度参数，更精准、高效地发挥再贴现政策引导市场利率和优化资源配置的作用，显著增强金融服务实体经济的能力。

截至2021年末，再贴现业务规模已经较票交所成立之初增长了近四倍。系统中有再贴现业务资格的金融机构达14 000多家，涵盖各类银行和财务公司，遍布全国各地区。

## 二、再贴现业务系统建设历程回顾

### （一）系统1.0版实现了纸质票据再贴现线上办理

2017年4月，人民银行批复同意再贴现业务系统建设立项。经过5个月的紧张准备，票交所相继完成了业务需求编写与评审、系统开发与测试、系统投产与验证等相关工作。2017年9月，系统1.0版正式上线运行，实现了通过客户端进行纸票再贴现业务办理和基本的业务管理功能。业务办理功能包括金融机构在线提交申请、再贴现窗口在线受理、审核、审批、票据质押和解押、成交单和结算交割单生成等。业务管理功能包括窗口对应关系建立、全辖参数和专业参数维护以及窗口限额分配和机构授信维护等。2018年初，系统又增加了报表功能，便于人民银行及时掌握各地区再贴现业务开展情况。

### （二）系统2.0版实现了纸电票据再贴现同时线上办理

2018年10月，随着票交所纸电票据交易融合工作的顺利推进，再贴现业务系统也迎来了2.0版，申请机构可通过直连方式在系统中同时办理纸电票据再贴现业务。同时，系统新增电票再贴现信息维护功能，贴现机构可对票据贴现申请人的企业规模、行业分类、民营、涉农、绿色等信息（五要素）进行补充登记，便于人民银行实时动态掌握申请机构对再贴现政策的执行情况，提高再贴现政策执行的精准度。2019年，系统功能不断优化，陆续增加再贴现补充信息修改、电票影像查询、差别化利率、出票人开户行或贴现行对已贴现票据出票人五要素信息进行补充登记等功能。

### （三）系统3.0版实现了票款对付（DVP）结算功能

2021年11月，系统3.0版本上线，实现了再贴现DVP结算功能，打通了再贴现业务全流程电子化操作"最后一公里"。再贴现DVP结算通过与人民银行ACS系统直连方式实现了业务前后台线上无缝衔接，使业务审批流程和资金结算流程一体化运行，不仅从整体上提高了业务办理效率，更好地满足货币政策快速传导的要求，而且可以从根源上降低操作风险。同时，金融机构可体验一键远程办理再贴现业务，真正做到了"让机构少跑路，让数据多跑腿"。

## 三、再贴现DVP主要功能

再贴现DVP功能上线后，再贴现业务系统客户端主要有以下三个方面的功能变化：

一是再贴现申请单和成交单新增字段和注释。再贴现申请单和成交单新增金融机构ACS存款账户账号和名称两个字段，成交单备注新增"首期结算金额、到期结算金额、应付利息等信息以ACS实际结算结果为准"注释，便于人民银行分支机构对存款账户信息进行审查和核对，确保信息的准确性和一致性。

二是再贴现回购后期管理菜单拆分。将原再贴现回购后期管理菜单拆分为再贴现回购提前赎回、再贴现存量/应急解除质押业务两个菜单。其中，再贴现回购提前赎回菜单用于增量业务（指再贴现DVP功能上线后新办理的业务）的提前赎回；再贴现存量/应急解除质押业务菜单用于存量业务（指再贴现DVP功能上线前办理的业务）的提前赎回、到期赎回，以及增量业务和存量业务的逾期赎回、部分逾期赎回。菜单的合理拆分有利于人民银行分支机构更加便捷地对到期未自动处理的业务进行操作，提高业务办理效率。

三是增加金融机构ACS存款账户管理菜单。在金融机构客户端机构管理菜单下新增金融机构ACS存款账户管理菜单，包括金融机构ACS存款账户新增、维护、信息变更复核、复核记录查询，便于再贴现申请机构管理ACS存款账户。

供稿单位：上海票据交易所

执笔人：张一兵 龚 倩

## 第三部分
CHAPTER 3

# 票据市场业务创新实践

## 第一篇　供应链票据打造供应链金融服务新模式

# 持续创新发展　健全风控机制
# 供应链票据支持中小微企业成效初显

供应链金融创新发展是金融供给侧结构性改革和支持中小微企业融资的重要路径，供应链票据是人民银行推动供应链金融创新发展的重点工作之一。2021年，在人民银行指导下，供应链票据平台建设稳步推进，供应链票据支持中小微企业发展效果初显，迈入了规范发展的快车道。供应链票据平台荣获"2021上海市金融业助力人民城市建设成果评选"上海人民金融优秀应用场景奖。

### 一、供应链票据平台建设稳步推进

2020年9月，人民银行等八部门联合印发了《关于规范发展供应链金融 支持供应链产业链稳定循环和优化升级的意见》（银发〔2020〕226号，以下简称226号文），为供应链金融规范、发展和创新指明了方向。226号文明确提出，支持金融机构与人民银行认可的供应链票据平台对接，支持核心企业签发供应链票据，鼓励银行为供应链票据提供更便利的融资。同时要求加强供应链金融配套基础设施建设，完善供应链票据平台功能。2021年，票交所积极落实226号文相关要求，重点围绕平台接入、系统完善、风险防控、业务推广等方面开展了相关工作。

### （一）引入更多符合条件的供应链平台，积极拓展供应链票据参与主体

根据226号文关于加快推广与供应链平台互联互通有关要求，票交所于2021年1月发布了《供应链票据平台接入规则（试行）》，明确了供应链平台需要具备的接入条件和流程，自此接入供应链票据平台有据可依。规则发布后，市场高度关注、反响热烈，供应链平台积极提交接入申请。在人民银行的指导下，票交所通过全面衡量申请机构的主体条件、客群资源、持续运营能力、风险管理能力、信息集成能力等，全年受理通过15家供应链平台的接入申请，完成12家平台的系统接入。

### （二）不断完善系统功能建设，促进业务办理便利化规范化

为落实226号文关于加强供应链票据平台的票据签发、流转、融资相关系统功能建设的要求，2021年8月14日，票交所结合新一代票据业务系统建设总体规划，推出了供应链票据平台优化升级版，新增供应链票据银行承兑、跨平台背书流转、交易关系信息上传绑定和到期扣款确认等功能；完善了企业信息校验功能，加强对企业身份真实性的验证；支持贴现行查询合同、发票等交易关系信息。新版本上线后，企业既可在供应链场景下签发商业承兑汇票，也可签发银行承兑汇票，丰富了企业选择。同时，新版本支持企业通过供应链平台向其他平台上的企业发起背书转让申请，实现供应链票据跨平台流转，有助于维护产业生态良性循环，进一步塑造大中小微企业共生共赢的供应链生态。

### （三）建立健全风险防控机制，严把供应链票据风险关

票交所立足金融基础设施职责，加强票据市场风险防控中心建设，积极探索完善供应链票据风险防控机制。落实226号文关于完善供应链信息与票据信息匹配，探索建立交易真实性甄别和监测预警机制的要求，积极落实人民银行关于商票信息披露的有关要求，加快推进供应链票据信息披露，推动企业承兑信息、承兑信用信息的公开化，降低伪假票据风险，助力市场主体评估核心企业信用风险。

## 二、供应链票据支持中小微企业发展

在人民银行指导下，供应链票据平台核心功能持续升级，参与主体不断拓展，业务规模连续攀升，截至2021年12月末，平台共登记企业超过3 000家，小微、涉农、绿色企业占比超过60%，累计开展供应链票据业务规模超过600亿元，有力支持了中小微企业支付和融资。

### （一）票据嵌入供应链场景，企业支付更便利

在互联网、大数据、物联网等技术日新月异的数字经济时代，供应链产业链逐步呈现生态化、多元化特点，企业价值创造模式由传统线性向链条式、网络化转变。供应链票据较好地契合了纵横交错的供应链场景需求。除具备传统票据的特质外，供应链票据实现了等分化签发，如果企业通过供应链票据平台签发1万元票据，实质上是签发了由100万张0.01元供应链票据组成的票据包，从而满足了票据任意金额流转和融资的需求，大大提高了企业用票的灵活性，解决了企业持票金额与付款金额不匹配的痛点。截至2021年12月末，供应链票据的出票企业一半以上均为中小微、绿色、涉农、科技企业，所属行业主要覆盖制造业、建筑业、批发和零售业、租赁和商业服务业、科学研究和技术服务业。

### （二）信息透明度提升，提高中小微企业融资可得性

商业承兑汇票在破解中小微企业融资难方面具有独特优势，但受信息不对称、交易背景真实性难核验等因素影响，与银行承兑汇票相比，其在流动性和认可度等方面都存在明显劣势。供应链票据通过引入供应链平台作为信息中介，并运用技术手段将供应链上下游企业之间的商流、物流、信息流、资金流等信息进行整合，形成信息"四流合一"的全产业链生态服务闭环，不仅有效弱化了信息不对称，能够更为直观、透明地反映企业之间的真实交易关系，而且有助于畅通供应链票据流转，提升企业票据融资的便利性和可得性。截至2021年12月末，供应链票据贴现量和承兑量的比值为69%，较同期商业承兑汇票贴现量与承兑量的比

值高近40个百分点。

### （三）信用传递更便捷，提高中小微企业融资便利性

供应链票据可以有效地促进链上优质企业的信用传递。当供应链核心企业签发票据时，可以将其信用传导至产业链末端长尾客户，从而使链上的小微企业可以分享核心企业的优质信用。经核心企业信用背书的票据，更易于被其他企业接受，促进上下游企业之间的账期衔接，帮助企业获得金融机构更为优惠的融资。同时，基于供应链票据信息更为透明的优势，金融机构在为供应链票据办理贴现时，可以更加关注承兑人信用，提高贴现环节审核效率，促进小额票据贴现融资。

下一步，票交所将更好发挥票据市场基础设施的作用，持续推进供应链票据平台建设和运营，不断完善系统功能，提高业务受理效率和便利性，健全风险监测、预警和处理机制，为市场成员提供安全、稳定、高效的技术和服务支持，推动供应链票据创新、规范发展。

供稿单位：上海票据交易所
执 笔 人：汤莹玮　许文涛　唐潇晴

# 发挥供应链平台优势
# 将金融活水注入实体

为更好地落实人民银行等八部门联合印发的《关于规范发展供应链金融 支持供应链产业链稳定循环和优化升级的意见》，票交所于2021年1月发布《供应链票据平台接入规则（试行）》（以下简称《接入规则》），明确了供应链平台参与供应链票据业务的准入条件、责任和义务，为供应链票据业务快速发展奠定了坚实基础。

2021年，简单汇信息科技（广州）有限公司（以下简称简单汇）作为供应链票据业务先行者，按照票交所供应链票据业务规划，在系统建设、风险管理、功能设计及产品推广方面进行了全面优化，率先完成新一代票据系统供应链票据相关功能迭代，为企业提供了灵活便捷、安全高效的系统服务。简单汇围绕票交所对供应链平台的管理要求，以防控票据业务风险为目标，发挥供应链平台的技术优势，持续完善企业认证、账户校验及交易背景审核等方面的技术应用和内控体系建设；以市场实际需求为导向，发挥供应链平台的产业智慧，持续优化注册登记、签发票据、流转票据等环节的系统功能和用户体验，实现了平台供应链票据业务规模的快速、稳定增长。

## 一、供应链票据业务发展及平台运营实践

简单汇以《接入规则》为基础，结合各级管理部门的指导意见和外部法律、

审计等机构的专业建议，制定了《简单汇供应链票据管理办法》，有效地加强了主体认证、资料审核、数据安全、风险预警等方面的控制，优化了用户操作、业务流程、视觉展示、服务响应等方面的体验。

### （一）参与金融机构、企业用户数量以及签发、流转与贴现规模快速增长

1.金融机构合作方面，简单汇总对总合作的金融机构数达到67家，其中有22家提供了融资服务，基本覆盖国内开展票据业务的主流商业银行；具体到分支机构业务落地上，简单汇供应链票据账户登记覆盖了315家开户行，其中有46家提供了融资服务，企业端到机构端的业务对接成熟、流畅。

2.企业用户服务方面，简单汇供应链票据注册用户数超过1 800户，完成票据账户登记近900个；票据签发企业分布在山东、广东、安徽、湖北、陕西、江苏、江西、四川、河南、山西、上海、西藏、浙江、重庆14个省份；票据贴现企业分布在山东、四川、广东、江西、江苏、河南、陕西、湖北、安徽、山西10个省份。

3.票据业务规模方面，简单汇平台签发和贴现规模较上年增长较快，中小企业融资降本效果显著。2021年，平台企业的票据签发规模72.95亿元，票据贴现规模66.66亿元，整体交易规模超过140亿元；平台企业的票据加权平均贴现利率为4.96%，较其同期一般短期贷款利率下降普遍超过了100个基点，与普惠小微企业贷款加权平均利率（4.98%）[①]基本持平。

### （二）系统功能持续完善，用票操作契合企业习惯，供应链场景应用趋于常态化

1.系统功能迭代方面，简单汇紧随供应链票据平台的建设进度，完成了新一代票据系统的全面升级，开通了全部新的票据功能，并根据企业用票场景和操作习惯，上线了"三联动"和"四联动"出票、信息披露一键出票、买方付息贴现申请、跨平台背书等差异化服务，推动用户各操作环节的平均耗时全面下降，出票省时26%、背书省时11%、贴现申请省时18%。

---

① 人行银行副行长刘国强在国新办2022年1月18日金融统计数据新闻发布会上的发言。

## 第三部分 票据市场业务创新实践

2.用户体验优化方面，简单汇通过全年近1 200次线上和超过200次线下的企业用户调研，对47家银行总行、68家银行一级分行和超过100家银行分支行的合作走访，以及累计在27场次专项活动中与超过500位专业人士的业务交流和产品研讨，在平台视觉效果、业务流程、管理功能等方面作了21次迭代。2021年，在简单汇供应链票据用户服务满意度调查中，表示满意的占比为67%，不满意的占比为0。

3.实体场景服务方面，简单汇凭借灵活便捷、安全稳定的系统服务，逐步实现了供应链票据在企业供应链中的高效流通应用。以某企业签发的782万元票据包为例，此票据包在流转中等分为81个子票据包，在81家企业之间进行了123次背书流转，其中最长背书了6手；累计有11家持票企业向3家银行分支机构申请了18笔贴现，总额476万元，贴现率61%，单笔平均融资26万元，最小融资2万元。

### （三）业务管理体系逐步成熟，技术风控能力持续强化，异常处理能力全面提升

1.业务管理体系建设方面，简单汇以票交所《接入规则》和《供应链票据平台合作协议》为指导，对平台供应链票据业务的系统操作流程、客户营销与产品宣导、审批与权限管理、数据传输与存储、风险预警和异常处理等方面作了系统性规范，形成了对应的管控要求和操作指引，能够有效地支撑业务快速、稳健发展。

2.风险控制技术应用方面，简单汇严格按照《接入规则》对供应链票据业务的办理主体、登记账户和交易背景进行真实性审核，通过兼容银行账户小额鉴权、法人代表人脸识别、银行Ukey识别认证等多种技术应用，既确保了企业及账户的真实性，又兼顾了实际操作的便捷性；通过整合工商、税务、中登网、企业财务系统等多个途径的信息，多维度、高效率地校验交易背景资料。

3.信息披露实施与异常处理方面，简单汇为了维护企业信用和持票人利益，遵照商业汇票信息披露制度及平台规则，整合风险管理、运营管理、客服管理、产品和业务管理等多个部门资源，组建了20人的专职团队，通过视频会议、线下培训和函件等方式向注册企业宣导信息披露政策和规则，并按月、周、到期前一日和当日

的频次一对一维护存续业务，处理票据到期提示、预警和异常。

## 二、供应链票据业务推广和平台建设经验

供应链票据平台试运行至今，简单汇作为首批接入的供应链平台，已经在多个产业、多个区域与各类企业和机构建立了广泛合作，能够较好地将区域和产业的差异、各类参与主体的需求转换成为系统功能，强化业务风险控制的同时，也极大地提高了用户操作便捷性，积累了丰富的供应链票据市场推广、系统建设和技术应用经验。

### （一）平台需要在科技输出、系统规划和业务创新方面构建能力，分层分类、一企一策，为企业提供差异化的供应链票据服务

1. 大型企业更偏重信息安全和系统集成。信息安全是供应链管理的核心问题，所以供应链平台除了规范完善的内控机制，还要能提供区块链、混合云、智能合约等综合技术应用服务，确保用户商业隐私。另外，数字化管理程度较高的大型企业，一般需要将票据业务系统与其财务、风控、供应链等内部系统集成，实现管理、操作和流程上的一致，所以服务平台应具备标准化的系统对接能力，保障业务便捷性的同时，也能更好地确保票据签发的真实性。

2. 中型企业更偏重操作效率和用户体验。业务流程的流畅度和与企业财会习惯的契合度，是大多数中型企业选择财务系统和金融工具的重要决定因素，这需要服务平台对产业客群有深刻的认识和理解，比如财务授权体系、交易类合同样式、发票额度及存储管理等，能够根据实际情况调整权限配置、审批流、资料上传方式等，对应地需要在系统架构、功能模块、技术应用等方面做好规划，保持内聚性和耦合性的平衡。

3. 小微企业更关注融资环节的流畅与成本。融资难融资贵是小微企业面临的首要问题，所以供应链平台除了发挥好技术应用和运营服务优势，降低企业与银行之间的信息不对称，精简企业融资申请流程，提高融资可得性和便捷度以外，还应建设和扩大合作金融机构"生态圈"，引入更多的商业银行，创新更多的业务模式，

丰富票据的资金渠道，降低持票企业的融资成本。

**（二）平台需要在区域和产业研究、产品和制度建设及线上和线下运营服务方面构建能力，因地制宜、一行一策，构建合作生态**

1.地方管理部门关注的核心是区域经济发展。通过供应链金融服务技术、模式和产品创新，推动区域特色产业及供应链生态发展，是供应链平台与地区相关部门协同推广业务的基础，所以供应链平台应加强对区域经济、特色产业及供应链的研究能力，因地制宜推动产品模式和技术应用创新，并协调企业和机构资源开展业务试点并形成创新案例，推动区域金融机构流程和服务的优化，进而促进地区经济发展。

2.银行总行部门的重点工作是产品制度和流程建设。一方面，要配合银行的产品创新，供应链平台需要具备专业的金融产品研发能力，才能在产品规划、风险控制、流程设计和运营管理等环节与合作银行配合、互补；另一方面，要支持银行的系统和流程测试，供应链平台不但需要具备敏捷测试能力，还需要坚实的客户基础，能够支持合作机构完成创新试点、跑通业务流程。

3.银行分支行关心的是切入区域内优质企业供应链，打通业务"最后一公里"。为了帮助合作银行实现业务落地，供应链平台除了完善产品功能、减少操作断点外，还需要具备有效的线下运维能力，帮助企业与银行降低沟通成本，及时处理业务流程中的异常。为了保障业务持续开展，供应链平台除了专线客服的定期回访、系统功能的持续优化外，还需要具备敏捷的定制开发能力，快速满足特定场景、单一项目的差异化需求。

**（三）平台需要在风险管理、技术应用及两者平衡方面构建能力，把握实质、回归本源，确保供应链票据业务又快又稳发展**

1.风险管理是票据业务的生命线。与其他金融科技服务不同，供应链平台在供应链票据业务中属于服务基础设施的延伸，承担了更多的风险管理责任和义务。所以，供应链平台除了在用户、数据、业务和人员上需与平台其他产品隔离外，还需要根据《接入规则》和配套制度，单独建立更加严格、规范的风控体系，才能有效地从源头管理好业务风险。

2.用户体验是平台运营的生命线。与银行在票据业务中提供优质资金服务不同，供应链平台提供的是灵活的产品功能和极致的用户体验。所以，供应链平台除了在线上/线下建立优质高效的服务团队、及时响应客户需求外，还需要根据产业特点、企业习惯和场景需求，按照经济高效、实质重于形式的原则应用新兴技术，真正帮助企业降低操作成本，提升用户体验。

3.平衡严格的风控与极致的体验是供应链平台发展的核心竞争力。与传统票据业务参与主体不同，供应链平台既面向金融机构，又面向实体企业，还承担了风险管理和运营服务的双重职责。所以，供应链平台需要在风控优先和体验优先中做好平衡，不断在业务主体和交易真实性核验、预警和异常处理等方面加大技术研发和应用创新力度，提升线上化、数字化、智能化的风险管理能力。

### 三、供应链票据及供应链平台发展展望

2021年1月，票交所发布《接入规则》至今，18家供应链平台被陆续准入开展供应链票据业务，累计交易规模已近700亿元，创新价值得到了市场认可。伴随供应链票据业务模式、参与机构的进一步丰富，产品之间、主体之间的市场竞争也会更加激烈，所以供应链平台要稳定持续发展，需要更深入地挖掘自身在技术应用、运营服务和产业实践中的价值。

#### （一）随着供应链票据系统和制度的完善、创新模式的延伸及资金渠道的丰富，产品创新价值会进一步凸显

1.系统功能和配套制度持续完善是供应链票据业务蓬勃发展的基础。随着2022年6月质押、保证、线上追索等功能的迭代，供应链票据的信用叠加更加灵活、存续管理更加稳健，能够进一步扩大产品适用场景和强化风险管理，引导更多的市场主体开展业务；而到期清分、线上贴现及签约等商业银行配套体系也在持续完善，能够有效解决票据清算异常、减少融资环节障碍，进一步保障流程通畅、提高业务便捷度和降低操作成本。

第三部分　票据市场业务创新实践

2.功能的灵活性、应用的场景化和操作的智能化能够支撑供应链票据业务模式持续创新。供应链票据在签发环节要求交叉校验交易背景真实性，不但能够优化企业集团多级公司的票据管理，还能够支持企业与企业之间的交易鉴证；而背书流转环节的可视化，不但便于企业管理和传递商业信用，也为专业机构提供保证、保贴等增信提供了参考基础，有利于开展业务模式创新。此外，随着供应链生态中票据签发、流转数据的不断积累，中小企业的商业信息将能更好地被识别和认可，这必然促进更多的金融服务创新。

3.资金渠道的丰富度是供应链票据市场多样性的主要体现。供应链票据质押、池管理等线上功能逐步开通，不但能直连各类交易银行服务，还为其他非银资金注入实体供应链提供了空间。开展供应链票据再贴现业务，不仅能直接增加低成本资金，更重要的是货币政策引导效应将对银行供应链票据资产配置产生积极影响。"供应链票据+标准化票据"创新组合本质上是供应链资产的证券化，在风险管理、业务流程、市场定价等方面具备绝对优势，结合票据信息披露和信用评级的推进，必然能成为实体供应链资产直通债券市场的重要桥梁。

（二）供应链票据与普通票据的产品互补以及各供应链平台之间的竞合，能够更好地增强市场活力

1.新一代票据系统下供应链票据与网银端普通票据的基础功能没有本质区别，差异化优势在于供应链票据以企业票据账户为核心，而网银端普通票据则以企业银行账户为核心。企业用票的核心痛点实质是信息不对称，重点表现在承兑人与持票人、持票人与承兑人授信机构之间。普通票据流转分散在各企业结算银行的网银系统，主观和客观上很难实现信息互通，这是票据信息中介存在的主要原因；而供应链票据支持企业票据账户下绑定多个备用银行结算账户，让供应链上的企业能够在一个系统中完成全部票据业务操作，因此票据信息经授权能统一呈现给企业和机构，解决信息不对称问题，降低企业用票成本。

2.供应链平台有不同的资源禀赋和业务诉求，虽然存在竞争，但必然会走向优势互补的跨平台合作。供应链票据业务发展初期，各平台为了建立市场品牌、扩大客户基础和交易规模，均会集中资源完善基础功能和营销重点的优质企业，存在一

定的相互竞争关系。但是，随着业务发展逐步成熟，平台经营策略会从重数量转向重质量，积极发挥各自优势，如银行系的金融产品优势、产业系的产业协调优势、第三方平台的技术应用和运营服务优势，协同寻求业务效益最大化。

**（三）供应链平台应不断强化风控能力，发挥好服务产业链、供应链的优势，助力企业数字化转型和金融服务实体经济**

1.供应链平台作为供应链票据风控的最前线，需要持续建立全面、有效、高质量的风险管理体系。首先，供应链平台应建立独立的制度规范，对客户准入、交易审核、权限管理、信息安全和异常处理等业务全流程进行覆盖，确保各个环节的全面风控和操作合规；其次，供应链平台应发挥技术应用和运营管理的优势，围绕产业特点和交易习惯，差异化定制业务流程和审核标准；最后，供应链平台可研究通过设立风险准备金或引入操作风险保险，做好、做厚平台运营的"安全垫"。

2.供应链平台作为商业机构，需要建立可持续的盈利模式。供应链平台发挥自身优势为各方提供商业服务是有成本的，若依靠平台自营资金或其他信息服务的盈利来覆盖研发和运营投入，采取"金融补科技"或互联网流量运营模式，就会脱离业务实质，不利于供应链票据业务的持续健康发展。所以，供应链平台应结合禀赋优势，围绕客户需求积极打磨产品、优化流程、研发增值功能和服务，帮助企业提高收益和帮助机构降低成本，发挥自身的商业价值。

3.供应链票据是产业数字化的组成部分，是金融服务实体中小企业的金融创新，所以供应链平台的系统研发、能力建设均应紧密围绕这两个目标。一方面，供应链平台应增强与企业财务、采购、仓储、销售等管理信息化的协同能力，成为企业精益供应链管理、稳链固链优链、数字化转型发展的重要助力；另一方面，供应链平台应提高与金融机构的服务互补能力，控制好供应链票据业务风险，建设好金融活水流入产业毛细血管的"渠道"，更好地服务实体和惠及小微企业。

供稿单位：简单汇信息科技（广州）有限公司
执 笔 人：陈　佳

# 聚焦应收账款票据化
# 推动供应链金融发展

深化票据在供应链金融中的应用,是人民银行推动票据市场高质量发展的重要部署,在2021年8月27日举办的供应链票据平台上线发布会暨签约仪式上,人民银行副行长潘功胜指出:供应链金融创新发展是金融供给侧结构性改革和支持中小微企业融资的重要路径。人民银行将供应链票据作为推动供应链金融创新发展的重点工作。供应链票据通过票据流转模式和系统运行逻辑的创新,使得票据与供应链企业之间的交易往来更加紧密耦合,信息透明度更高,信用和风险识别机制更加清晰,更好发挥了票据对推动供应链金融发展的优势作用。

为支持供应链金融规范发展,2021年,票交所积极落实《关于规范发展供应链金融 支持供应链产业链稳定循环和优化升级的意见》及人民银行有关要求,在已推出供应链票据平台试运行的基础上,引入了招商银行等一批符合条件的机构接入供应链票据平台,促进供应链票据扩面增效,结合新一代票据业务系统建设总体规划,不断完善系统功能建设,促进业务办理便利化规范化,并建立健全风险防控机制,严把供应链票据风险关,推出了供应链票据平台优化升级版,供应链票据业务进入加速发展期。

继2020年落地首批供应链票据贴现及"供+再"业务后,2021年招商银行成功作为首批银行系供应链平台接入票交所。经过不断探索实践,截至2021年12月末,招商银行供应链票据业务创造全市场"四个第一""五个首笔",实现落地总业务规模近200亿元(出票、背书、贴现、转贴现和再贴现业务的总和),平均为中小企业降低成本超过230个基点,降本增效成效显著,服务高端制造、绿色环保、畜牧养殖等39个行业,支持实体经济,共293家企业进驻招商银行供应链平台,中小企业占比50%以上。

### 一、供应链票据业务意义

供应链票据业务是推动应收账款票据化的重要抓手,完美契合供应链场景,在推动核心企业签发商票,解决持票企业融资难融资贵方面进行了一系列的创新,有力地推动并引领票据市场的发展。

#### (一)优化金融资源配置,缓解中小企业融资难融资贵难题

习近平总书记指出,要把更多金融资源配置到经济社会发展的重点领域和薄弱环节,更好满足人民群众和实体经济多样化的金融需求。在当前以商业银行间接融资为主的金融资源分配机制下,头部企业在银行体系的信用大量剩余。供应链票据产品有效推动了商票市场的发展,通过商票结算带动核心企业在银行的过剩信用向产业链上游的小微企业和民营企业迁徙,降低小微企业和民营企业的融资门槛和融资利率,增加融资总量,提升整个产业链特别是位于产业链末梢的小微企业的韧性和生命力,带动产业链升级。2021年,招商银行供应链票据业务提供融资50亿元,有力缓解了小微企业和民营企业融资难融资贵问题,提升了产业链融资能力。

#### (二)推动应收账款票据化,助力"两金"压控、产业链清欠

供应链票据通过输出信用的方式,让刚性存在的企业间结算账期带来的应付账款,变成由核心企业信用背书的票据,在产业链条上多级流通,帮助持票企业获得低成本、低门槛的融资,助力产业链清欠和民企清欠,并能够有效地降低企业"两金"。国家统计局数据显示,截至2021年12月末,全国规模以上工业企业应收账款余额为18.87万亿元,同比增长13.3%;应收账款平均回收期为49.5天。由于供应链票据的无因性,到期见票付款,且贸易背景真实,能够避免产业链条上由种种原因造

成的恶意拖欠行为，应用空间广阔。

### （三）助力提高商业信用，降低交易成本

供应链票据业务首创票据等分化签发，突破了票据不可分割的限制，是票据市场发展历程中的重要里程碑。供应链票据可等分成以1分钱为基本单位的票据包，具备几乎媲美现金的流通性和便捷性，可通过创新"现金+票据"的支付结算方式，打造企业"票据钱包"，平均每张票据背书流转2.25次，可将核心企业信用传导至3~4级供应商，极大地提升企业的用票意愿。票据在供应链企业间转让的层级和转让次数将实现裂变式增长，并在流转、融资和到期兑付的过程中不断帮助信用优质企业积累商业信用，降低供应链融资中严重依赖银行信用的现状，减少诸如银票、信用证承兑手续费等交易成本，减少商业银行低效的资本消耗，进而将资源投入支持民营企业和小微企业中去。

### （四）助力央行精准滴灌，进一步降低企业融资利率

人民银行等多部门先后多次发文明确提出支持供应链票据业务开展，山东、湖南等多地人民银行分支机构配套供应链票据再贴现专项额度支持。人民银行再贴现低价资金的精准注入，能够进一步降低企业融资成本，支持实体经济，实现精准滴灌支持中小企业，促进商业承兑汇票市场发展。2020年末，招商银行在全国五地率先试点落地供应链票据再贴现业务，精准扶持中小微企业。

### （五）助力防控金融风险，推动票据市场稳健发展

供应链票据业务在开、贴各环节依托和强化了真实贸易背景，对票据风险进行闭环管理，帮助企业有效防范假商票、克隆商票、商票超开等风险。供应链票据业务的推广运用，为规范发展应收账款票据化指明了方向。

## 二、供应链票据业务推广经验

在票交所的业务指导下，招商银行发挥"开放融合"的组织优势，全力推动供

应链票据业务，利用金融科技优势提供技术支持，并秉承"因您而变"的服务理念为企业带来优质体验，取得较好的成果。

### （一）高度重视，全力开展业务推动

2020年5月，招商银行行长助理刘辉拜访票交所董事长宋汉光，主动请缨首批开展供应链票据业务。在2021年8月27日举行的票交所供应链票据签约仪式上，招商银行副行长李德林代表银行平台发言，行长助理钟德胜出席并代表招商银行签约。票交所2021年1月28日出台《上海票据交易所供应链票据平台接入规则（试行）》后，招商银行充分发挥"开放融合"的组织优势，各级部门高效协同，迅速形成方案，成功作为首批银行系供应链平台接入票交所。在市场推广方面，招商银行制定了供应链票据专项配套措施，并召开全行专项推动会，加强总分行线上线下多层次业务培训；全国一盘棋，各分行组建供应链票据专项推动工作组，分行分管行领导挂帅担任工作组的领导小组组长，全面开展业务推动。

### （二）科技支持，"半月一迭代"持续优化业务

招商银行充分发挥金融科技领先优势，建设供应链票据业务系统。招商银行投入具有丰富经验的技术开发团队，为供应链票据开发和运营配备了50多名专业人员，依托基础扎实的数字化供应链金融相关系统，基于丰富的项目经验及大数据优势，提供银行级全面的风险管理服务，定时收集并及时响应企业诉求，提供"半月一迭代"的技术服务支持，共上线10个迭代，并优化1 500个功能点。

### （三）因您而变，"全国服务一家"提升企业服务体验

招商银行秉承"因您而变"的服务理念，首创"全国服务一家"的供应链金融企业服务模式。聚焦核心企业上下游融资需求，提供多样化的供应链金融服务，突破地域限制，打破分行界限，使供应链企业可以在全国任何一家招商银行的网点享受到全方位的服务。全国44家分行走进企业，了解企业诉求，并上门宣讲、推介供应链票据业务。众多企业对供应链票据强场景、等分化签发、多级背书、政策支持等优势非常认可，与招商银行一拍即合。上线以来，各分行直奔企业，上门服务，

协助企业逐项完成业务操作。在业务办理过程中，企业对招商银行全流程的协助服务赞不绝口。

### 三、重点产业链推动案例

招商银行积极尝试，付诸实践，使供应链票据在多条产业链中服务实体企业，针对不同行业直击企业痛点，一个个成功案例都充分显示供应链票据业务在深度支持核心企业及其产业链、降低企业融资成本、助力实体企业发展等方面发挥的积极作用。

（一）传导优质信用，服务实体经济

中兴通讯是全球领先的综合性通信制造商、通信解决方案提供商，在行业内具有举足轻重的地位。中兴通讯十分重视自身供应链体系建设，在票据领域深耕多年，一直以自身的高质量信用为供应商从金融机构争取更好的金融服务，同时反哺自身，提高企业核心竞争力，兼顾大企业担当与经济效益。

中兴通讯时刻关注票据领域的创新项目，招商银行作为中兴通讯主要合作银行第一时间向其推荐了供应链票据这一历史性创新产品。供应链票据"创新实现等分化、全程线上化、简洁方便的操作界面、高效的系统响应"深深打动了企业。后续招商银行将继续服务中兴通讯供应链上的中小企业，争取将低成本、快捷、高效的融资服务提供给中兴通讯全国各地的供应商，用优质金融资源和服务切实支持实体经济。

（二）防控风险，赋能制造业供应链

招商银行一直秉承票据业务发展要"充分发挥票据的结算功能，积极支持实体制造业"的理念。供应链票据作为票据业务的有力补充，天生具备供应链属性，更能获得企业青睐，其上线能更好地赋能实体制造业。

随着供应链票据业务推出，在蛇口友联和深圳重工看来，目前各地政策力推供应链票据，且供应链票据开、背、贴每个步骤都基于真实的贸易背景，可以更直观、透明地反映企业间的真实交易关系。了解到蛇口友联和深圳重工对于供应链票据的认可度较高，招商银行适时切入，成功以供应链票据支持企业产业链，预计可服务供应商超过100家，从而赋能供应链，扶助中小企业融资。

### （三）全程高效服务，支持绿色金融

招商银行一直致力于服务绿色低碳行业企业，支持低碳生产、生活场景，助力实现"碳达峰、碳中和"目标。平安智慧城市在深圳、上海等地辅助地方政府和企业打造生态环境"数据智脑"，构建"金融+科技"绿色环保体系。随着绿色环保业务快速发展，企业对资金效率及财务成本提出了更高需求。银行传统流动资金贷款无法满足企业低成本、多场景的个性化需求，企业也希望减少资金占用，使资金管理更加灵活，并满足供应商高效的融资需求。

招商银行向企业详细介绍了供应链票据业务创新点，迅速推进方案落地，双方高效配合系统对接、筹备业务材料等。招商银行通过快速响应的系统服务满足了平安智慧城市的个性化要求，支持供应商融资诉求。平安智慧城市对"招商银行速度"给予了高度评价。

### （四）降成本增效益，共谋乡村振兴

山东新希望作为农牧企业巨头，推进畜牧业规模化、智能化、生态化，种养结合实现区域全生态循环，推动绿色低碳、高质高效的农业供给侧结构性改革，并与养殖环境治理、产业精准扶贫有机结合，通过产业兴旺带动农村发展。

自2019年起招商银行即与山东新希望开展合作，招商银行高效便捷的服务取得了企业的信赖和好评。供应链票据不产生资金流动便可以解决供应链上的采购和结算账期问题，大幅提高资金流转效率，促进企业产业发展。同时，供应链票据率先实现等分化的优势强化了票据结算属性，对产业链完整的核心企业来说，也是扩大企业商业信用的重要手段，有利于核心企业提高资金使用效率，因此对企业吸引力极大。

招商银行携手山东新希望为其供应商举办供应链票据专场产品推介会，并为企业提供供应链票据"出票+贴现"服务，给予低于企业正常银行融资成本的优惠贴

现利率，缓解了生猪养殖户的资金周转压力，得到双方企业的高度认可，后续将与企业持续深化合作，实现以供应链票据业务支持企业全产业链，助力乡村振兴。

### （五）迎接疫情挑战，助力复工复产

"病毒无情，人间有爱"，招商银行因在抗击新冠肺炎疫情中的突出贡献，荣膺"中华慈善奖"优秀捐赠企业殊荣。与此同时，招商银行也积极为全国抗疫企业提供低成本资金支持。

国药器械作为当地最主要的医疗器械经销企业，占当地医疗器械市场份额的80%以上，承担着当地防疫战略物资储备、供应保障的职责。国药器械上游供应商有1 000余家，遍布全国，以小微企业为主，单笔交易金额小，交易频繁，同时供应商因体量不大，回款要求较为强烈。

供应链票据业务"全程线上化、等分化、可分割、背书流转方便"等特点完美契合国药器械财务需求，招商银行与企业一拍即合，深入开展供应链票据业务合作。国药器械表示后续会逐步向供应商推荐供应链票据，支持产业链1 000余家供应商。供应链票据业务为国药器械解决了困扰许久的难题，为中小企业供应商提供了更加优惠、便捷的融资通道，同时也为抗击疫情贡献了力量。

### （六）发挥服务优势，推动应收账款票据化

基建行业在我国经济发展中长期扮演着重要角色，是短期稳增长、保就业的基石和助力扶贫帮困、乡村振兴的基础性力量。截至2021年12月末，基建行业优质企业陕西建工的供应链票据业务总量接近30亿元，已成为招商银行体系内供应链票据业务规模最大的企业。

陕西建工一直在市场上寻找、比较各类供应链金融产品，迟迟无法决定。票交所积极倡导，大力支持陕西建工在招商银行尝试供应链票据业务。

招商银行专业的服务从三个方面打动企业。一是到票交所走访学习。招商银行陪同企业到票交所走访学习，更加深刻地认识供应链票据的功能和意义，了解其提高企业用票的便利性、灵活性，传递核心企业优质信用，增加企业融资可得性的优势。二是制订产业链差异化方案。从采购端、资金端、运营端深入了解企业结算模

式，为企业产业链提供差异化支持。三是提供全面服务支持。招商银行技术人员前往企业现场指导系统对接，第一时间成立业务合作小组，从确定有融资需求的供应商、收集业务资料到业务落地仅用不到2个工作日。供应链票据业务赢得了陕西建工的高度认可，助力企业解决上下游企业的融资需求，支持基建产业链上中小微和民营企业。

### 四、供应链票据市场未来可期

供应链票据是契合供应链特点的金融工具，在满足实体企业的支付和融资需求、金融机构的投资和交易需求，促进全社会商业信用发展，推动利率市场化改革和宏观调控转型的过程中发挥重要作用。市场呼吁、殷切期望能进一步出台政策支持供应链票据业务。一是希望供应链票据业务比照信用证，降低信用转换系数要求，实现供应链票据业务信用转换系数降低至20%，促进供应链票据业务开展。二是支持供应链票据再贴现，实现精准滴灌中小企业。三是期望对供应链票据对接标准化票据予以政策支持，供应链票据全面嵌入供应链场景，是标准化票据的天然底层资产。

人民银行副行长潘功胜指出，供应链票据平台的接入高标准严要求，首批接入的8家机构都是行业的龙头企业，要在创新中起到模范带头和引领作用。作为首批接入机构，招商银行将进一步发挥好票据在供应链中的作用，深化票据的支付和融资功能，最大限度盘活实体企业资产，降低企业融资成本，在金融科技的引领下焕发新的活力，在供应链金融创新发展的过程中发挥更加重要的作用。

供稿单位：招商银行

执笔人：黄　斌　李海滨　赵　海　罗　宇

## 第二篇　绿色金融将金融服务深入绿色产业毛细血管

# 推广绿色票据
# 发挥票据市场在生态文明建设中的作用

当前，我国生态文明建设已进入经济社会发展全面绿色转型的关键时期，力争2030年前实现碳达峰、2060年前实现碳中和是全国人民共同的奋斗目标。为提升金融支持绿色低碳高质量发展的能力，优化绿色金融激励约束机制，人民银行制定了《银行业金融机构绿色金融评价方案》，以鼓励银行业金融机构积极拓展绿色金融业务。在进入新发展阶段、贯彻新发展理念、构建新发展格局的大背景下，绿色金融迎来重要发展机遇。票据作为企业重要的融资工具，在绿色金融发展中也大有可为。

### 一、兴业银行绿色金融发展实践

2005年，兴业银行与国际金融公司合作，针对民营企业开发新的能效融资服务模式，并在2006年推出国内首款节能减排贷款，成为国内绿色金融的先行者。2008年，兴业银行在国内率先采纳赤道原则，主动对业务进行更加全面的环境和社会风险管理，为绿色金融发展提供了强大保障。

十多年来，兴业银行持续深耕绿色金融，在绿色金融领域创下多个市场第一，如全国首笔排污权抵押贷款、首笔碳资产质押贷款、首张低碳主题信用卡、首笔绿色信贷资产支持证券、首只绿色金融债、首单绿色理财产品和绿债指数理财产品、首个绿色金融专业系统——"点绿成金"系统等。目前，兴业银行已形成涵盖绿色融资、绿色租赁、绿色信托、绿色基金、绿色理财、绿色消费等多门类的集团化绿色金融产品与服务体系，通过不断创新商业模式，将企业社会责任与银行业务有机结合，探索走出了一条集团化"寓义于利，由绿到金"的可持续发展之路。

截至2021年末，兴业银行已累计为40 619家企业提供绿色金融融资36 753亿元。项目覆盖低碳经济、循环经济、生态经济三大领域，涉及污水处理、水域治理、能效提高、新能源和可再生能源开发利用、固体废弃物循环利用等众多类型。兴业银行所支持的这些项目可实现在我国境内每年节约标准煤4 087.80万吨，年减排二氧化碳10 671.83万吨，年减排化学需氧量（COD）432.76万吨，年减排氨氮23.26万吨，年减排二氧化硫111.32万吨，年减排氮氧化物17.38万吨，年节水量41 376.64万吨。

## 二、兴业银行绿色票据发展实践

### （一）票据业务在绿色领域的应用情况

票据作为企业重要的融资工具，在绿色金融发展中大有可为。票据业务作为传统的银行业务，具备融资成本低、灵活性高、手续简便等特点；票据的签发和转让需具有真实的贸易背景，由此票据与企业的贸易往来和财务收支密不可分；多家商业银行已提供票据线上自助服务，使票据可作为供应链金融的拳头产品，越来越多的企业已在生产经营中将票据作为主要的支付结算工具和融资工具。

目前，新能源汽车、锂电、光伏、风能等新能源行业的企业，作为其产销供应链中的核心企业，已普遍采用商业汇票作为日常的支付结算工具，并通过其签发、背书增信，由上游中小供应商企业按需开展贴现融资，解决了上游中小供应商企业融资难融资贵的问题。根据对部分市场热门的新能源上市企业2021年第三季度财务报表的不完全统计，其应付票据（即由其签发的票据）在其应付账款（含票据）中的占比已超过40%，在其全部负债中的占比也已接近20%。由此可见，票据是新能源企业采用较多的支付手段或融资方式。除了新能源领域外，票据还在节能减排、废旧回收、绿色出行等多个领域为相关企业特别是小微企业融资发挥着积极作用。

### （二）兴业银行绿色票据发展实践

近年来，兴业银行致力于绿色金融发展，在绿色票据方面也进行了一些探索。2018年，北京、深圳等地人民银行分支机构先后推出"绿票通"再贴现业务，绿色票据逐步在票据市场上兴起。兴业银行将绿色票据作为绿色金融的重要品种，着力打造绿色票据品牌，进一步扩大绿色票据业务占比，不断提升对绿色金融发展的贡献度。

在绿色认定标准方面，鼓励经营机构积极与属地人民银行及相关部门沟通对接，积极参与属地绿色票据认定标准的制定。对于属地尚未有明确认定标准的，严格按照人民银行《关于修订绿色贷款专项统计制度的通知》的要求进行绿色票据认定。

在考核方面，兴业银行总行出台专项政策，鼓励经营机构拓展新增绿色贴现客户，扩大客户覆盖范围。将经营机构绿色票据拓展纳入绿色金融考核指标统计范畴，促进经营机构大力拓展绿色票据贴现业务，并且计划开发绿色票据系统统计功能，更方便快捷地计量经营机构绿色票据拓展成效。

在定价方面，优化贴现业务定价机制，赋予经营机构更大的自主权，保障给予绿色票据贴现优惠价格。另外，鼓励经营机构与当地人民银行合作，打造"绿票通"品牌，通过再贴现工具，将低成本优质资金源源不断地输送至绿色企业，助力解决绿色企业融资困难。

在经营资源配置方面，总行设置专项信贷规模，根据经营机构绿色票据贴现业务开展情况单独配置；总行在风险资产分配方面，也积极向绿色票据倾斜。

截至2021年末，兴业银行已有40余家分行开展绿色票据贴现业务，有20余家分行开展绿色票据再贴现业务，成都、青岛、杭州、西宁等分行更是已开展碳减排专项再贴现业务。2021年，兴业银行累计办理符合人民银行绿色贷款认定标准的绿色票据贴现突破100亿元。

### 三、绿色票据发展存在的问题

票据契合供应链业务和中小企业融资特点，深受绿色企业青睐，绿色票据将有广阔的发展空间，成为绿色金融的重要产品之一。

尽管各地人民银行分支机构对于绿色票据较为重视，北京、深圳等多地人民银行先后推出"绿票通"再贴现业务给予政策支持，但目前市场上尚没有对绿色票据统一的认定标准。

在人民银行发布的《银行业金融机构绿色金融评价方案》中，纳入评价范围的绿色业务包括境内绿色贷款和境内绿色债券。根据《关于修订绿色贷款专项统计制度的通知》，绿色贷款指"用于投向节能环保、清洁生产、清洁能源、生态环境、基础设施绿色升级和绿色服务等领域的贷款"，该贷款口径与人民银行金融统计制度规定的各项贷款一致，"能确切证明符合本制度规定用途的贷款才可纳入统计范围"。上述对绿色贷款的认定标准很难适用于绿色票据贴现。

根据目前的金融统计制度，票据贴现纳入贷款统计。在实务操作中，票据的签发必须具有真实的贸易背景，上文所提及的新能源企业签发并向上游供应商支付的票据往往涉及绿色项目，但上游供应商因为提供绿色产品或绿色服务获得商业汇票后，可能因采购生产用的原材料、支付员工工资等进行贴现融资，而这些资金的最终用途又不能满足绿色贷款的认定标准。

此外，即便最终的贴现资金用途符合绿色贷款的认定要求，也需要贴现企业提供较为烦琐的佐证材料，而目前为更加便捷地服务实体企业，多家商业银行已推出线上"秒贴"服务，融资企业难以配合提供资金用途相关的佐证材料，商业银行经营机构拓展绿色票据融资业务的积极性也受到影响。

由此，商业银行为涉及节能环保、清洁生产、清洁能源、生态环境、基础设施绿色升级和绿色服务等领域的项目签发了票据，实质已提供了信用和融资支持，但却因认定原因没有纳入绿色金融统计，无法客观反映商业银行对绿色金融的支持力度；而从事绿色相关产业的企业特别是中小企业，也无法享受到人民银行对于绿色产业的资金支持。

## 四、推动绿色票据发展的相关建议

**（一）制定专门的绿色票据认定标准**

《票据法》规定，票据的签发、取得和转让，必须具有真实的交易关系和债权债务关系。在实务操作中，绿色核心企业多作为票据签发方，以票据作为支付工具向上游供应商（特别是中小企业）进行支付。建议根据《票据法》要求和票据业务实操惯例，以票据签发时所对应的贸易背景或债权债务关系是否投向节能环保、清洁生产、清洁能源、生态环境、基础设施绿色升级和绿色服务等领域，作为绿色票据的认定标准。这既符合票据业务实操惯例，也不增加贴现银行和用票企业的业务办理手续，从而进一步提升商业银行通过票据融资对实体企业提供绿色金融支持的积极性。

在数据统计方面，建议将已认定绿色票据的贴现单列，纳入人民银行对商业银行的绿色金融评价体系，以更有效地督促商业银行为相关企业提供优质的票据支付结算和融资服务。

**（二）设立绿色票据再贴现专项额度**

再贴现是货币政策传导的重要工具，通过再贴现，能够及时将低成本资金引导至国家重点鼓励的产业和行业。绿色企业符合国家产业政策导向，需给予政策扶持。建议人民银行设立再贴现专项额度，重点支持清洁能源、节能环保、碳减排技术等重点领域的绿色票据再贴现业务，实现央行政策性资金的"精准滴灌"。绿色票据再贴现额度投放与国家绿色金融发展状况相匹配，在票据种类、业务期限、申请机构额度分配等方面作更多的尝试和探索。

**（三）进一步完善绿票业务发展的正向激励政策**

绿色票据业务需要金融机构对客户及其项目的环境与社会绩效进行全面调查与综合评价，会增加金融机构投入的成本。

建议对绿色票据业务设定较低的风险权重和资本监管要求，同时加大政府税收优惠力度，推动绿色票据差异化的风险定价。根据绿色票据所支持项目实现的节能减排等效果，对金融机构进行专项奖励等。

### （四）发展绿色票据二级市场交易业务

建议票交所组织贴现银行在票据业务系统中对已认定的绿色票据打标，由此方便各市场参与者将绿色票据作为单列品种开展交易，通过二级市场的流通交易，吸引金融市场低成本资金并反哺一级市场贴现融资，从而降低相关企业的融资成本。

供稿单位：兴业银行

执 笔 人：赵　青　庄　鑫

# 科学创新绿色票据发展
# 助力实现"双碳"目标

2017年，习近平总书记在党的十九大报告《决胜全面建成小康社会 夺取新时代中国特色社会主义伟大胜利》中提出要发展绿色金融，助力生态文明体制改革，建设美丽中国，展现了中国将绿色金融作为改善生态环境、应对气候变化、转变经济增长模式重要抓手的决心。然而，绿色金融面临产品种类较少、结构单一、服务对象较局限等瓶颈。为响应中央号召，全面贯彻新发展理念，精准把握碳中和进程中绿色金融机遇，深化金融供给侧改革，近年来，九江银行致力于推动票据在绿色金融领域的发展及运用，并取得一些实践经验。

## 一、有益探索，国内绿色票据实践与问题

### （一）国内绿色票据实践和意义

2018年以来，多地人民银行分支机构、商业银行陆续开展绿色票据贴现和再贴现业务，引导绿色资金精准投向绿色产业、绿色项目，支持绿色主体发展。2018年6月，人民银行克拉玛依市中心支行授权3亿元限额用于办理绿色票据再贴现业务，绿色票据资金主要投向石油石化传统产业绿色化升级、落地原油等污染物无害化处理等改造项目。2018年10月，人民银行深圳市中心支行设立首批规模10亿元的"绿票

通"专项再贴现额度，为由人民银行深圳市中心支行和深圳绿金委共同审定的"绿色企业名录"内的企业优先办理再贴现业务。2018年6月，兴业银行北京分行"绿票通"业务成功落地，首批享受"绿票通"服务的企业以低于当日市场贴现利率完成了绿色票据的贴现。

绿色票据是贯彻新发展理念的重要组成部分。票据一端连接实体经济，另一端连接金融体系，是货币政策传导的重要载体。发展绿色票据业务，有利于完善绿色金融体系，是贯彻绿色发展理念、助力生态文明建设、推进可持续发展、促进绿色低碳发展、实现"双碳"目标的重要渠道。

一是绿色票据能够推动绿色产业发展。绿色产业一般具有前期投资大、投资风险高、技术相对不成熟等特点，然而当前绿色信贷、绿色债券等绿色金融产品主要为绿色企业提供中长期资金支持，无法满足企业短期资金需求。绿色票据一方面可作为短期支付融资工具，满足企业日常生产经营资金需求，另一方面可以盘活应收应付账款，降低企业融资成本。

二是发展绿色票据能够激励企业绿色转型。当下中小企业绿色金融渗透率低，究其原因在于绿色信贷、绿色债券等绿色金融产品门槛较高，受种种条件限制，中小企业难以获取。绿色票据准入门槛较低，融资成本低，具有普惠特性。发展绿色票据能够提升中小企业绿色金融渗透率，促进企业形成绿色化内生机制，激励企业绿色转型。

三是发展绿色票据有利于优化商业信用环境。作为企业可获得程度较高的金融工具之一，票据的可追索性及可背书流转性能够串联企业信用，实现信用增级。绿色票据尤其是绿色电子商业承兑汇票的发展可以进一步丰富票据应用场景，推动票据信用评级体系建设，为进一步优化国内的商业信用环境创造条件。

（二）当前绿色票据发展面临的问题

尽管国内多地尝试推动绿色票据发展，但总体上都是基于绿色贷款思维，没有真正考虑票据的流转性、支付性和信用性，不属于真正的绿色票据创新，因此难以升级为"国标"从而在全国推广。当前绿色票据发展存在如下问题。

缺乏清晰的绿色票据概念界定。目前，国内外对绿色票据概念尚无清晰的定义，尽管部分专家学者对绿色票据进行了界定，但未形成普遍的市场认同。

缺乏有效的绿色票据评价标准。我国绿色票据标准主要参照《绿色债券支持项目目录》，该目录主要适用于大型企业或项目，与票据市场参与主体存在一定的差异性，且对于诸如开票主体购买非目录产品用于制造绿色目录内的产品等情形下所开具的商业汇票是否属于绿色票据范畴等问题尚无确切指向。

缺乏权威的绿色票据认定机制。绿色票据参与主体与交易背景的绿色属性相互独立，交易各环节的绿色属性相互独立，票据所指向的产品和产品用途绿色属性相互独立。现阶段，对于绿色票据认定各省市自成标准，无法明确评价主体、评价对象、评价流程和后续监管。

缺乏透明的绿色票据信息披露机制。当前票据系统只能呈现登记机构绿色票据识别结果，尚不具备绿色票据主动识别功能，各登记主体间绿色票据认定标准不统一使认定结果缺乏权威性。而且，当前我国尚无呈现绿色票据认定依据的信息披露平台，市场主体及监管机构无法对绿色票据评价结果进行监督和追溯。

缺乏完善的绿色票据风险防控机制。绿色票据业务具有一定的特殊性，除需关注传统票据业务风险外，还需对"漂绿"等绿色风险予以足够的重视。

## 二、求真务实，科学创新推动绿色票据发展

2019年1月10日，人民银行南昌中心支行、中央财经大学绿色金融国际研究院和九江银行参与"绿色票据评价标准研究及推广实施路径课题"开题仪式。2019年4月24日，由九江银行联合发起的绿色票据评价标准与实施推广路径研究课题首次论证会在北京举行，人民银行总行、票交所、人民银行南昌中心支行、中央财经大学绿色金融国际研究院和九江银行出席讨论。2019年7月9日，由九江银行联合发起的"绿色票据评价标准与推广实施路径研究"课题交流会在上海举行。票交所、中央财经大学绿色金融国际研究院和九江银行出席讨论。2019年9月12日，绿色票据业务座谈会在人民银行南昌中心支行召开。人民银行南昌中心支行、中央财经大学绿色金融国际研究院和九江银行等机构代表出席讨论。2019年10月22日，九江银行与赣江新区管委会、中央财经大学绿色金融国际研究院签订了绿色票据研究成果联合应用合作框架协议。2020年3月

25日，江西省金融学会印发《江西省绿色票据认定和管理指引（试行）》。2020年3月27日，九江银行绿色金融事业部和票据中心联合下发《九江银行"九银绿票融"业务管理办法（试行）》，并将该办法向江西省金融学会绿色金融专业委员会备案。2020年4月15日，九江银行赣江新区分行完成首笔绿色票据承兑；4月17日，赣江新区分行完成首笔绿色票据贴现。九江银行在绿色票据标准制定、识别、评价以及推广各阶段进行了深入参与，积极推动票据在绿色金融领域的发展及运用，并取得一些实践经验。

### （一）绿色票据评价和实施路径

1.认定规则，明确绿色票据评价标准。江西省为绿色票据业务开展制定了一套完善的认定规则和业务流程，为全省绿色票据业务的规范化办理提供了制度保障。通过充分结合票据的流转和融资特点，考虑票据在产业链上的特定信用支付功能，召开多轮专家会，最终开创性地提出认定绿色票据的两环节和三条件，即在签发和贴现环节，对于符合下列条件之一的票据，可认定为绿色票据：（1）绿色主体签发或贴现的票据；（2）交易标的为绿色产品的票据；（3）交易标的用于绿色项目的票据。其中，通过交易标的或交易标的用途进行认定的，须满足交易标的或交易标的的用途属于《绿色债券支持项目目录》。

从票据的票面信息来看，被背书人和背书人签章是票据绝对记载事项。根据人民银行《支付结算办法》，票据的签发、取得和转让，必须具有真实的交易关系和债权债务关系。而现有商业银行办理票据业务主要审查信息为出票人及其签发票据的贸易背景、贴现人及其和前手的贸易背景。因此，应从主体、贸易背景两方面考虑绿色标准的内容设置。其中，主体（出票人或贴现人）基于融资需求承兑或贴现，体现了票据作为货币证券对绿色金融支持对象的一致性。贸易背景是体现票据作为有价证券行使融资功能的背景依据，也是金融支持实体产业中"产业"方向的体现，同时贸易背景绿色与否在一定程度上也能体现票据收款人的性质。在实际操作中，"主体绿"或"贸易背景绿"应都可以被视为绿色票据。"主体绿"指的是主体的主营业务属于绿色产业，即绿色主体签发或申请贴现的银行承兑汇票和商业承兑汇票属于绿色票据；"贸易背景绿"指的是交易标的或交易标的用途属于或用于绿色产品或绿色项目，即"贸易背景绿"下的商业汇票属于绿色票据。

2. 梳理流程，构建绿色票据业务模式。绿色票据业务流程包括绿色票据评定流程和绿色票据出票、贴现流程两部分，如图3-1所示：（1）出票企业或贴现企业申请绿票打标或绿票贴现，向承兑银行或贴现银行提供绿色票据主体资质或所购买产品符合绿色票据交易要求的证明资料，并对所提供资料的真实性、完整性和有效性负责；（2）银行受理企业业务申请，对所提交的资料进行审核，判断票据交易背景或申请主体是否符合绿色票据要求，在初步判断为绿色票据后将资料传送到第三方评定机构；（3）第三方评定机构对绿色票据进行认定，并将结果反馈至承兑银行或贴现银行；（4）承兑银行或贴现银行根据第三方评定机构出具的专业意见，对符合绿色要求的票据进行绿色标示，同时将票据绿色属性上传至票交所系统；（5）商业银行为出票企业或贴现企业办理票据业务，针对评定为绿色票据的业务，按照绿色票据业务操作流程为其办理承兑或贴现业务，并给予绿色票据一定的优惠支持。

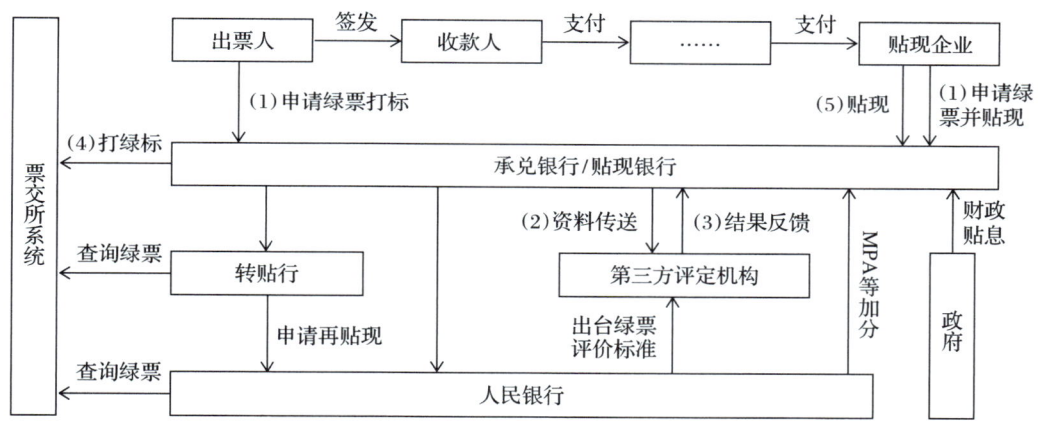

图3-1 绿色票据支持绿色产业发展示意图

3. 升级系统，支持绿色票据标记功能。为推动绿色票据业务发展，九江银行率先改造票据系统。对承兑企业、贴现企业、承兑业务、贴现业务是否符合绿色标准新增了标记功能，配合票交所系统的再贴现票据的绿色标记登记功能，票据系统基本实现了绿色票据全周期的信息呈现。对于进入绿色票据库内的票据，将符合再贴现条件的票据的绿色属性上传至票交所系统，从而实现绿色票据的信息披露，对其进行全生命周期的管理，直至票据兑付。从交易主体、交易标的、交易标的的用途三个方面对票据是否涉绿进行判断，对评定为绿色票据的业务，按照绿色票据业务操作流程为其办理承兑或贴现业务，并给予绿色票据政策支持和优惠支持，提高绿色票据业务的办理效率。

### （二）绿色票据业务开展成效

自2020年3月"绿票融"业务上线以来，九江银行绿色票据业务已平稳运营2年多。九江银行在《"九银绿票融"业务管理办法》中明确绿色票据支持政策：对于符合绿色票据认定标准的业务申请，在业务审批时开通绿色通道，优先办理，确保业务效率；对于符合绿色票据认定标准的承兑申请，承兑手续费予以免除；对于符合绿色票据认定标准的贴现申请，利率参照同等条件票据业务行内指导价格给予不低于30个基点的优惠，具体以总行票据经营机构审批为准。

自上线以来，九江银行累计办理绿色票据承兑18.09亿元，办理绿色票据贴现25.71亿元，累计为31户企业办理47笔绿色贸易背景认定，为12户企业办理绿色主体认定。2021年末，九江银行绿色票据贴现余额7.34亿元，承兑余额11.24亿元，再贴现余额3.93亿元。2021年，九江银行绿色票据贴现发生额17.8亿元，较上年同期增长124%，支持绿色产业领域企业发展。"九银绿票融"作为九江银行支持绿色产业发展、金融服务实体经济的重要抓手，取得了良好的社会反响。

### （三）绿色票据服务实体案例

1. "绿色主体"认定案例。江西某实业有限公司注册资本3 800万元，是江西省知名再生资源回收加工企业，被工信部列为废钢铁加工行业准入公告企业，被财政部、商务部认定为再生资源回收利用体系建设试点城市（南昌市）项目龙头企业，具有江西省商务厅批复的"报废汽车回收拆解资格认定"和"江西省报废机动车回收拆解企业资格认定"，主营废钢铁回收、加工、销售和报废汽车回收、拆解，企业2020年营业收入43.5亿元。

按照《江西省绿色票据认定和管理指引（试行）》中"绿色主体认定应满足以下条件：主营业务属于《绿色债券支持项目目录》的范围，且主营业务收入占全部收入比例应不低于50%；或该比例虽小于50%，但绿色产业领域业务收入和利润均在所有业务中最高，且均占全部收入和总利润的30%（含）以上"的要求，该企业主营业务属于绿色债券支持目录中的"再生资源回收加工及循环利用"，主营业务收入占比达到50%以上，符合"绿色主体"认定要求，且日常结算以票据为主，有大量的票据贴现需求。九江银行通过组织专人对接该企业，并严格按标准及流程认定其为"绿色主体"。按照《江西省绿色票据认定和管理指引（试行）》中"绿色票据主体签发和贴现的商业汇票可认定为绿色票据"的规定，九江银行通过"九银绿票融"，累计为该企业办理绿色票据贴现3.25亿元，并全部落实绿色票据专项价格优惠政策，合计为该绿色主体企业让利约100万元。

2."交易标的用途绿色"认定案例。江西某客车有限公司为江西省知名客车生产企业，注册资本3.19亿元，主营业务为客车研发、制造和销售，近年来受益于新能源补贴政策，产品逐步由常规动力车向新能源车转型，目前主要生产销售电动新能源公交车。企业目前年产值约6亿元，年纳税约1 000万元。

受疫情影响，该企业复工复产后短期融资需求大幅增加，企业为采购一批零配件用于生产新能源客车，拟签发银行承兑汇票向供应商支付。在了解到企业融资需求后，九江银行按照《江西省绿色票据认定和管理指引（试行）》中"交易标的是用于绿色项目的商业汇票。即商业汇票签发或贴现时，交易标的的用途属于《绿色债券支持项目目录》"可认定为绿色票据的规定，认定该企业交易标的属于《绿色债券支持项目目录》中的"新能源汽车项下零部件生产及整车制造"，符合绿色票据认定标准。九江银行通过"九银绿票融"，累计为企业承兑1 263.47万元绿色票据，极大地满足了公司的融资需求，有效将银行信贷资金精准投向绿色产业领域。

## 三、谋划未来，绿色票据发展建议

结合九江银行绿色票据实践经验，针对绿色票据科学发展，笔者进行了深入思考，并提出以下发展建议。

### （一）持续推进绿色票据标准化工作

2019年10月，人民银行启动绿色票据标准研究，将"绿色票据标准"纳入国家绿色金融标准化工程。建议相关部门加快研究步伐，持续推进绿色票据标准化工作，加快制定全国统一的绿色票据认定规则，出台标准化的绿色票据业务流程。

### （二）推动绿色票据试点工作

鉴于绿色票据业务的复杂性，建议采取试点先行的方式推动绿色票据发展。一方面，由于现阶段银行承兑汇票市场规模大，信用程度相对较高，且银行对相关票据主体更为了解，对绿色属性判断更加专业，可以选取银行承兑汇票作为绿色票据先行试点。另一方面，考虑到票据业务在流转过程中绿色属性的变化，银行等金融机构对于承兑和贴现风险的把控能力较强，可以以承兑和贴现作为绿色票据发展试点，把牢相关环节绿色属性认定关口，防范绿色资金用于非绿用途。

### （三）明确绿色票据认定机制

绿色票据认定机制应结合票据功能特点，综合考虑交易主体和贸易背景两个方面的绿色属性。相关责任主体应加速制定绿色票据认定标准，统一绿色票据认定口径，在可识别、可操作、可计量、可推广原则的基础上，充分参照《绿色债券支持项目目录》《绿色产业指导目录》，制定《绿色票据支持项目目录》；加速建立绿色票据评价机制，建立切实有效的绿色票据评价流程，明确绿色票据监管职责。商业银行应构建完善的绿色票据管理体系，对相关主体提交的资料进行严格审核，对主体及贸易背景是否为绿色进行审慎判断。

### （四）完善绿色票据基础设施

完善绿色票据配套的基础设施和制度建设，根据开票、流转、贴现等环节是否具有绿色属性，可将绿色票据分为"单绿""双绿""三绿"票据等，针对不同属性的绿色票据组合，可予以不同的政策倾斜力度。完善票据系统建设，通过端口对接，实现绿色票据的实时标示。绿色票据系统建设应坚持责任导向，明确责任主体，对票据是不是绿色票据、是什么原因标绿，以及票据标识主体、用途予以充分的展示，以便于市场主体及监管机构对评价结果进行进一步监督和追溯。推动绿色票据信息披露平台建设，加速绿色票据数据库建设，实现全国范围内绿色票据可查询，为绿色票据决策及监管提供数据支持。

### （五）加大对绿色票据的激励力度

相关部门可进一步加大对绿色票据激励力度，研究制定有别于普通票据的风险计提要求，在防范风险的前提下适当放宽绿色票据监管指标，适度降低绿色票据再贴现利率，扩大绿色票据规模，鼓励金融机构积极受理绿色票据业务，通过适度的政策让利引导业务向绿色领域倾斜，实现精准滴灌绿色实体。商业银行可以通过减少抵押担保、额外绿色信贷额度等方式，鼓励符合业务要求的企业积极使用绿色票据，确保贴现资金真正流入绿色实体。

### （六）加强绿色票据风险防控

一是强化绿色票据标准设计及评估管理，建立事前防范和事后追询的管理机制，防范制度类风险。二是加强绿色票据评估机构风险监控，跟踪研究并制定管理及处罚办法，确保评估流程规范、评估结果准确可靠。三是制定绿色票据考核办法与奖惩机制，定期对各商业银行绿色票据业务开展情况进行考察。

供稿单位：九江银行

执 笔 人：秦书卷　赵思彦　李紫薇

## 第三篇　线上贴现全面提升小微企业票据融资获得感

# 打通贴现融资痛点堵点
# 助力中小微企业纾困解难

为更好发挥贴现融资对中小微企业的支持作用，优化贴现业务流程，提高贴现融资效率，票交所于2019年5月推出了票据业务创新产品——"贴现通"。上线以来，票交所持续加强市场推广，推进产品功能升级，中小微企业和贴现机构参与度不断提升。2021年"贴现通"业务实现了快速发展，在服务实体经济、提升贴现融资效率、缓解贴现融资难题、助推长三角一体化发展和上海国际金融中心建设方面发挥了积极作用。

### 一、"贴现通"功能升级介绍

2021年，票交所结合市场需求，在新一代票据业务系统中对"贴现通"功能进行了全面优化升级，新增企业签约、一站式清算功能，重塑意向询价流程，扩充企业信息登记字段，全面升级直连接口，兼容处理新系统签发票据和ECDS票据业务。功能升级后，"贴现通"业务功能如下：

一是提供多样化的贴现询价方式。为满足不同需求，"贴现通"提供意向询价、挂牌询价、对话报价等多种询价方式。意向询价提供了一对多询价功能，贴出方可将指定票据发给多个贴现机构，通过比较各贴现机构反馈价格，获得最优贴现利率；贴现机构也可以通过意向询价发布贴入需求。挂牌询价下，贴出方对指定票据设定目标价格后，发送给贴现机构，贴现机构竞争摘牌。对话报价适用于一对一议价，用于达成成交。贴现询价过程中，贴现机构还可以根据企业行业类别、规模大小、地域省份以及绿色、科技、民营等专属标签进行筛选，精准定位目标客户，实现供需匹配和价格发现。

二是提供一体化线上贴现流程。功能升级后，"贴现通"为参与者提供集贴现协议签署、贴现询价、清算结算、凭证下载于一体的线上贴现业务流程。企业在线查看各贴现机构要求，线上递交贴现申请资料。企业线上挑选票据，通过票据经纪机构进行贴现询价。询价完成后，"贴现通"系统自动办理票据权属过户和贴现资金清算结算。清算完成后，"贴现通"系统还将自动生成结算交割单，作为双方贴现业务的账务处理凭证。

三是提供信息资料电子登记流转功能。企业营业执照、法定代表人身份证、财务报表等信息资料，经票据经纪机构登记至"贴现通"系统后，可重复用于向不同贴现机构申请贴现业务。一方面，企业无须线下向不同贴现机构递交纸质资料，贴现业务的办理时间和办理成本得以大幅降低；另一方面，贴现机构可以用"秒贴"系统接收"贴现通"透传的电子资料，在线自动完成审核，提高贴现业务审批效率。

四是提供委托代理功能。"贴现通"引入票据经纪机构，为持票企业提供贴现询价的专业服务。企业将拟贴现票据委托给票据经纪机构后，贴现询价过程由票据经纪机构代为完成，极大地减轻了企业财务人员的压力，为中小微企业提供了一键委托、坐等收款的业务体验。

## 二、"贴现通"运行总体情况

2021年"贴现通"业务取得了较快增长，新增企业用户6 180户，同比增加1 080户；新增委托询价票据881.32亿元，同比增长135.25%；全年共为企业办理贴现票据3.10万张、780.08亿元，较2020年增加456.91亿元，增幅为141.38%。截至2021年末，累计1.40万家企业、46家贴现机构参与过"贴现通"业务，办理贴现票据5.38万张、1 178.18亿元。

### 三、"贴现通"业务运行成效

#### （一）精准扶持民营小微企业，切实缓解票据融资难题

"贴现通"整合全国金融机构资源，将企业贴现选择面由合作银行拓展至全市场机构，打破供需间、机构间、区域间信息壁垒，切实缓解"三小一短"票据贴现难问题，有效盘活沉淀票据资产。2021年，"贴现通"参与企业中，民营小微企业5 655家，占比91.50%；贴现票据平均票面金额251.45万元，100万元以下的小额票据1.98万张，同比增长68.37%；城市商业银行、农村商业银行等中小机构承兑票据金额420.39亿元，同比增长130.30%。

#### （二）贴现利率显著下降，助力企业降低融资成本

票据融资是中小微企业重要的融资渠道，相比银行贷款和其他融资方式，成本优势明显。"贴现通"作为中小微企业票据融资渠道的重要补充，尽管融资票据信用等级较为下沉，但在比价机制的带动下，融资成本并未显著抬升。2021年，通过"贴现通"业务办理贴现票据的平均利率为2.89%，同比下降14个基点，较企业贷款利率[①]低172个基点，有效支持实体经济降低融资成本。全年，"贴现通"利率呈现稳步下降趋势，12月达到最低值。

#### （三）支持区域经济协调发展，切实服务国家重大战略

2021年，在长三角地方政府和金融监督管理部门的大力支持下，"贴现通"试点推广纳入《长三角地区一体化发展三年行动计划（2021—2023年）》《"十四五"时期上海国际金融中心建设规划》《2021年上海国际金融中心建设工作要点》《虹桥国际开放枢纽建设总体方案》等重要文件，以更好支持长三角地区一体化发展和上海国际金融中心建设。全年，"贴现通"业务量中，长三角地区占比达到47.29%，

---

① 2021年企业贷款利率为4.61%，来自2021年金融统计数据新闻发布会文字实录。

显著高于贴现市场平均水平。

## 四、未来展望

"贴现通"是票交所推动贴现市场向集中统一、安全高效、电子化的现代市场转型的积极尝试。下一步，票交所将继续推动业务机制流程升级，助力更多金融机构简化贴现业务流程，提升贴现市场金融服务供给水平；紧密跟踪市场发展动态，加强调查研究分析，进一步提升中小微企业贴现融资的便利性和获得感，努力将"贴现通"打造成为贴现市场的"高速公路"，为构建新发展格局贡献力量。

供稿单位：上海票据交易所<br>
执 笔 人：李　麟　丛龙娇

# 金融科技赋能票据融资
# 在线贴现助力实体普惠

自2016年票交所成立以来，票据市场进入全面电子化时代，市场从过去区域分割、信息不透明的传统票据市场，发展成为全国统一、安全高效、全流程电子化的现代票据市场。在票交所的建设和推动下，电子商业汇票基础设施日益完善，创新产品层出不穷，用票企业的融资便捷性和安全性不断提升，票据贴现方式持续向多元化和线上化发展。

招商银行充分发挥电子商业汇票流转便利、安全高效、融资成本低的优势，将票据业务作为其践行普惠金融的重要抓手。2021年，招商银行票据业务再创佳绩，商票贴现、供应链票据、再贴现、"贴现通"四项重点业务的发生量均取得市场第一，直贴总量和转贴总量位列市场第二。回顾近年来招商银行票据融资业务的蓬勃发展可发现，招商银行以"客户＋科技"为核心打造的线上化、智能化、便捷化的在线贴现业务，在大力发展票据融资、有效解决中小微企业融资难题中发挥了重要作用。

## 一、在线贴现业务意义

### （一）有力提升金融机构票据服务能力

得益于票交所的基础设施建设和积极引导推广，电票占比已由票交所成立前的

30%左右迅速提升至2020年末的99%。与传统纸票不同的是，电票以数据电文形式记载于系统中，电票的全生命周期业务均依托票交所系统开展，具有更加透明、安全、便捷的优势。无纸化、线上化、智能化的在线贴现充分发挥了电票数字化的优势，为企业带来更便捷、更安全的贴现方式，有力提升了金融机构票据服务能力。

### （二）解决中小微企业融资难题的重要途径

长期以来，融资难融资贵一直是悬在中小微企业头顶的难题。一方面，由于金融产品信息不对称，中小微企业难以获得银行服务第一手信息，无法享受金融创新红利；另一方面，处于供应链后端的中小微企业常常持有"两小一短"票据，此类票据贴现所需的人工操作成本高，在一定程度上抑制了商业银行对这些票据贴现的热情，进一步导致贴现流程长、资金到账慢。融资无门的中小微企业只能寻求诸如票据中介的民间融资渠道，进而陷入融资成本高、风险大的困境。

在中小微企业票据融资难、融资贵、融资慢、风险大的背景下，利用科技手段创新在线贴现方式，为企业提供便捷的线上化融资渠道，将逐步成为解决中小微企业融资难题的重要途径。

## 二、在线贴现实践经验

### （一）科技赋能，打造"票据大管家"

招商银行充分发挥金融科技优势，坚持因市场发展而变、因企业需求而变的服务理念，打造线上化票据平台"票据大管家"，为企业带来优质的线上化服务体验。招商银行"票据大管家"创新性地整合票据结算、融资、风控、管理等业务功能于一体，让企业足不出户即可在线办理出票、承兑、背书转让、贴现、提示付款等票据全生命周期业务。通过不断的产品创新、流程优化和系统迭代，招商银行"票据大管家"已发展为线上化、智能化、一体化的票据综合服务平台。2021年，"票据大管家"累计为超过14万家企业带来优质的票据服务，其中中小微企业数占比达到93%以上，充分体现了招商银行优质的线上化票据服务对于中小微企业的金融支持。

### (二)创新驱动,服务多元实体企业场景

为了更加有效地解决中小企业融资难融资贵的问题,招商银行以"客户+科技"为核心不断创新服务模式,先后推出"承贴通""招银闪贴""微票通""贴现通""供票通"等在线贴现明星产品,并构建了企业网银、App、CBS、银企直连等多元化服务终端,分层分类地为企业提供高效率、低成本的在线贴现服务。

在招商银行多元化的在线贴现服务体系下,不同企业可结合自身特点和融资需求,选择最适合的贴现方案。例如,在众多服务企业中,某电网公司的供应商数量众多且遍布全国,供应商长期面临融资渠道窄、融资成本高、操作便捷性低等问题。招商银行全国首创商票业务"全国服务一家"机制,实现多个大型企业开出的商票持票人可在全行任意一家分行办理贴现,为供应链N端企业提供了快捷、便利的融资渠道。在践行普惠小微企业中,招商银行积极配合人民银行的政策导向和要求,将再贴现作为重点业务,并创新性地将自身的在线贴现和人民银行深圳市中心支行的"微票通"产品相结合,通过线上系统智能自动匹配"白名单"企业,为符合人民银行政策扶持要求的小微企业提供专属优惠贴现利率,实现精准滴灌中小微企业。招商银行"在线微票通"在"2018年度深圳市金融创新奖"评选中荣获一等奖,该业务模式也迅速从深圳复制推广至全国,有效促进了中小微企业融资环境的改善。

### (三)纾困解难,"招银闪贴"助力抗疫

"招银闪贴"是招商银行打造的"一点即融、秒级到账"的在线贴现创新产品,利用金融科技打破时空限制,随时随地为企业提供即时到账的贴现融资服务,解决了以往操作成本高造成的中小微企业"小票、短票"贴现难、贴现贵问题,将贴现时长缩短到1分钟内,融资速度提高百倍。2021年"招银闪贴"累计帮助1.8万家企业足不出户办理超过3 500亿元的贴现融资,其中中小微企业数占比高达93.9%。近两年疫情持续暴发,"招银闪贴"充分发挥全流程线上自动化处理的优势,有效防范了企业线下办理业务的感染风险,并在特殊时期极大地便利了企业票据融资,助力企业抗击疫情、复工复产。

2021年底,西安暴发新冠肺炎疫情,全市所有小区、单位实行封闭管理,各项

线下金融业务也随之停滞。西安当地两家医药企业在此特殊时期面临持票在手、融资无门的困境。这两家企业深耕医药流通领域多年，为保障疫情期间药品、医疗器械的正常供应流通，急需融资以完成与上下游经销商之间的款项支付。针对企业疫情期间的融资难题，招商银行西安分行积极响应、快速行动，为企业提供"招银闪贴"服务方案，顺利解决企业办公人员居家隔离、企业融资时间紧迫等重重困难。最终，招商银行西安分行快速为两家企业完成线上融资，合计办理银票贴现3 900万元，贴现利率低于同期市场水平约20个基点，解决了企业融资的燃眉之急，为疫情期间保供应、稳生产提供了可靠支持。

### 三、在线贴现未来展望

2022年票交所将上线新一代票据业务系统，进一步对票据业务功能优化升级，加强票据业务风险防控，提升票据对企业端市场的服务能力。同时，票交所将在新一代票据业务系统中推出等分化票据，赋予票据几乎媲美现金的流通性和便捷性。随着票据基础设施的全面升级和等分化票据的推出，用票环境将进一步改善，票据结算功能增强带动优质企业信用在票据链条上流通速度加快，让更多处于供应链末梢的中小微企业获得票据融资机会。同时，票据等分化后，用票的中小微企业数量有望进一步增长，企业票据融资也将呈现小额化、高频化、等分化等发展趋势。在票据数字化水平和用票企业数量均逐步提升的背景下，企业对票据线上融资的需求将越发强烈，在线贴现高度线上化、便捷化等融资优势将得到进一步的展现。可以预见的是，在未来的票据市场发展中，在线贴现业务在助力票据普惠实体中同样大有可为。

招商银行将在票交所的指导下，围绕广大企业的票据业务需求，充分利用金融科技进行在线贴现创新，切实有效助力实体融资，推动票据市场健康有序发展。

供稿单位：招商银行
执 笔 人：黄　斌　李海滨　赵　海　徐明鑫

# 科技"护航"
# 在线秒贴持续创新升级

金融创新是助力企业奋勇向前的坚实力量。徽商银行作为区域性商业银行，不断深耕地方市场，始终坚持"服务地方经济、服务中小企业"的市场定位，加快体制机制创新，持续提升中小微金融服务能力，以"本土化、特色化、专业化、数字化"为发展方向，抓综合金融服务能力。

"在线秒贴2.0"是运用"大数据+科技金融"手段推出的全流程线上贴现创新产品，从客户准入、贴现额度审批、业务协议签订、贴现审批放款到贴后管理，实现电子银行承兑汇票贴现全流程线上化、自动化。

该产品于2021年5月上线，系徽商银行在2020年初上线的"在线秒贴1.0"产品的迭代升级版。通过持续梳理贴现业务流程堵点、痛点，引入工商、税务、征信、黑灰名单等外部数据，结合本行风险管理偏好，运用数据挖掘、数据加工、电子签章以及客户验证等技术，徽商银行设计了客户准入、授信审批和贷后管理等一系列数字化决策模型，全面地为企业画像并输出判断性结果。

截至2021年末，"在线秒贴2.0"已在安徽省内16个二级分行和5家省外分行全辖落地，仅7个月时间就累计为2 920户企业通过准入申请，审批通过的可贴现授信额度达236.77亿元；被准入企业中有1 777户申请了"在线秒贴2.0"服务，累计秒贴票据22 024笔、投放贴现资金218.8亿元，显著提高了各类企业特别是小微企业的票据融资办理效率，有效提升了徽商银行票据业务在当地市场的影响力和竞争力。

### 一、构建智能数据模型，有效防控票据风险

数字经济时代，数字化发展不断推动银行传统业务转型升级。传统贴现产品申请资料多、手续繁杂、人为主观干预因素多、时效性差，已无法满足持票人对效率、成本、便捷的需求，而常规秒贴产品又往往只解决了贴现申请办理阶段的线上化。

徽商银行不断走进企业、读懂企业，加大金融科技投入，为更好地推动票据线上贴现服务提质增效，积极应对客户需求升级及市场发展趋势，通过业务流程梳理、客户调研、系统测试，反复设计并调整参数构建大数据模型，研发推出"在线秒贴2.0"产品。

在用好金融科技使其在服务实体经济、推动金融创新等方面发挥积极作用的同时，徽商银行始终不忘风险控制是金融的核心。在客户营销阶段，引入企业网银、微信公众号等多渠道入口，投放大型商业综合体电子屏滚动播放广告，精准引流；在客户准入、授信审批阶段，应用内外部大数据及金融科技手段，通过征信、税务数据的处理和运用，在细化票据客户画像的同时有效筛查实体经济客户，审慎核定贴现额度；在贴现业务办理阶段，通过设置承兑行名单、风险限额以及分析票面前后手信息、核查发票数据，有效防控票据违规融资。

### 二、践行普惠金融理念，有力支持复工复产

当下疫情并未散去，企业的经营和发展依然面临重大挑战，尤其是中小微企业作为供应链条上最薄弱的一环，融资难、融资贵、手续烦琐复杂等困难尤为凸显。徽商银行始终将"成为小微企业坚实后盾"视为己任，不断强化线上金融产品创新能力、提升综合金融服务能力与非金融服务能力，实实在在降低中小微企业融资成本，切实让金融"活水"精准有效地起到润泽实体经济的作用。

"在线秒贴2.0"就是以小微客户为主要客群的票据贴现线上融资产品，不仅将服务直接触达各类实体经济企业客户，放开传统贴现对票面金额、票据期限的诸多

限制，还精准对接当地普惠金融政策，通过细化贴现定价、灵活贴现报价，定向传导小微企业、民营企业、制造业、绿色产业等享受的再贴现等优惠政策，真正做到将信贷资金向国家重点扶持领域倾斜，提供有温度、有速度、全方位和多层次的金融支持。

特别是在当下的新发展阶段，小微企业想要实现稳步再成长需要坚守与拼搏，也需要借助金融创新的力量实现自身业务的可持续发展。徽商银行"在线秒贴2.0"助力更多小微企业利用低成本、高效率的金融产品，实现自身业务的创变突围。

### 三、构建场景金融，线上化票据产品联动

线上化金融产品与应用场景充分结合，才能够衍生出更加专业、精准的金融服务。徽商银行紧跟金融科技发展趋势，不断探索线上渠道和场景建设，融合内外部大数据研发票据客户画像，借助电子化渠道针对客户在不同发展阶段的多样化需求，为客户提供更为方便快捷、安全高效的票据全流程线上服务，不仅快速响应企业票据贴现需求、大幅提升客户服务体验，还拓展企业的票据融资模式、丰富企业的结算方式，有利于缓解企业及其上下游资金流压力，提高企业资金的周转率。

（一）线上产品组合营销

自贸区合肥片区支行某客户是徽商银行线上贷款客户，以往收到票据均持有到期或转让背书进行付款，由于企业着急发放人员工资，这才想到能否用刚收到的20余万元银票办理贴现。该企业原先担心未曾申报过贴现额度，贴现流程必定很复杂，着急时刻想起办理线上贷款时推送过在线秒贴产品及操作流程，于是登录网银按照操作提示发起额度申请，几分钟后便获得系统审批额度500万元。该企业又立即发起贴现申请，几秒钟后贴现资金到账，解了客户燃眉之急。

（二）发展供应链金融业务

马鞍山分行某客户是马钢集团一级钢材经销商。随着销售终端客户增多、银行承兑汇票结算比例提高，该客户票据贴现需求以往因异地原因难以满足。"在线秒

贴2.0"较好地贴合了异地供应链企业的贴现融资需求，2021年全年该客户已累计获得秒贴资金1亿余元。

2021年9月，徽商银行与供应链票据平台简单汇联合推出全国首例"供应链票据+担保"融资模式，在供应链票据融资环节中引入芜湖民强担保公司，通过第三方担保满足银行授信审批要求。在该模式下，商票贴现速度慢、担保措施难落实等问题得到解决，银行能够以低于市场平均价格30~50个基点的贴现利率为中小企业提供票据融资，有效提升了融资便利性，降低了企业融资成本。

**四、下一阶段在线秒贴发展规划**

下一步，徽商银行将会在金融创新的道路上不断探索前进，而在这一过程中要找准金融创新与风险防控的平衡点。"在线秒贴2.0"将会建设全流程、全方位风控体系，为业务发展保驾护航。

在票据融资服务方面，一是拓宽服务渠道、优化服务模式，将现行的对公网银、微信公众号渠道拓展至手机移动端，为客户提供触手可达的便利操作；二是优化、精细化秒贴定价模型，结合经营机构当地政策和票据市场价格，灵活配置，调整定价。

在风控体系建设方面，一是在贷前对贴现客户主体的审查。结合监管要求，贴现主体企业信用状况良好、经营和财务状况良好，不存在不符合监管要求的付款逾期、承兑信用信息，综合考量企业经营情况、票据支付结算情况、历史贴现行为等核定授信额度，优先支持经济社会发展重点领域。二是在贷中对申请票据贸易背景的核实。对申请票据前后手信息基于企业发票数据涉及的交易对手情况进行核实，对于特殊行业特别是贸易行业重点核实企业的贸易背景。三是在贷后对贴现资金支付的监控措施。对贴现企业经营情况进行实时跟踪，监控资金流向是否出现异常或违规行为，并及时采取相应措施。

供稿单位：徽商银行<br>
执 笔 人：桂继胜  刘蓉蓉

## 第四篇 票据支付革新助力产业互联网新经济发展

# 深耕产业金融
# 打造票据支付新生态

为适应企业经营活动的互联网化趋势，精准对接中小微和民营企业的线上票据支付需求，票交所于2019年1月推出首个票据支付创新产品"票付通"。"票付通"上线三年，票交所持续加强"票付通"业务推广，优化业务功能，金融机构和产业平台参与度不断提升，2021年"票付通"业务量实现跨越式增长。

### 一、"票付通"功能介绍

"票付通"通过将票据支付嵌入企业线上购销流程，赋予票据业务互联网基因，支持企业在B2B平台一站式完成采购、票据支付等操作，为企业提供了见证支付、即时支付、组合支付、全网支付及信息透传等多项功能。

提供场景化的支付功能。"票付通"的多样化支付功能与企业结算场景匹配：见证支付实现买卖双方的货物（或服务）交割与票据结算同步，解决了陌生人场景下交易双方互不信任问题；组合支付支持企业根据订单金额安排票据与资金相结合的支付，企业只需一次身份认证便可发起组合支付，满足企业灵活支付的需求；即时支付由真实订单锁定票据收款人后，收款人即可签收票据，满足企业预付款、分批付款等结算需求。

## 第三部分 票据市场业务创新实践

提供便捷的全网支付功能。"票付通"以票据支付收银台作为服务载体，B2B平台实现业务一点接入后，支持平台企业使用任意一家银行电票账户完成票据支付。"票付通"将传统网银、线上采购等企业日常经营活动中独立的流程串联，为企业提供"采购+结算"一站式服务的票据解决方案，提升企业在产业互联网场景下的业务办理效率和操作体验。

提供多流合一的信息透传功能。"票付通"提供交易资料存证功能，支持供应链、产业链上下游企业实现交易流、支付流、物流等多流信息融合，形成线上业务闭环。"票付通"通过推动商业与金融数据双向互通，解决企业信息孤岛难题，充分挖掘数据价值，助力企业实现由主体信用向数字信用转变，成为金融支持实体企业发展的"最佳帮手"。

### 二、"票付通"运行总体情况

2021年"票付通"业务量大幅增长，新增签约平台企业1 378户，较2020年增长56.59%；新发起票据支付金额451.68亿元，较2020年增加361.13亿元，增长398.82%。截至2021年末，累计11家合作金融机构、164家电票接入机构、44家B2B平台以及3 025户平台企业参与"票付通"，支付金额610.90亿元。其中，服务中小微企业2 230户，占比为73.71%，覆盖制造业、批发和零售业、科学研究和技术服务业、电力等多个行业，制造业企业占比最高，达到44.46%；服务"三农"企业479户，占比为15.83%。

### 三、"票付通"业务运行成效

#### （一）多样化支付功能打造"票据支付+"业务新生态

"票付通"提供的见证支付、即时支付以及全网支付功能与互联网贸易结算场景契合，随着金融机构与B2B平台参与度的提升，业务已逐步形成"票据支付+工业""票据支付+电力"等适用于多行业、多场景的票据支付新生态。核心企业平台业务呈现长链特征，"票付通"在平台中应用由供应链近端向远端延伸，核心企业平台全年发起业务笔数和业务金额同比分别增长218.49%和537.66%；第三方电商平台通过见证支付功能，为平台陌生人交易提供了安全的结算环境，受到企业欢迎，平台企业活跃数量大幅增加，较上年增长51.6%，企业使用"票付通"频率为11.79笔/户，较上年提高21.45%。

### （二）发挥线上票据支付的普惠金融服务优势

"票付通"提供的信息服务功能增强了票据业务的信息透明度，提升了票据流转效率。平台企业通过"票付通"支付的承兑行为中小金融机构的电票总额超过363亿元，同比增长474.83%，占支付总额的80.45%，占比远高于票据市场37.17%的平均水平。全年共计632家小微和"三农"企业使用"票付通"支付5 435笔，占全部业务量的61.16%，企业数量和支付笔数较上年分别增长38.90%、34.27%。其中，小微和"三农"企业使用存量票据背书5 089笔，占其支付总笔数的93.63%。"票付通"对畅通中低信用等级票据流转以及盘活小企业持有的"长尾"票据发挥了积极作用，缓解了企业资金压力，全年共计节约企业现金支出约150亿元。

### （三）以支付为抓手对企业实现票据融资增信

"票付通"提供的贸易资料存证功能促进产业链实现"数字增信"，金融机构对在线贸易资料的认可度明显提高，部分银行已实现通过"票付通"信息透传功能提前审验票据，进一步提升平台企业融资可得性和贴现效率。企业通过"票付通"签收的电票贴现率达到54.22%，较上年提升超过11个百分点，其中10家活跃平台的贴现率达到87.55%，平台企业通过79家银行以及6家财务公司获得贴现融资款项。其中，电力行业平台场景应用成熟，两家电网公司"票付通"电票贴现率达到了97%，以支付带动融资，既丰富了用电企业在线缴费的支付渠道，降低了企业财务成本，又为电力公司高效回收电费提供了金融支持。

## 四、下一步业务展望

下一步，票交所将持续优化产品功能，提升接入服务质量，推动业务高质量发展。一方面，票交所通过新一代票据业务系统建设契机，升级"票付通"功能，新增票据找零、三方签约等功能，支持集中接入机构参与业务，进一步深化场景服务，扩大市场参与范围。另一方面，票交所继续做好市场机构接入服务，有序安排存量合作金融机构和B2B平台上线投产新功能，确保业务平稳过渡，以存量带动增量，吸引更多市场主体参与，不断完善票据支付生态。

供稿单位：上海票据交易所

执 笔 人：张艳宁　俞　乾　李忠仁

# 依托线上票据支付
# 赋能供应链企业创新发展

为贯彻落实《关于国民经济和社会发展第十四个五年规划和2035年远景目标纲要》的决策部署，继续做好"六稳"工作、落实"六保"任务，认真落实新发展理念，积极响应国家号召，开启票据市场新征程，交通银行（以下简称交行）积极参与票据市场发展以及票据业务创新应用，成为国有商业银行中首家上线"票付通"业务的银行，支持供应链、小微企业、民营企业及个体工商户发展。交行始终坚守服务实体经济初心，以政策为引导、以创新为抓手，稳健发展票据业务，依托票交所推出的"票付通"，为供应链平台和B2B电商平台提供成本相对较低、高效快捷的线上票据一站式支付工具，为企业打造票据全场景服务模式，助力企业供应链支付结算迈上新台阶，并取得了较为丰硕的成果。

**一、票据支付创新式业务服务推进**

作为票据市场的成员之一，交行一直坚守"服务实体经济"的理念，以客户为中心、以创新为抓手，稳健发展票据业务。通过构建一体化经营体系，加强总行、分行双轮驱动，带动票据业务的全周期发展。特别是在支持实体经济发展方面，一是充分发挥票据低成本的优势，以便利企业支付、便捷企业融资为出发点推广票据业务，更好地满足企业降低财务成本的需求。二是加大产品创新力度，不断优化和推广"蕴通秒贴""在线承兑""蕴通票据池"等一系列票据产品，提升票据产品的线上化水平，满足企业票据融资"频与急"的要求。

交行依托票交所推出的"票付通"业务，实现了业务多点覆盖、多方发展，并为产品后续推进积累了充足经验。依托该产品，交行通过整合金融资源、重塑票据业务运营模式，实现了票据贴现业务全流程线上化办理，有效提升了票据业务智能化服务水平，为支持制造业发展、深耕小微金融领域、推进支农生态建设提供了重要抓手。2021年，交行服务票据客户22 000多户，承兑、贴现业务量分别为7 300多亿元和3 000多亿元，增幅分别为19%和32%。截至2021年末，交行已成功与金链汇信科技发展（北京）有限公司旗下的商旅供应链全渠道电商服务平台、建筑装饰供应链全渠道电商平台、海尔集团旗下好品海智工业品大规模定制平台、阿里巴巴（中国）网络技术有限公司旗下的1 688平台和甘肃省建设投资（控股）集团有限公司旗下的建投大宗电商平台（五大平台）完成对接。

其中，建投大宗电商平台作为交行重点客户之一，是由中国500强企业、中国承包商60强企业和具有中国建筑业竞争力百强企业称号的甘肃省建设投资（控股）集团有限公司打造的全链域生态化电子商务综合服务平台。但长期以来，票据结算在平台电子商务领域存在空白，无法实现票货对付，形成了平台采购方先变现票据后支付和供应商先供货后收款的采购模式，制约了平台和企业的长远发展。对此，交行甘肃省分行与票交所一同深入研究平台发展需求，全面分析平台发展规划，直切平台运行痛点，为建投大宗电商平台成功上线"票付通"业务，实现金融服务与工业互联深度融合，这也是银行深入工业互联网领域、服务大宗商品交易供应链全链域的一项新探索。2021年4月17日，建投大宗电商平台成功上线"票付通"业务。上线首日，平台共计办理"票付通"17笔，涉及票据138张，单笔订单票据支付金额最高达3 000万元，累计交易金额1.68亿元。截至2021年末，票据支付累计交易金额11.59亿元。建投大宗电商平台上线"票付通"业务后，线上支付的便捷和安全体验吸引了大批企业在平台注册交易，进一步推动平台交易量增长。

## 二、关注市场动向，多点面共发展

### （一）灵活、高效的结算服务模式

"票付通"支持平台交易担保及非担保模式下的资金和票据组合支付，可为线上商城生成的订单提供见证结算的功能，实时更新订单状态，买卖双方无须担心违约风险。这一安全可靠的新业务模式，使交行在B2B平台结算领域有效抢占业务制高点，给客户更灵活的使用体验。同时，"票付通"可以根据用户需求提供即时支付功能，使支付结算方式更加高效。自"票付通"上线以来，各企业在平台上的采购货款均通过线上票据支付完成，交行在服务不同行业、不同领域的过程中积累了丰富的经验。

交通银行通过建立坚实的合作平台，大幅提升了票交所、金融机构、企业客户创利水平，同时利用大数据研发产品、优化流程、降本增效，寻求新的整体利润增长方式。构建票据全流程嵌入式风险管控模式，利用"票付通"平台，搭建流程信息传输透明化共享模式，实现企业从承兑、提示付款到结清全流程的追踪管理，增强了企业的实际参与感。一方面，充分利用交行依托票交所"票付通"业务平台的核准优势和审批平台，实现一站式企业运作与金融结算，强化前端票据准入监管。另一方面，同步"票付通"业务信息，方便企业查看票据运行状态，以更加透明化的运营模式，吸引广大企业，促进市场良性发展，推动完善社会信用体系。

### （二）一站式高效便捷的融资渠道

面对严峻复杂的新冠肺炎疫情形势，交行一如既往地履行好国有商业银行的责任担当，从助力疫情防控到支持复工复产，以有速度、有力度、有温度的一系列举措，全力以赴打好疫情防控阻击战。在目前疫情影响仍未结束的情况下，融资渠道变得极为重要，特别是对小微、民营企业而言。小微和民营企业融资难，难在风险无法有效把控、有价值的信息难以获取，由于网络信息数据分散、孤岛效应难以消除，大多数数据存在使用范围有限、申请手续繁杂、信息质量不高等问题，不能为金融机构开展大规模的普惠金融业务提供有效帮助。应着眼于长效机制建设，建立打破小微、民营等企业融资困难的社会共享信息交流平台，可由票交所、金融机构、第三方支付平台等组成，为企业融资提供数据征信服务，梳理整合协同政策，发挥政策合力。

交行依托票交所推出"票付通"业务平台，惠及中小微和民营等企业端票据支付流程的"长尾"部分，盘活企业持有的高信用等级票据；以票据支付置换部分流动性融资需求，缓解融资难融资贵的问题，进一步降低企业融资成本，助力小微企业、民营企业发展。"票付通"丰富了电商平台的结算方式，B2B平台无须对接多个银行以实现票据线上支付，通过交行与票交所对接，一点接入，享受全方位服务，不限制账户开户银行，有效盘活平台客户零散票据资产；加强了产业链协同，通过数据、资金等各环节的共享为小微和民营企业创造更好的生存发展环境，形成产业协同合力。

### （三）更加丰富的金融服务

交行利用线上平台优势，通过总对总对接方式，与B2B平台进行深度合作，建立双方互信、快速创新的合作通道，激活平台客户存量商业汇票流转，构建下游信用评价体系，为客户提供完善的金融服务。在交行的广泛宣传、大力推广下，越来越多的企业享受到"票付通"业务带来的票据产品创新红利。自五大平台上线"票付通"以来，截至2021年末，各平台注册企业完成票据支付金额27.55亿元，强力推动了电商平台蓬勃发展，盘活了企业持有的票据。

交行作为"票付通"合作金融机构与平台对接，以"票付通"产品为切入点，深入探索"票付通"业务和行内金融服务的融合模式。依托票交所"票付通"的票据支付机制，全线上一站式交易模式既能解决操作风险问题及道德风险问题，又可解决电商、供应链由于交易对手的陌生而产生的不信任问题，系统直连票交所，杜绝了假冒票据情况的发生。全线上一站式流程处理，给予客户更好的票据交易体验，同时填补了线上票据支付的空白。通过逐步提升线上产品整合优化能力，交行使产品内涵更丰富，提供给客户更加灵活的选择和更加多样的服务，进一步提升了服务经济与企业的能力。

## 三、"票付通"业务探索发展

票交所作为我国金融市场的重要基础设施，承担着激发票据市场活力、增强金融服务实体经济能力的重大责任，而"票付通"则是其支持实体经济发展的拳头产品，为企业提供了更低成本、更加高效快捷的金融服务，也为产业互联网长远发展、金融机构展业获客提供了良好契机。众多平台企业快速发展的背后，是"票付通"业务与场景生态的深度融合，是精耕细拓线上票据支付服务、不断延伸金融服务触角的大胆尝试。未来，交行将继续发挥好"票付通"在服务实体经济、激发金融活力等方面的重要作用，实现产融结合、多方共赢的良好局面。

下一步，交行将继续与票交所紧密合作，第一时间配套升级新版"票付通"，以拓场景、强功能、控风险为建设目标，简化业务流程、优化支付功能，及时新增企业三方签约、B2B平台直连接入以及电票接入机构集中接入等功能。持续提升客户体验和满意度，坚持"开放、共享、发展"的核心理念，以提质增效为导向、创新协同为目标、现代数字技术为手段，推动票据产业链模式创新，为全产业链上下游协同发展探索出一条价值引领、数据驱动、共建共享的票据管理道路，为金融科技赋能产业链发展打造出一个互惠共赢、协同共进的产业生态体系，进一步深化票据服务实体经济的能力，引领票据市场蓬勃发展。

供稿单位：交通银行

执 笔 人：牟新宇

## 第三部分　票据市场业务创新实践

### 第五篇　跨境贸易融资转让服务助推人民币跨境业务发展

# 助力国际金融中心建设
# 促进跨境平台新发展

票交所在人民银行的指导下，于2020年11月建设并上线跨境人民币贸易融资转让服务平台（以下简称跨境平台）。2021年，业务稳步推进，参与者不断丰富，宣传推广有序进行。

## 一、跨境平台业务运行情况

2021年，跨境平台共计达成交易75笔，合计金额83.28亿元，新增接入机构174家，覆盖全球15个国家和地区，有效连通国内外市场，引入更多人民币资金进入国际贸易领域，提升了跨境贸易融资市场活跃度，降低了外贸企业融资成本。

### （一）业务开展情况

2021年，共有25家机构达成交易75笔，合计金额83.28亿元，其中福费廷转让68笔、金额82.87亿元，同业代付7笔、金额0.41亿元。参与交易的金融机构中，大华银行、中国银行上海分行及工商银行上海分行交易量较高；按照集团维度看，大华银行、中国银行及工商银行交易较为活跃。

### （二）参与者拓展情况

为进一步发挥跨境平台效用，票交所于2021年2月发布了《上海票据交易所关于扩大跨境人民币贸易融资转让服务平台参与者范围的通知》，将境内参与者区域从上海地区扩展至全国，将境内参与者类型扩展至所有允许开展跨境贸易融资业务的银行，境外机构暂限定为中资银行的海外分支机构。

2021年，跨境平台共计新增接入机构174家，其中境内机构155家（法人机构29家），境外机构19家。目前，跨境平台共计接入机构218家。其中，境内机构175家（法人机构31家），覆盖境内27个省份；境外机构43家，覆盖全球15个国家和地区。接入境内机构数量较多的法人机构主要有华夏银行、渣打银行、江苏银行、渤海银行、江西银行、青岛银行和中国银行。接入境外机构数量较多的主要为中国银行（香港）、工商银行、中国银行、建设银行和交通银行。

## 二、跨境平台交易特点

### （一）跨境贸易融资利率较低

跨境平台2021年全年的福费廷转让及同业代付加权平均利率为2.2%，整体低于票据转贴现及同业存单利率（票据转贴现全年加权平均利率为2.6%），显著降低了外贸企业跨境贸易融资成本，推动实体企业健康发展。

### （二）平台业务集中度较高

就区域来说，境内机构主要集中在上海地区，境外机构主要以"一带一路"沿线国家和地区为主；就机构类型来说，主要集中于国有商业银行和外资银行，股份制商业银行、城市商业银行、农村金融机构较少涉及相关业务。

### （三）境内外价差影响跨境平台交易量

目前跨境平台交易基本以跨境资金流入为主，境内机构为福费廷卖出方或同业代付委托方，境外机构为福费廷买入方或同业代付代付方。年初境外人民币资金价格相对较低，机构交易热情较高。下半年境外资金价格抬头，境内机构卖出意愿下降，交易量有所下降。

### 三、未来展望

2022年，票交所将丰富跨境平台业务品种，拓展参与者范围至境外外资机构，持续做好跨境平台宣传推广工作，充分发挥跨境平台交易对手发现和价格发现的作用，提升跨境平台市场参与度和影响力。

供稿单位：上海票据交易所
执 笔 人：倪宏侃　朱春静

# 以科技升级为突破
# 全力推动"三箭齐发"

为促进人民币跨境贸易融资业务发展，推动上海国际金融中心建设，2020年11月3日，票交所正式推出跨境平台。跨境平台是为境内外金融机构提供跨境人民币贸易融资相关服务的综合性数字化平台，将分阶段实现跨境人民币贸易融资资产的登记、转让、清算、偿付等全业务流程线上化，并与CIPS实现连通。通过将跨境人民币贸易融资转让业务线上化和标准化，跨境平台有效提升了金融服务实体经济效能。中国银行充分发挥全球化优势，积极投身跨境平台的建设推广，借助平台功能畅通海内外渠道、支持实体经济发展。

### 一、深化"联合作战"，打造强大"发动机"

"十四五"时期，我国进入全面建设社会主义现代化国家的新发展阶段，世界百年未有之大变局加速演进，外贸发展面临的机遇和挑战都发生新变化，为构建新发展格局带来重大机遇。畅通国内大循环，有利于更好地吸引全球要素资源、提升贸产融合；促进国内国际双循环，有利于优进优出，提升贸易自由化、便利化水平。

同时，以信息技术、人工智能为代表的新一轮科技革命和产业变革深入发展，与国内经济社会发展加速渗透融合，数字化转型、绿色转型步伐加快，跨境金融创新发展潜力巨大。票交所通过打造跨境平台，强化了跨境人民币贸易融资基础设施建设，用科技元素赋能线下业务，助力人民币在国际贸易中的广泛使用，推进人民币国际化进程。

中国银行作为跨境平台首批试点参与金融机构之一，借助跨境平台进一步强化了境内外机构成员的"联合作战"能力，打造一点接入、全球响应的"发动机"，为客户提供数字化、多元化金融服务，推动跨境人民币业务协同发展。与传统贸易融资方式相比，跨境平台具有三大优势：一是大幅加快了业务信息审核速度。通过平台线上业务信息登记功能，高效联动海内外融资主体。二是显著提升了线上报价沟通效率。通过线上对话报价方式确定最终价格，显著提高双方在议价环节的沟通效率，缩短了沟通时间。三是精准实现了成交流程标准化。线上即可达成协议，保证了整个交易流程的安全性与标准化。跨境平台为境内外金融机构提供的贸易融资资产跨境转让服务，极大地便利了银行间贸易融资资产流动，提升了跨境贸易融资业务活跃度，助力中小外贸企业发展、推动金融业高水平开放、服务新发展格局。截至2021年末，中国银行共有29家境内外分支机构接入跨境平台，在接入跨境平台的中资银行中成交量排名第一，荣获"优秀跨境贸易融资交易机构"称号。

### 二、强化"中心辐射"，打造有力"推进器"

在后疫情时代的大背景下，跨境平台为企业复工复产提供了坚实的保障，有效推动人民币资产全球配置、降低企业融资成本、扩大金融对外开放，为金融支持实体经济发展开辟了一条新的资金来源渠道，促进经济金融动能恢复，助力高质量"走出去"和高水平"引进来"，为畅通国内外大循环贡献力量。

中国银行依托自身品牌优势、全球化布局、进博会溢出效应，借助跨境平台强化"中心辐射"，深挖境内企业跨境人民币融资服务需求，立足上海、辐射全国、服务全球，打造有力"推进器"，不断巩固和扩大贸易金融业务的领先优势。同时，中国银行发挥进博会综合服务优势，组织上海分行协助票交所跨境平台亮相进博会，在第三届和第四届中国国际进口博览会综合服务区中国银行展区予以宣传推广。

自2020年初跨境平台启动建设以来，上海分行作为中国银行境内分行中唯一符合要求的参与机构接入跨境平台，为跨境平台的系统搭建、制度建设及流程设计建言献策，在跨境平台上线首日与悉尼分行完成全球首单交易。随后，上海分行积极投身跨境平台二期优化升级工作，紧抓跨境平台渠道创新优势，加强同业合作、深化海内外联动、深挖业务潜力，陆续与6家海外分行及同业成功办理多笔跨境资产双向转让及同业代付业务，在接入跨境平台的全球209家中资银行分支机构中排名第一。后续，中国银行将继续贯彻党中央、国务院关于"六稳""六保"决策部署，以跨境平台启用为契机，持续联动境内外分支机构深层次服务实体经济，着力打造客户多样化、产品专业化和联动一体化的跨境人民币贸易融资全方位金融服务。

### 三、突出"多点渗透"，打造稳定"压舱石"

中国银行主动跟进跨境平台建设及推广进程，在跨境平台启用及后续扩大参与者范围时，全力组织境内外分支机构接入平台，通过"多点渗透"，打造稳定"压舱石"，充分利用跨境平台红利，保障跨境人民币贸易融资业务健康发展。

#### （一）中国银行澳门分行跨境平台业务实践

跨境平台上线后，中国银行澳门分行发挥集团全球化、综合化优势，凭借在贸易金融和跨境人民币领域积累的丰富经验，成为首批加入平台的金融机构并办理多项业务。

跨境平台运行平稳，业务处理顺畅，提升了境内外同业机构间跨境人民币贸易融资业务办理效率。跨境平台成立近一年来，中国银行澳门分行已与多家境内机构合作，办理多笔跨境资产双向转让及同业代付业务，业务金额累计超过10亿元人民币，帮助境内及澳门本地企业实现融资便利化，降低融资成本、拓宽融资渠道。同时，中国银行澳门分行作为澳门银行公会主席行，通过在跨境平台上的成功实践，也为澳门金融机构快速融入以国内大循环为主体、国内国际双循环相互促进的新发展格局起到积极示范作用。下一步，中国银行澳门分行将继续发挥自身优势，以跨境平台业务为服务载体,利用科技赋能,促进跨境人民币贸易融资业务模式的创新,助力实体经济发展。

(二)中国银行山西分行跨境平台业务实践

为精准服务实体经济、完善全球一体化客户营销服务体系,中国银行山西分行积极参与跨境平台建设,支持实体经济发展。

在跨境平台于2021年2月扩大境内参与机构范围后,中国银行山西分行第一时间获批接入跨境平台,在3月初即完成分行在跨境平台的首笔业务,与中国银行法兰克福分行联动为山西某客户办理跨境人民币代付业务,高效快捷的业务办理获得客户好评,也为诸多参与机构构建了新的海外筹资融资渠道,跨越了时区限制、提升了业务质效。下一步,中国银行山西分行将进一步提升跨境贸易融资业务综合服务能力,着力打造全方位、高质效、专业度更强、满意度更好的联动一体化跨境人民币融资综合服务模式,深化跨境平台的推广应用,为支持实体经济跨境发展做出更大努力。

供稿单位:中国银行
执 笔 人:崔峻峻　王　琼

## 第六篇　信息产品释放票据数据生产要素潜力

# 构建定价体系　释放数据潜力
# 推动票据市场数据信息服务提质增效

票交所成立以来，紧密围绕数据分析和信息服务中心建设要求，夯基垒台、守正创新，在不断提升数据质量和服务功能的基础上，构建市场定价基准体系，研发推出票据信息服务产品，有效释放了数据生产要素潜力，极大地提升了票据市场透明度和运行效率，也为强化票据服务实体经济功能奠定了坚实基础。

### 一、票据市场定价基准体系

价格形成机制是金融市场发挥资源配置功能的关键，而收益率曲线又是现代金融市场重要且受到广泛认可的定价基准。票交所成立后，依托全国统一、电子化全流程的票据业务平台优势，运用科学的方法和技术手段，自主研发并推出了票据收益率曲线体系，为票据资产的投资交易提供了公开、透明和统一的定价标准，推动票据市场数据分析和信息服务中心建设迈出了重要一步。

2018年12月6日，票交所发布首条收益率曲线——国股银票转贴现收益率曲线，有效填补了票据市场在定价估值领域的空白，实现了票据市场定价基准"零"的突破；2019年12月6日，票交所发布城商银票转贴现收益率曲线，进一步扩大了曲线信用主体的覆盖面，使转贴现市场90%以上的票据获得估值定价参考。三年来，上述曲线整体运行平稳，市场反响良好，在指导市场成员交易定价、资产估值和利率预测等方面发挥了积极作用，已经成为货币市场利率体系的重要组成部分。

未来，票交所将在进一步完善票据收益率曲线系列的基础上，持续丰富包括票据估值、回购参考利率以及价格指数等在内的基准产品体系，为各类参与者提供更加精细、实时的价格参考，也为票据市场的高质量、高效率发展奠定更加坚实的基础。

## 二、票据信息服务产品

### （一）"票信宝"产品

为满足市场机构对票据资产定价、公允价值计量、风险防控、业绩考核等方面的数据需求，票交所研发了包括盘中统计、基准指标、深度分析、风险防控等在内的票据数据信息产品——"票信宝"，可帮助市场机构在有效防控风险的同时更好地开展票据业务。

"票信宝"产品主要包括：一是盘中统计，指在交易时段为市场机构提供实时交易金额和价格信息，便于市场机构据此及时调整交易策略，寻找交易对手；二是基准指标，包括收益率曲线、票据估值和回购参考利率，可有效反映市场价格水平，为票据交易定价及票据资产净值评估提供参考；三是统计日报和月报，按日或按月提供各项票据业务总量数据与细分维度数据，为市场机构制定交易及经营策略提供数据支持；四是深度分析，为市场机构提供其所在地区的承兑、贴现、交易金额及自身业务规模在该地区的占比和排名情况，为市场机构提升业务经营水平提供数据上的支持；五是风险防控，为市场机构提供风险票据信息的主动推送和查询服务，以防范票据业务风险，提升市场机构风险管理水平；六是分析报告，为市场机构提供票据市场周评、月评及其他专题分析，为市场机构及时掌握票据市场运行状况、更好开展票据业务、完善业务模式提供参考。

"票信宝"产品计划于2022年正式向市场推出。同时，票交所将在广泛听取市场机构意见的基础上，根据市场需求不断丰富和完善产品功能，为票据市场各类主体提供更加多元化、精细化的数据信息产品服务。

### （二）"集票宝"产品

为有效帮助集团企业解决票据信息归集难、票据资产使用效率低、到期兑付流动性管理困难等痛点，票交所研发了为集团企业提供票据信息归集服务的"集票宝"产品。根据集团企业及其下属企业的授权，"集票宝"产品可为集团提供可定制的、一对一的、限于集团及其下属企业的票据信息（主要包括出票信息、承兑信息、持票信息等），此外，还提供票据信息所属企业名录查询、票据账户信息维护和管理等增值服务。

"集票宝"产品，一是能够帮助集团企业解决下属企业众多导致的票据业务数据归集难、管理成本高等痛点，便于集团开展票据集中管理，节约其人力成本和财务成本；二是有利于加强票据市场风险防范，能够帮助集团企业及时掌握下属企业的票据业务开展情况，为其加强票据业务风险管理提供有力的信息支持。目前，票交所已与部分集团企业达成合作意向，将适时对外提供"集票宝"产品服务。

### 三、未来展望

下一阶段，票交所将进一步完善数据信息产品体系，深入挖掘数据价值、充分发挥数据潜能，推动票据市场数据分析和信息服务中心建设提质增效。一是在夯实现有基准指标的基础上，探索构建票据市场价格指数，推动提升市场运行效率和发展质效。二是深入研究安全多方计算的应用场景，实现票据市场数据和其他领域数据的联合分析、联合建模和联合机器学习，提升数据分析的可靠性和准确性，为政策调控和风险防控提供有力支持。三是通过大数据等数字技术在票据领域的应用，进一步释放票据数据生产要素潜力，赋能票据市场高质量发展，将票据"活水"精准滴灌实体经济的各个角落。

供稿单位：上海票据交易所
执 笔 人：郭宏坚　徐浩杰

## 第四部分
CHAPTER 4

# 票据市场服务实体经济

第四部分　票据市场服务实体经济

# 票据赋能外延服务半径
# 产融协同畅通金融活水

为丰富贸易金融产品体系，更好满足客户应收应付账款票据化需求，2018年进出口银行决定复办电子商业汇票（以下简称电票）产品，并将电票系统建设纳入行内IT蓝图系统开发。经过一系列紧锣密鼓的筹办工作，2021年5月，进出口银行IT蓝图正式投产，电票系统成功通过票交所验收，顺利实现系统直连，利用进出口银行IT蓝图系统企业级架构平台，完成了内外系统的深度融合，科技赋能催化金融服务质效提升。

自2021年6月以来，进出口银行共有30家经营单位开办了电票业务，占35家国内经营单位的85.7%，业务宣传推广反响热烈，客户合作意向落地转化效果显著，业务开办一年共办理承兑和贴现业务293亿元，显示了票据市场广阔的业务潜力，成为服务客户金融需求的有力抓手，同时为优化票据市场优质资产供给贡献了政策性金融力量。

### 一、深入调研分析市场，凝心助力业务新生

进出口银行曾于2011年陆续开办委托境内银行代理签发银行承兑汇票、境内银行承兑汇票贴现、境内银行同业票据转贴现和商业汇票再贴现四类票据业务。后考

虑到纸票业务操作风险较大，四类票据业务陆续停办。

2016年，伴随监管层对票据业务加强顶层设计和风险管控，以及票交所成立，票据业务开始迈入全面电子化、参与主体多元化、交易集中化的新时代。2017年，进出口银行颁布新章程，票据业务被正式写入业务经营范围。2018年，进出口银行启动了票据业务调研工作，陆续对政策性银行、国有及股份制商业银行、票交所、地方监管机构和若干优质企业客户进行了票据相关业务专题调研。调研内容包括同业票据业务的机构设置、业务情况、风控措施和系统建设情况，票交所的入会流程、交易模式、系统要求，监管、企业客户关于票据业务的需求等。经调研，进出口银行开启了创新电票业务的一系列工作，主要包括建章立制、系统建设、出台法律文本等。2021年，进出口银行电票系统成功通过票交所验收，实现系统直连。以上工作为进出口银行开办电票业务做好了充分准备。

### 二、金融科技含量十足，服务实体效率明显

电票系统与网银、核心等内部系统对接，与票交所系统直连，业务流程基本实现电子化和线上化，较传统流贷业务办理时间大幅压缩。为适应电票市场快速办理需求，进出口银行针对电票业务流程进行了进一步优化，极大地便利了企业票据结算融资，客户满意度大幅提升。在当前金融科技蓬勃发展，银行同业依托区块链、人工智能、大数据等新技术开展贸易金融服务和管理创新的新形势下，进出口银行通过加入票交所开展电票业务，及时获取金融科技发展和供应链等创新产品的最新动态，为未来深度参与票交所票据市场产品创新实践提供了坚实的技术基础。

进出口银行为总分两级机构设置，绝大部分省份一般只有1家分行。在网点和人力资源瓶颈的制约下，电票业务在线办理优势解决了进出口银行客户经理线下服务半径较窄的难题，为服务更广泛客户群体提供了技术保障。电票业务自开办以来，直接服务客户216户，办理票据4 118张，支持上下游客户675户，解决了一大批小额、高频、情急的客户融资需求，尤其是在疫情多点散发、人员流动受阻的状况下，依旧可为客户提供不间断金融服务，极大地降低了业务办理成本。

## 三、依托供应链核心信用,支持中小微企业融资

进出口银行致力于服务实体经济和制造业,服务范围基本覆盖了实体制造业的各类企业,等于抓住了产业链的关键一环,具有发展供应链金融的天然优势。大中型企业信用等级高、授信额度大、抵质押物足,以核心企业为中心签发的电票,可以发挥以点带线、以线促面的作用,助力产业链企业降低应收账款风险和融资成本。自开办电票业务以来,进出口银行累计为65家客户办理票据承兑近140亿元,其中大型企业50家,业务占比77%,支持了一大批通信设备、电子器件、绿色新能源等领域的龙头企业,切实发挥了核心企业信用传递作用,提高了相关企业的融资能力和流动性管理水平,对于稳定产业链供应链具有重要意义。2021年,票据市场价格总体较低,为上下游相关企业节约了可观的财务成本。从投向来看,进出口银行承兑票据中外贸产业投放占比56.6%,体现了进出口银行立足主责主业、稳外贸促外贸的职能定位。从区域来看,承兑业务对于落实进出口银行区域协调发展战略形成了有力支撑,重点支持了京津冀一体化、长江经济带、粤港澳大湾区等产业集群区域,达到了为产业固本强链、为制造现代转型、为区域增强辐射的目的。

近年来,进出口银行不断加大对中小微企业的倾斜力度,普惠金融业务取得丰硕成果。针对人员队伍精练、组织结构扁平的特点,进出口银行持续挖掘业务潜能、释放结构活力,电票以及票交所其他票据创新产品为进出口银行服务中小微企业再添利器、换挡加速。自电票开办以来,进出口银行累计为156家客户办理票据贴现153亿元。其中,中小微企业87户,融资金额占比为51.3%;民营企业113户,融资金额占比为48.4%;外贸产业客户53家,融资金额占比为59%。从区域来看,贴现业务在中小微企业数量庞大、民营企业活跃度高、制造业体系发达的区域运用较多。

针对客户不同需求,进出口银行不断动态优化服务体系和报价方案,满足客户个性化融资需求。此外,通过内部流程优化、创新产品组合、综合服务评价等手段,进出口银行设计推出了"进口通""出口通""内贸通""易惠全球"等不同场景的贸易金融业务综合服务方案,嵌入了电票承兑和贴现产品,进一步提升了综合金融服务水平。未来,在业务流程优化再造、重点领域专项行动、普惠小微优惠举

措、风险监测全程智控等方面，进出口银行将继续加大探索和建设力度，实现产品优势和金融科技深度融合，畅通"双循环"主干支脉和毛细血管。

### 四、强化风险防控，把握良好开端

进入票交所时代后，票据业务电子化水平不断提升，参与者范围不断扩大，风险控制大为改善，但是虚假账户风险、信用风险、合规风险、交易风险等依然值得警惕。为确保电票业务开办试运行阶段平稳运行，为票据市场健康发展履行应有责任，进出口银行在业务开办伊始就发布了关于稳慎开展电票业务的通知，在业务开办资格准入、承兑客户风险管理、贴现业务目标选择、合规经营具体要求等方面作出了具体规定，确保业务不跑偏。

在承兑风险方面，进出口银行以产业链核心企业为中心，严格把控信用风险和贸易背景审查，为票据市场把好风险第一关，在支持领域上以畅通"双循环"为根本导向，以固本强链为业务目标，结合自身主责主业，集中支持三大重点领域：一是外贸产业，主要包括支持外贸企业研发、采购、生产、销售、服务等各个经营环节，支持外贸聚集区、外贸促进平台、国际营销服务网络、跨境电商、海外仓建设；二是科技创新和制造业，主要包括大飞机、航空发动机、集成电路、关键战略材料、5G工业化应用、量子信息、人工智能等；三是战略性新兴产业，主要包括新一代信息技术、生物技术、新能源、新材料、高端装备、新能源汽车、绿色环保、航空航天、海洋装备等。通过上述举措，进出口银行把支持电票业务稳慎发展与聚焦先进制造业和产业转型升级紧密结合起来，彰显了政策性金融的责任担当和独特使命，增强了产业链韧性和抗风险能力。

在合规经营方面，进出口银行组织票据行业专家对行内从业人员进行多轮培训，要求各经营单位组织票据行业监管文件集体学习；展业中坚持贸易背景真实性导向，在事前、事中、事后等多个阶段严格审查贸易背景材料，落实责任主体问责制度；从客户成立时间、实缴资本、营业收入、经营流水等多方面合理确定电票承兑和贴现业务量。未来，进出口银行会不断提升业务管理水平，开展电票业务的现场和非现场检查，梳理和修订行内电票业务制度，强化监管要求传导与风险排查，切实提高电票业务风险防控能力和制度执行力,并积极参与票交所相关风险防控机制建设,确保业务合规健康发展。

### 五、金融赋能露锋芒,经典案例可复制

承兑案例:某通信企业是中国信科集团旗下上市企业,是国际知名的信息通信网络产品与解决方案提供商,主要从事各种通信系统设备、光纤光缆、数据网络等产品的设计、开发、生产、销售及安装,是国内光通信产业链最完整的公司之一。该公司上下游产业链长,合作客户分布于全国各地:客户以电信运营商为主,产品与服务覆盖90多个国家和地区;生产所需原材料包含光器件、IC芯片、电源模块及通用电子器件、PCB板、光棒等,上游供应商客户供应商多达100家,产业链条上下游、大中小协同效应明显,公司建立了原材料采购的预算管理制度,根据来年销售预测定期开展采购招标。为助力企业稳链补链强链、加快应收账款流转速度,纾解广大供应商供货压力,进出口银行为该企业签发银行承兑汇票超过13亿元,签发票据超过250张,支持了全国30多个城市近180家供应商,帮助企业顺利实现电票的实时、跨域流通使用,提高了供应链结算效率,支持了广大上游供应商及时采料投产供货。

贴现案例:某铜管集团股份有限公司主要生产用于空调等制冷设备的光面铜管、内螺纹铜管、外翅片铜管、毛细铜管、铜管组件以及电解铜等,下游企业主要包括美的、格力、海尔等全球知名电器企业和各类设备制造企业。集团采用"以销定产"的订单式经营模式,销售作为公司生产经营的中心环节,由集团销售公司承接终端客户订单。为缓解企业组织生产的资金压力,进出口银行主动对接客户,推介电票贴现产品,摸排客户销售订单项下票据贴现需求,以积极高效价优服务赢得先机,协助客户实现"订单—票据—资金—原料产品"的快速转化,提升了贸易链资金链周转效率,确保了产业链供应链保供稳供促供。

### 六、拥抱创新方兴未艾,服务实体初心不改

从进出口银行电票业务开办半年情况来看,业务发展势头良好,潜力巨大。电

票业务契合进出口银行主责主业和职能定位，有助于精准滴灌中小微和民营企业等实体经济，有助于推动金融科技赋能。为实现电票业务高质量发展，下一步进出口银行将本着"立足主责，规范操作，风险可控，保本微利，行稳致远"的原则，计划做好以下面工作：

一是深入分析市场、客户和同业，积极参与票交所相关研究工作，调研供应链票据、商业承兑汇票贴现、绿色票据、再贴现等票据产品创新的可行性，推动电票业务在支持对外贸易、"一带一路"、现代产业、普惠金融和绿色金融五大重点领域的应用。

二是加大营销力度，大力拓展大型企业的电票承兑业务，下沉中小微和民营企业的电票贴现业务，进一步拓展业务空间。

三是深度参与票交所新一代票据业务系统建设，与金融科技公司探讨合作，依托金融科技提升电票业务科技赋能。

四是全力构建进出口银行电票业务服务架构，完善总分纵向协作、总行部门间横向配合，形成专业化、综合化的服务合力。以电票业务为切入点，探索各产品线"打捆业务"，为客户提供一站式综合金融服务方案。

供稿单位：中国进出口银行

执笔人：李　畅　马　佳　陈　伟

# 创新推动 重点突破
# 积极推动票据服务实体经济高质量发展

2021年,中国工商银行(以下简称工商银行)以高度的社会责任感和大行担当,推动票据业务积极践行服务实体经济的初心使命,充分发挥机制和创新优势,坚持票据支持制造强国战略,助力"碳达峰、碳中和",服务普惠金融发展。全年,票据业务服务实体企业、支持经济发展成效显著,切实以票据业务高质量改革创新助推了实体经济高质量发展,充分彰显"工银票据"市场"领头雁"地位。

## 一、整体概况

2021年,工商银行始终坚持金融回归服务实体经济本源,谨记以客户为中心的服务理念,充分发挥票据业务优势特点,全力满足企业票据融资服务需求,不断拓宽服务边界和能级,切实以大行担当助力实体经济行稳致远。

2021年,全行票据贴现业务量达到1.71万亿元的历史新高,市场占比提升至11.4%,连续五年居全市场首位。全行累计为制造业办理贴现业务8 300亿元,制造业贴现量在贴现总量中占比近50%。同时,发挥票据业务对小微企业发展的扶持作用,传导定向支持和精准滴灌政策,进一步提升业务效率,降低融资成本,解决企业融资难题，支持小微企业高效发展。全行小微企业客户数占比达80%，贴现量达到4 679亿元。

## 二、机制引领，把牢服务实体经济方向

2021年，工商银行票据业务深入践行"大票据"发展理念，在全行层面加大对客户营销、业务联动、制度衔接、产品创新、风控一体化等方面的整合力度，推动全产品体系协调发展，已基本形成以票据融资业务为引领，承兑与贴现高效联动、经纪业务快速发展、金融资产池服务持续完善的发展格局。

为推动贴现资金惠及更多制造业、中小微企业，工商银行票据业务不断完善运作模式、积极优化准入流程、深入传导货币政策，为扶持制造业与中小微企业发展、让利实体经济作出积极贡献。

### （一）以企业需求为中心完善运作模式

全面加强对优质贴现客户的精细化营销和管理，针对重点企业客户的业务需求，以贴转联动、"分行贴现机构买入＋票据营业部快速卖出"紧密配合的业务模式，有效提高了业务交易操作效率。同时，持续深化买卖双向的同业渠道建设，培育有梯次结构的同业客户储备，不断扩大交易客户群体。在"贴现＋转贴现"高效联动运作模式下，工商银行票据业务实现以"少资源"撬动贴现"大产出"，有力支持了企业贴现融资需求，全年转贴现卖出业务量突破1.27万亿元，贴转联动比近80%。

### （二）以服务基层为基础优化准入流程

兼顾客户准入管理的必要性和中小微企业融资的便利性，在切实把控贴现客户准入实质性风险并确保尽调准入工作做深、做实的基础上，针对供应链上游的中小微企业及制造业企业设计简易准入流程，促进客户经理将服务精力投向更多的制造业、中小微企业。全行办理贴现业务的制造业客户和中小微客户分别占客户总量的46%和96%。

## 第四部分 票据市场服务实体经济

### （三）以让利实体为原则传导货币政策

在政策传导上，积极推动政策向制造业、中小微企业传导，全行累计争取再贴现资金273亿元。在政策执行上，对制造业、中小微企业给予利率优惠，同时进一步调动经营机构业务办理的主观能动性和积极性，降低企业融资成本。

### 三、创新推动，提升服务实体经济能级

2021年，工商银行依托行内技术优势，积极探索票据业务创新产品，坚持贯彻服务实体经济的初心，围绕小微企业、绿色金融、制造业企业等多维度创新票据产品，致力于以优质票据创新产品服务实体经济发展。

#### （一）积极推进供应链票据直连项目

自供应链票据银票业务设计与筹划以来，工商银行对票交所的业务规划和要求高度重视并积极响应，全力支持业务试点和推动，主动对接有意向的同业机构洽谈合作需求。截至2021年8月19日，累计办理供应链票据银票转贴现业务8笔，累计业务量900万元，成功拿下全市场首单供应链票据银票转贴现业务。

#### （二）积极推进票据业务平台化场景化项目

利用互联网新技术和新思维，工商银行将票据支付、票据融资、票据经纪、金融资产池等产品和服务进行整合封装，并把票据产品和服务嵌入互联网平台各类生产经营场景。2021年第一季度，工商银行已实现商票出票、承兑、保证、查询、提示收票功能和银票贴现功能的接口开发，并与试点合作平台完成功能对接，实现首单业务落地。

#### （三）成功投产票据购平台

票据购平台是面向工商银行及同业机构票据融资业务人员搭建的获客营销平台。工商银行向同业机构交易员提供线上发布业务需求、票据信息浏览查询、需求匹配应答、业务沟通的票据转贴现服务，帮助客户经理节约需求排摸的人力及时间

成本，突破传统获客模式的局限性，提高营销效率，拓展客户渠道。自2021年4月26日平台启用以来，注册用户机构数超过800户，累计与153家机构对接业务，办理转贴现交易超过140亿元。

### （四）优化"工银e贴"线上贴现产品，提升客户自助式贴现服务体验

"月享贴"满足制造业、小微企业流动性管理需要。"月享贴"以月内到期票据为服务标的，支持客户在网银端一键联动自助选票和智能融资，为有短融需求的客户将原拟持有到期的票据转化为短期融资票源。截至2021年末，"月享贴"累计办理约87亿元，其中为制造业客户办理业务超过60亿元，小微客户占比超过70%。"周末随心贴"满足客户非工作日办理自助式贴现业务的需求，使票据贴现业务服务窗口在工作日基础上覆盖双休日及节假日，达到业内最长服务时间，精准满足了小微企业，尤其是制造业及贸易零售行业高频、灵活的服务需求。截至2021年末，"周末随心帖"业务量近20亿元，累计服务客户达721家，小微企业客户数占比高达94%。"自助式协议付息"满足制造业客户多样化利息支付需求，创新实现"工银e贴"线上贴现产品与自助式协议付息服务联动，支持多达三方的参与付息人、任意比例的协议付息。良好的客户体验增强了客户的使用黏性，复办（办理次数大于1次）率达42%。自2021年9月正式推出以来，该产品已实现业务量近50亿元，其中制造业客户业务量不断攀升，投产4个月平均增长率超过500%。

## 四、重点突破，推动实体经济发展

2021年，工商银行票据业务始终坚持以高度的社会责任感，把贯彻新发展理念、推动经济高质量发展放在突出位置，深挖创新潜能，助力重点领域、行业发展，深度挖掘票据业务发展空间，不断提升票据业务服务的精准度、针对性和匹配度。

为强化对重点产业、领域的精准化支持，工商银行主动对接，创新举措，开通绿色通道，简化业务流程，进一步强化科技赋能和线上产品推广，以票据业务为抓手提高综合金融服务能力和水平。

## （一）强化服务举措助力普惠金融发展

工商银行一以贯之落实国家"六稳""六保"工作，将保市场主体作为重要政治任务，结合中小微企业经营实际，充分发挥票据贴现业务在解决小微企业融资难融资贵问题中的优势，着重对中小微企业资源丰富地区开展业务调研，细化政策指导，设计更贴合其融资特点和风控要求的准入流程，在强化客户准入管理的前提下，为中小微企业提高了融资便捷性，打通政策落地的"最后一公里"。2021年，全行累计服务中小微客户29 117户，占贴现客户总量的96%；发放贴现资金1.17万亿元，同比增长24%。

## （二）加大资源倾斜支持制造业发展

工商银行始终将支持制造业高质量发展作为工作重点之一，不断提升票据贴现服务制造业质效。全行大力拓展制造业票据贴现业务，在制造业票据融资供给总量持续增长的基础上，紧密结合制造强国十大重点领域，聚焦缓解制造业特别是中小微企业融资难融资贵问题，提前主动对接制造业融资需求，通过建立绿色通道机制，合理确定利率优惠政策，释放政策红利，加强产业链供应链金融创新，助力与资金链有效对接，坚持精准滴灌，切实体现国有大行的责任与担当。2021年，全行为制造业企业提供票据贴现融资超过8 000亿元，融资规模再创历年新高，制造业贴现余额超过2 300亿元，较年初增加近900亿元。

## （三）发挥创新优势推进绿色金融发展

工商银行积极践行绿色金融发展理念，抓住产业低碳转型过程中的发展机遇，通过加大创新投入和科技研发力度，打造并推出绿色票据贴现的统一服务品牌"工银i绿贴"，为国家鼓励支持的绿色产业客户提供专属票据贴现服务。通过绿色客户分类标签、绿色客户白名单、绿色金融政策系统要素等功能研发，为票据融资条线服务绿色客户、绿色金融，进行业务管理、资源配置和产品推送提供有效工具，通过绿色通道、专项利率优惠、央行政策对接、国家绿色金融改革创新试验区合作等激励机制，实现对绿色产业客户的精准支持。2021年，"工银i绿贴"业务量近350亿元，所有客户均为符合国家环保节能导向的绿色企业。

### 五、风险防控，护航票据业务稳健经营

2021年，工商银行坚持全方位、全产品、全流程贯彻落实风险防控的前瞻性和精准性原则，做好以"管住、管好、管活"为目标的全面风险管理。

#### （一）打造条线全流程风险管理体系

工商银行不断深化票据融资业务风险管理三道防线建设，明确票据融资条线前、中、后台部门风险职责，落实主体责任，配合提升第二、第三道防线能效，共同推进全行票据融资业务的持续稳健发展。推动相关职能部门立足全局、分工协作，事前严把客户和业务准入关口，事中强化业务流程管控和异常控制应对，事后落实监督监测和检查整改。

#### （二）推动落实重点、难点风险防控

进一步精准定位存在风险隐患的信用主体并采取合理、适度的管控措施，推进灵活化、系统化管控进程；重点防范票据市场利率短期内大幅波动造成票据资产收益水平下降的风险；加强内外部欺诈风险和洗钱风险的识别和防控，对内强化员工异常行为管理，杜绝道德风险隐患；重点关注电子票据时代内外部系统对接可能存在的风险漏洞，以及系统运行和系统对接的可靠性、连续性和稳定性问题；着重做好产品功能设计、市场定位、系统技术以及监管政策等方面的风险识别和控制。

#### （三）强化系统智能风险管控

工商银行结合线上线下一体化项目，不断推动优化业务操作流程，持续推进风险组件等系统规则的灵活性应用，在确保风险可控的前提下有效提升系统应用能效。同时，坚持对原有风险控制规则及新增管控需求进行梳理和完善，开展存续期风险信息预警筛查，优化大数据监测、统计及分析功能，持续增强风险管控的精准性和灵活性。

供稿单位：中国工商银行

执 笔 人：修晓磊　张存沧　肖雅新　汪小政

# 加快数字化转型
# 助力服务实体经济提质增效

2021年，我国实体经济发展面临全球新冠肺炎疫情继续肆虐、外部环境更趋复杂、供应链不畅叠加通货膨胀等诸多不利因素，企业账款拖欠现象日益严重，对部分企业的经营活动造成不利影响。相比贷款、债券等产品，票据是实体企业应用范围最广、综合成本最低、服务效率最高的金融产品，票据业务在服务和普惠小微企业、民营企业方面作用明显。

邮储银行坚持"回归本源、服务实体"的经营理念，依托机构、资金及价格优势，结合"邮e贴"等线上产品的特点，通过增量、让利、提质和扩面，推动开展联动营销和链式营销，积极满足小微、涉农、科创和专精特新企业的短期融资需求，助力企业高质量发展和服务乡村振兴，服务实体经济的广度、深度和效能稳步提升。

2021年，邮储银行累计办理贴现超过5 000亿元，同比增长27%；服务企业近1万家，同比增长20%。票据业务客户基础持续提升，以票据服务实体经济的能力持续增强。

## 一、坚持普惠服务，多措并举支持实体经济发展

### （一）践行初心使命，坚守服务实体经济本源

"六稳""六保"中核心均是保就业稳就业，就业就是民生。从我国的实践看，

小微企业贡献了全国80%的就业，但是小微企业面临的融资难融资贵问题突出。近年来，国家为解决小微企业融资难题频出政策，而票据贴现办理方便、快捷，融资成本低，成为纾解小微企业融资难融资贵的重要抓手。邮储银行勇担重任、主动作为，积极响应国家扶持小微、支持民营、服务"三农"、发展制造业、践行绿色信贷等重大战略部署，充分发挥票据融资效率高、成本低的特点，大力拓展企业客户，着力提升服务实体经济能力，切实履行支持实体经济发展的社会责任。

一是发挥优势，扩大服务企业覆盖面。邮储银行充分发挥自身网点和渠道优势，在全流程线上化贴现产品"邮e贴"与"智能秒贴"的基础上，以票据业务网点破零、小企业"三农"联动营销、核心企业链式展业等为抓手，推动票据业务服务小微数量、区域覆盖、放款规模快速提升。

邮储银行以对公网点票据业务破零为抓手，通过小企业"三农"联动营销与核心企业链式展业，不断强化辖内小微企业票据融资需求挖掘，持续推动票据业务向县域、小微、"三农"延伸，提高偏远地区和小微企业金融服务触达率，积极推进将普惠金融发展理念落到实处。2021年，全国实现票据业务覆盖的对公网点近3 000家，合计服务企业近1万家，放款合计超过5 000亿元。

全流程线上化贴现产品大大精简了业务流程，同时打通线上线下信息壁垒，有效降低了融资企业的时间、人力及信息不对称成本，进一步加大对中小微、民营、制造业、绿色企业等重点扶持领域的服务力度，着力解决中小微企业融资难融资贵问题。

2021年，邮储银行票据贴现服务企业近1万户，累计放款超过5 000亿元。其中，服务小微企业近7 000家，占比为75%，贴现放款近2 000亿元，占比为35%；服务民营企业7 500余家，占比为81%，贴现放款超过3 000亿元，占比为56%；服务制造业企业近5 000家，占比为50%，贴现放款近2 000亿元，占比为34%。通过发挥网点和"邮e贴"产品优势，精耕细作，邮储银行服务小微、"三农"、制造业、绿色等重点领域经济的广度、深度和效能稳步提升。

二是着力打造乡村振兴线上专项贴现产品"乡农e贴"。通过特色产品为乡村振兴重点领域和产业客户提供差异化的金融服务，引金融活水精准滴灌乡村经济，助力邮储银行农村数字金融提质升级，助力全面推进乡村振兴。截至2021年12月末，

# 第四部分　票据市场服务实体经济

"乡农e贴"已签约客户近200家，投放资金超过60亿元。

三是积极落实"双碳"目标，持续推进绿色金融发展。一方面，对污染防治、清洁化改造、清洁能源等企业，给予优惠支持；另一方面，依托政策办理碳减排票据再贴现业务，充分利用货币政策工具精准满足绿色低碳企业的票据融资需求。截至2021年12月末，邮储银行贴现业务为绿色金融领域提供资金余额超过50亿元，同比增长97%。

### （二）减费让利，助力企业降低融资成本

邮储银行积极响应国家关于降低企业融资实际利率的工作部署，通过减点、优惠利率等方式，切实降低企业融资成本，让企业得到实实在在的优惠。成本减点方面，票据贴现FTP定价较基准FTP减点最多可达80个基点，在定价和额度方面优先保障企业票据贴现融资需求，重点支持各一级分行对制造业、小微等领域的让利惠企。优惠利率方面，鼓励各一级分行向总行申请利率优惠，最高可申请30个基点。各一级分行结合辖内具体政策、产业、客群情况制定相应的优惠政策，对符合再贴、绿色、小微等条件的客户在一级分行权限内予以优惠。

以安徽省分行为例，其一方面积极争取优惠利率支持，全年为300多户企业总金额约100亿元的票据申请优惠利率，向企业让利数百万元，将让利惠企落到实处；另一方面创新贴现产品，积极落实人民银行货币政策工具，针对民营、小微企业及乡村振兴、科技创新、绿色低碳等符合再贴现标准的票据，在金融服务上开辟绿色通道，优先保证再贴现企业贴现额度和优惠利率。

### （三）高效运营，有效满足企业贴现需求

近年来，为了更好地服务"三农"、小微和实体企业，邮储银行加快票据业务改革步伐，推进业务转型、加快直转联动发展，在规模下降和服务企业能力不断提升的自我要求之下，在继续推进票据服务增量和扩面的基础上，全力开展金融生态圈建设，广结票据交易"朋友圈"，提升票据交易能力，畅通票据转卖机制，加快票据流转，进而支持票据贴现业务持续稳定开展，确保常态化开展票据贴现业务，满足各类企业短期融资需求。

在全面推进票据业务转型发展的进程中，通过深耕直贴市场，同时进一步畅通直转联动机制，邮储银行票据业务继续发力支农、支小、支技，服务制造业企业、小微企业数量和总客户数继续增加，实现了在票据规模持续下降的情况下，累计放款规模大幅增长，较好地履行了大行服务实体、稳社会融资规模和纾解融资难融资贵的使命担当。

**二、数字化转型成效显著，科技赋能客户服务升级**

邮储银行票据业务加快推进数字化转型，持续加大科技投入，通过强化科技赋能和发挥自身资源禀赋优势，着力提升线上服务能力，提升服务企业短期融资需求质效，以构建"产品+渠道+风控+运营"的一整套数字化转型体系，实现全方位票据业务的数字化发展，积极适应票据市场发展趋势。

*（一）数字化转型促发展，"邮e贴"助力服务实体经济提质增效*

2020年，为顺应数字化转型趋势，应对新冠肺炎疫情挑战，满足实体企业融资需求，邮储银行研发推出了全流程线上贴现产品——"邮e贴"。"邮e贴"是指贴现申请人无须线下柜面申请，可以通过邮储银行或他行对公电子银行渠道自主发起线上贴现申请，由邮储银行受理后进行快速审核并贴现放款的全流程线上贴现服务。"邮e贴"产品具有办理渠道灵活多样、业务流程便捷高效、业务定价灵活调整等优势，能够打破地域限制，破除物理空间制约，有效扩大邮储银行票据融资服务覆盖面。

"邮e贴"产品采用全流程线上化服务模式，大幅简化线下资料传递、协议签订等业务手续，降低了客户"跑银行"和提供纸质材料的时间及人力成本，能够有效缩短客我距离，延伸业务触角，扩大客户服务半径，丰富偏远地区企业融资渠道，有效提升服务质效。在"邮e贴"产品的多维度优势加持下，邮储银行贴现业务客户旅程由原来的半天缩短为30分钟，客户签章数减少50%，极大地提升了客户体验。同时，流程的简便和效率的提升，为分行业务发展带来新动能，进一步提高了分行票据业务运营效能及业务承载量，有效实现了对于客户贴现需求的覆盖。

## 第四部分  票据市场服务实体经济

2021年，邮储银行高度重视"邮e贴"业务发展，积极推进分行业务授权，开展业务宣传及培训，督导推进全行"邮e贴"业务发展。截至2021年末，邮储银行所有票据经办机构均开办了"邮e贴"业务，实现了线上化贴现业务的机构全覆盖；累计放款近4 000亿元，占全行同期票据贴现总量的68%，12月当月"邮e贴"业务占比已达99%，实现了线上化业务全覆盖。2021年，"邮e贴"服务客户近1万家，较2020年贴现客户数增长20%，邮储银行贴现业务服务覆盖面进一步扩大。"邮e贴"探索了一条更加便捷、高效的金融服务路径，使邮储银行的金融服务触达更多的客户，形成了良好的市场口碑和品牌效应。

例如，山东省济宁市微山县地处山东省西南部，该县地域狭长，域内微山湖湖泊面积占全辖面积的70%以上，距离地级市济宁市城区140公里。当地的支柱产业为煤炭行业，该行业客户票据结算需求旺盛，但在"邮e贴"业务开办之前，客户需要到济宁市分行票据中心办理票据贴现业务，仅往返路程就耗时极久。客户体验较差、业务办理成本高，客户贴现需求难以有效覆盖，2020年邮储银行仅为微山县支行客户贴现放款3 300万元。自2021年3月济宁市分行试点上线"邮e贴"业务以来，邮储银行票据业务打破了物理空间的限制，服务触达"最后一公里"，极大地丰富了偏远地区企业融资渠道。得益于"邮e贴"全流程线上办理优势，客户体验、满意度不断提升，2021年邮储银行为微山县支行客户办理贴现近6亿元，同比增长约1 648%，进一步增强服务地方实体经济能力，切实践行大行担当。

### （二）线上产品迭代升级，"智能秒贴"进一步丰富智慧票据产品矩阵

2021年，为促进票据业务极速化发展，邮储银行自主研发了线上贴现迭代产品"智能秒贴"。"智能秒贴"是指贴现申请人线上自主发起贴现申请，邮储银行系统自动审批并极速放款的极速线上贴现服务。

"智能秒贴"产品基于大数据与人工智能的客户准入、利率定价及业务风控等算法模型，打破时空限制，实现自助、快捷、智能的无人工干预下的分秒级放款，随时随地为企业提供即时到账的贴现融资服务。"智能秒贴"产品针对行业应用、场景特点，为客户提供"随需而在、随时而达"的场景金融服务，更好地满足客户的金融服务需求，邮储银行服务实体企业效率进一步提高，客户体验进一步提升。

邮储银行"智能秒贴"产品于2021年12月正式投产上线，并在上海、广东、山东、辽宁等地分行开展试点。上线首日，上海分行即为辖内某新能源科技有限公司极速放款，全国首笔"智能秒贴"业务成功落地；次日，佛山分行、广州分行为省内3家客户提供"智能秒贴"服务。后续，邮储银行将持续稳健推进"智能秒贴"在全国范围内的推广，同时积极对接供应链平台及金融科技平台，进一步探索"智能秒贴"场景化的供应链金融服务的实现。

### （三）微信银行功能延伸，"预约通"推动线上线下有机融合

为进一步赋能线下业务，推动邮储银行展业功能升级，探索线上线下有机融合服务模式的健全，2021年邮储银行自主研发了"预约通"产品，实现了票据业务生产系统和微信银行外延渠道的有效衔接。

"预约通"是将微信银行与贴现业务紧密结合的互联网服务产品，是邮储银行票据贴现场景化服务触达的重要渠道。企业可通过"预约通"线上向邮储银行提交贴现计划，也可直接与客户经理联系进行询价。该产品充分利用互联网资源，为企业提供业务预约渠道，同时搭建企业与客户经理之间的沟通桥梁，进一步丰富了企业的票据融资渠道，助推邮储银行票据贴现业务客户服务的线上线下有机融合。

2021年9月，邮储银行"预约通"产品正式投产上线，并在上海、山东、河南、广东四家分行顺利试点落地，目前已推广至全国30家一级分行，实现贴现放款超过10亿元。

## 三、涉农服务延伸，精准施策助力全面推进乡村振兴

为进一步响应国家强化金融科技赋能乡村振兴的号召，积极顺应数字化转型趋势，2021年，邮储银行推出了一款助力乡村振兴的线上专项贴现产品"乡农e贴"，为涉农产业及农村地区客户提供专属的线上票据服务。"乡农e贴"产品运用人工智能、大数据等技术，有效整合涉农主体的信用信息，优化风险定价和管控模型，提高客户识别能力，不断拓展生态场景和数据。

通过打造农村金融服务专项产品"乡农e贴"，邮储银行为乡村振兴重点领域和

产业客户提供差异化金融服务，充分发挥了引金融活水精准滴灌涉农企业的效应，实现邮储银行农村数字金融提质升级，助力全面推进乡村振兴。同时，"乡农e贴"高效推进了服务涉农主体的全流程数字化的移动展业，盘活了涉农企业持有的票据资产，丰富了农业及乡村地区中小微企业的融资渠道，支持涉农主体通过线上渠道自主获取金融服务，进一步打造惠农利企的金融产品与线上线下有机融合的服务模式，破解农村偏远地区票据融资服务难题。

2021年，邮储银行"乡农e贴"服务企业近200户，累计放款超过60亿元，贴现利率较其他行业低13个基点。邮储银行通过"乡农e贴"特色贴现产品助力全面推进乡村振兴，实实在在让利惠企，体现国有大行的使命担当。

例如，山东省某工贸公司是一家主营粮食加工、食品生产、棉花加工业务的淀粉制造行业乡村小型企业，在当地经济效益较好。但由于经营地点远离市区，金融资源匮乏，融资渠道单一，企业发展受到一定限制。此外，该企业贴现需求较为零散，票据金额很小，承兑行多为农村商业银行，导致其线下贴现时间成本、人力成本及资金成本较高。邮储银行枣庄分行在了解到该涉农企业的票据融资需求后，积极对接，借助"乡农e贴"产品为其提供高效、便捷、价格优惠的贴现服务，通过"乡农e贴"为客户贴现多张小额票据，仅用20分钟就完成了从客户申请到放款的全流程。截至2021年末，枣庄分行累计贴现小面额票据（以下简称小票）121张，成功放款1 500万元，助力农企轻松融资，切实践行普惠金融。

### 四、加快流转交易，积极开展转贴现及再贴现支持实体经济

#### （一）提升效率加快流转，充分支持小票融资交易需求

一是积极促进小面额票据流转交易，盘活票据资产，支持实体经济。中小微企业经营特性决定其多以开具小票为主，但由于票面金额小，影响流转效率，增加交易成本等因素，小票在二级市场中交易受限。为积极解决此类问题，邮储银行持续通过转贴现业务积极流转小票，支持票据资产流转，支持中小微企业票据融资需求。截至2021年末，邮储银行转贴现业务库存票据6.6万张，其中小票（票面金额小于等于100万元）4.4万张，占比为68%，连续两年占比超过三分之二；小票资产余额

近200亿元，占比为9%。

二是积极对接票交所系统功能改造，及时满足单笔500张票据的业务办理需求。自票交所系统功能升级后，邮储银行积极对接并及时完成改造，充分满足市场对单笔500张票据流转的需求，大大提升了小额票据流转效率。

### （二）优化机制积极联动，用好再贴现政策工具支持重点领域经济发展

再贴现是央行传统的三大货币政策工具（公开市场操作、存款准备金、再贴现）之一。其作为货币政策预调微调手段，对国家鼓励和扶持领域进行资金支持，有效满足了一大批中小微企业、"三农"领域企业的融资需求。近年来，人民银行不断加大对小微企业、民营企业的金融支持力度，多次增加再贷款和再贴现额度，中小金融机构使用效果良好，对改善小微企业和民营企业融资环境发挥了积极作用。邮储银行持续认真贯彻落实国家有关支持对涉农涉小企业的金融服务的要求，牢牢把握金融服务实体经济的根本宗旨，不断优化和协调再贴现业务管理机制，推动各分支机构大力发展再贴现业务，运用好再贴现政策工具，精准支持当地实体经济，特别是小微企业、农业、绿色行业发展。

一是优化管理机制积极促进再贴现业务发展，业务规模不断提升。近年来，为落实好再贴现政策，促进再贴现业务办理，邮储银行不断优化管理机制。一方面，通过线上、线下培训，及时宣传贯彻再贴现业务政策，统一全行思想。尤其是鼓励分行对符合再贴现办理要求的票据积极开展直贴业务办理。另一方面，给予再贴现业务收入补贴政策，提高分支机构办理意愿。邮储银行持续对分行再贴现业务办理实行70个基点收入返还政策，有效促进再贴现业务发展，提高分行办理意愿。截至2021年末，邮储银行再贴现业务余额近300亿元，较年初提升13%，全年办理量近800亿元，同比提升29%。

二是积极联动地方城市商业银行、农村商业银行开办再贴现业务，共同提升业务办理规模。为满足人民银行对地方法人机构开展再贴现业务规模的要求，邮储银行利用票据资产规模大、票源丰富的优势，通过向地方法人机构卖断符合再贴现业务办理需求的票据，共同向当地人民银行分支机构申请再贴现办理规模，实现再贴现业务办理规模同步提升的同时，加强了与地方法人机构多业务品种的合作。

## 五、多措并举优化系统，客户旅程优化效果显著

2021年，邮储银行持续优化商业汇票管理系统的架构与功能，有效提高业务办理效率，确保票据业务稳定运行。一是稳步推进商票系统2021年新增功能工程，针对系统平台的业务流程、风险防控、查询报表等模块功能不断进行迭代升级。同时，加快新产品研发，上线"智能秒贴""乡农e贴""预约通"等产品，延伸了金融服务场景。2021年，商票系统升级33次，涉及功能点239个。二是积极参与企业网银2.0版、统一授信平台、新一代信贷业务平台、大数据平台等关联系统建设，不断夯实系统服务支撑。

此外，邮储银行持续加强客户体验工作精细化管理，不断满足客户多样化需求，增强客户服务质效。2021年共收集、完成客户优化举措20大项，包括贴现资金流向监控、移动端审批及对接95580平台等。同时，建立健全兼职体验员工作机制，扩大体验员队伍，提升体验员整体素质。通过开展客户及客户经理问卷调查、门户网站收集等，不断优化、完善邮储银行票据业务产品及流程，持续提升邮储银行客户服务水平。2021年，经过市场调查，邮储银行票据贴现业务客户满意度为89%，与上年同期相比有大幅提升。

供稿单位：中国邮政储蓄银行

执 笔 人：于 飞　马 男　张华伦　王雨晴　彭 悦

# 科技赋能　风控护航
# 助推票据服务实体经济

票据作为传统支付结算和贸易融资工具，在企业间被广泛使用，有效提高了贸易结算效率。近年来，随着科学技术的发展，金融科技已逐渐应用于票据领域，拓宽了票据服务实体经济的渠道，提升了票据风险防控的成效，助力了实体经济发展。

### 一、金融科技赋能提升票据服务实体经济质效

（一）科技创新推动票据市场日趋完善

近年来，随着金融科技不断创新，票据市场发展日趋完善。尤其是票交所成立后，通过将技术创新与制度产品创新相结合，显著提升票据市场的安全性、透明度和交易效率，票据服务实体经济的质量与效率均有明显改善。

一是科技创新促进形成全国统一的票据市场，业务规模稳步增长。票交所在2017年将电子商业汇票系统纳入统一管理，并于2018年10月完成纸电票据交易融合，建成了全国统一、安全高效的电子化票据交易平台。票据市场业务总量稳步上升，2021年业务总量达167.32万亿元，同比增长12.87%。

二是建立起票据全生命周期的电子化处理模式，有效防范业务风险。2021年全市场票据承兑、贴现、交易业务中，电票占比均在99%以上，操作风险大幅降低。

## 第四部分 票据市场服务实体经济

同时,票交所持续推进制度建设和系统建设,严格审核市场参与机构资质,提升票据结算兑付效率,健全风险监测指标体系,探索信息披露机制,票据市场生态环境显著改善。

三是技术创新与产品创新相结合,服务实体经济质效提升。票交所相继推出了线上票据支付服务的"票付通"、跨区域询价撮合的"贴现通"、联动票据和债券市场的标准化票据以及供应链上款项支付的供应链票据等创新产品。票据支付和融资更受企业青睐,用票企业数量由2017年的105.9万户提升至2021年的318.89万户,年均增速达32%,其中中小微企业用票户数占比达到98.7%。

### (二)数字化转型提升票据服务实体经济效率

伴随着金融市场参与者间的竞争加剧,数字化转型已成为众多商业银行的主要发展方向。得益于技术创新,商业银行通过票据服务实体经济的效率显著提升。自2018年起,各商业银行相继推出线上票据承兑、贴现产品,通过开发全自动线上票据服务,大幅提升企业客户票据融资的效率。以浦发银行线上贴现产品为例,票据贴现客户可以通过企业网银线上自助进行贴现询价,发起贴现申请后由系统自动处理,全流程无须人工介入,实现秒级审批放款。2021年,浦发银行银票线上贴现业务发生量超过500亿元,服务客户近2 500户,有效帮助企业客户提升融资效率。

除提升服务效率外,金融科技创新让商业银行可以更好地触达客户,为客户提供多样化的票据产品服务。浦发银行自主研发的"智慧票据"平台通过"数据+算法"驱动票据智能化系统应用,快速洞察企业客户票据服务需求。数据上,平台整合供应链上的票据报文、资金流、信息流、商流等内外部数据,编织票据全景图谱网络,准确识别目标客户;算法上,平台综合运用机器学习、知识图谱、深度学习、自然语言处理等认知技术,构建了从票据拓客、合规风控、精准营销到经营评估的一套领先算法体系;应用上,平台以客户体验为中心,通过客户关系管理系统、在线票据系统、"千家万户"连接工程和API Bank等多模式集成,重构票据价值链业务流程,提供票据全流程线上线下一体化协同应用,穿透式精准指导银行分支机构与客户对接。依托"智慧票据"平台的辅助分析,浦发银行为客户提供包括票据承兑、贴现、票据池管理、"贴现通"经纪业务等在内的多种服务,满足企业的多元化票据需求。

#### （三）金融科技降低企业融资成本

科技创新在提升商业银行营销与服务客户效率的同时，也帮助企业降低了融资成本。一方面，完善的票据市场基础设施与高效的银行系统流程使企业票据融资市场与银行间票据交易市场深度连接，银行通过"贴现+转贴现"的业务模式可以直接将银行间市场的低成本资金带给企业；另一方面，人民银行通过再贴现业务可以快速将低成本资金投放给符合国家产业政策导向的企业，实现精准滴灌。两者都使企业客户通过票据融资的成本显著降低，有效地缓解了企业融资难融资贵的问题。浦发银行一直致力于推动再贴现业务发展，通过"贴现+再贴现"的路径降低实体企业融资成本。2021年浦发银行再贴现业务发生量超过1 000亿元。

### 二、风控体系完善为票据服务实体经济保驾护航

#### （一）事前管控，完善客户准入体系

浦发银行坚决贯彻落实"严合规，提质量"的经营主线，牢固树立票据业务行稳致远的合规经营理念。一是从监管政策的研究学习着手，深入领会监管精神和要点。二是建立行内票据业务制度规范，并根据监管政策的要求及时更新调整。三是通过"总—分—支"的形式组织政策传达和培训，建立穿透赋能体系，指导各岗位业务人员各司其职、恪尽职守。

企业合作方面，明确尽职调查要求，尤其针对票据业务可疑客户，要求客户经理实地走访摸排，了解客户资质，不为具有洗钱风险、环评违法和资金掮客等特征的非实体企业办理贴现业务，重点支持中小微实体企业融资，提供便捷高效的票据服务。同时，建立业务准入名单，定期评估主体信用风险，动态调整名单，并及时通过一级、二级市场联动，提升票据服务实体经济的效能。

#### （二）事中管理，强化业务审查流程

2020年2月28日，票交所上线了商业汇票信息披露平台自主注册功能。同年12

月,人民银行发布公告,规范商业承兑汇票和财务公司承兑票据的信息披露工作,公告自2021年8月1日起施行。信息披露管理要求的明确和相应的系统功能建设,是推进票据市场信用体系建立的一大步,有助于结算收款方了解票据承兑人的兑付能力,加快高信用评级企业承兑票据的流转,助力实体企业融资。

浦发银行严格落实管理要求,强化事中审查流程。一方面,通过规章制度明确业务办理流程和审批职责;另一方面,不断推进系统优化升级,通过系统管控有效降低业务风险,在落实信息披露核验要求的同时,防范不法分子通过伪冒身份开立账户,并签发伪假票据侵害实体企业权益。

### (三)事后监控,保障实体企业发展

浦发银行不断加强内部治理,形成定期及不定期的自查自纠机制,同时搭建风险监控系统,运用事后监控工具做好补充工作。

随着数据时代的发展,在总结企业支付结算行为特征的基础上,借助大数据力量,浦发银行开发建立了银票贴现业务可疑客户监测模型,该模型整合了企业资金和票据业务的收付行为,加载智能化算法分析,综合评估企业经营资质,为基层营销工作提供重要参考。模型现已正式投入使用,持续监测贴现行为,实际运用效果良好,有效助力客户经理识别实体客户,挖掘合作机会,清退包装户、民间贴现中介等。随着票据市场的动态发展,结合行为变化和信息升级,后续浦发银行将不断对模型进行迭代优化,提高监测精度和效率,去粗取精、去伪存真,提升票据业务服务实体经济质量。

为加强贴现资金流向监控,浦发银行搭建了贴现资金流向风险预警系统,通过数字化建设对贴现资金流向实现逐笔监测,防范资金流入股票、期货等市场,以及回流出票人或保证金账户循环开票套利,确保贴现资金能够真实有效地用于支持实体企业经营,保障实体经济发展。

供稿单位:浦发银行
执 笔 人:黄 燕 李 论 谭中赫 吴梦露

# 建设电力票据服务平台
# 带动电力行业产业链共同发展

在当前新一轮科技革命和产业变革的历史背景下，国网雄安金融科技集团有限公司以提质增效为导向、创新协同为目标、现代数字技术为手段，通过建设推广电力票据服务平台，发挥票据服务实体经济的功能作用，助力中国经济高质量发展。

## 一、宏观背景分析

中国是世界上最大的工业生产国，这一历史地位与"金融服务实体经济"的理念以及具有中国特色的金融与实体经济关系模式密不可分。当前，全球新一轮科技革命和产业变革蓄势待发，科技创新正以前所未有的规模加速产品融合，推动经济增长动能转换。要想真正抓住机遇，应对挑战，实现产业创新，从并跑向领跑转变，切实推动产业转型升级和经济增长动能转换，决定因素在于金融支撑。票据作为根植于贸易活动的传统金融工具，其集融资与支付功能于一体，具有融资门槛低、融资成本低等其他金融工具无可比拟的优势，在普惠金融和实体经济发展中起到疏通"毛细血管"的重要作用。

国家电网公司作为关系国民经济命脉的国家能源安全的特大型国有重点骨干企业，过去几年一直在思考并布局契合供应链特点的票据服务工具，以更好地发挥

## 第四部分　票据市场服务实体经济

"大国重器"责任担当，在更大范围、更深层次优化资源配置要素，发挥龙头带动作用，畅通全产业链循环，帮助上下游、中小微企业共同发展，助力中国经济由高速增长阶段转向高质量发展阶段。

### 二、电力票据服务平台建设历程及成果

国网雄安金融科技集团有限公司作为国家电网的子公司，通过建设电力票据服务平台，在实践中探索出票据服务实体经济的发展方向。2017年4月，从服务产业链下游用户入手，围绕电费回收场景推出"票据融资+电费交纳"产品"电e票"，既帮助用电企业拓宽融资交费渠道，又帮助企业优化融资结构、降低融资成本；2019年1月，率先接入票交所"票付通"产品，建成票据在线支付通道，为产业链企业提供票据流量、存量、流向、风险防控等一整套服务方案；2021年，再次从产业链上下游各类用户价值需要出发，整合"电e票""票付通"等成熟产品，建成电力票据服务平台，实现涵盖多层级客户、多银行账户、资金、票据的多层次、广覆盖的应用集成，向更丰富场景、更广泛客户提供全方位、立体化的票据全生命周期服务。

截至2021年底，公司电力票据服务平台累计服务用户近2 000户，全口径交易金额达509亿元，成为国家电网公司落实国家普惠金融政策、服务实体经济发展的重要抓手，同时为国有企业探索平台经济发展模式、发挥平台经济作用积累了宝贵的实践经验。

### 三、服务实体经济具体举措

**（一）电力票据服务平台的推广应用为国家电网公司向广大电力用户提供"一次都不跑"票据交费服务**

当前，公司将电力票据服务平台成功应用于电费智能回收场景，通过将购电场景与票据在线支付、票据在线融资进行有机融合，实现票据支付与充值一站式服务。此举解决了此前长期存在的票据真伪鉴别、融资渠道不畅、贸易背景审查等难题，为用电企业与电力公司之间建成了直达式服务通道，让票据交费像网银一样简

单，真正践行了国家电网公司"一次都不跑"的服务承诺，打造了独具电网特色的"国网智慧"和"国网方案"，为同业快速应用提供了参考样本。

### （二）电力票据服务平台的推广应用为国家电网公司精准落实"六稳""六保"提供了强有力的抓手

自2020年新冠肺炎疫情暴发以来，为助力实体企业快速复工复产，国家电网公司在下调电价的基础上，向部分企业定向提供在线支付票据免贴息服务，依托电力票据服务平台实现定向客户签约准入、额度管理、票据锁定解锁等，保证国家政策措施的高质量落实，以支付替代融资，降低企业经营成本，支持企业渡过疫情难关。国家电网公司不仅承担好传统输配电服务者的责任，而且能以实际业务为依托找准金融服务的重点，服务实体经济发展，服务人民美好生活。

### （三）电力票据服务平台的推广应用为国家电网公司票据集中精益管理提供基础服务支撑

从企业的生命周期看，不同阶段需要不同的金融服务形式。电力票据服务平台的成功应用为国家电网公司票据业务发展注入了新动力。依托票交所"票付通"自身强大的一站式新开票、一站式跳转网银挑票、全网支付、锁定解锁等产品优势，国家电网公司逐步孵化建设电力票据服务平台，将"票付通"通盘纳入票据平台建设，推动集团公司票据业务由分散管理向交易、查询、融资、服务一体化方向迈进，彻底改变依赖单一金融机构发展的业务模式，满足服务国家电网公司及电力行业创新发展的要求。

### （四）电力票据服务平台的推广应用为国家电网公司服务"双碳"目标奠定了坚实基础

为落实"双碳"目标，电力行业的定位再次拓展，即通过可再生能源电力化和终端能源消费电力化，助力全社会实现低碳发展。2021年3月15日，中央财经委员会第九次会议提出"构建以新能源为主体的新型电力系统"。这必将引入更广泛的电力市场参与者直接参与市场交易，催生大量的结算、融资需求。电力票据服务平台自身价值必将得到更充分的发挥。与此同时，其透传贸易背景和票据信息的特点，为精准服务绿色企业再贴现、"双碳"目标的实现提供了强有力的支撑，为新型电力系统建设提供了新的业务增长点。

展望未来，国网雄安金融科技集团有限公司将继续加大电力票据服务平台的建设及推广工作，继续与票交所紧密合作，坚持"开放、共享、发展"的核心理念，以提质增效为导向、创新协同为目标、现代数字技术为手段，推动票据产业链模式创新，为全产业链上下游协同发展探索出一条价值引领、数据驱动、共建共享的票据管理道路，为金融科技赋能产业链发展打造一个互惠共赢、协同共进的产业生态体系，为票据市场发展作出更大贡献。

供稿单位：国网雄安金融科技集团有限公司

执 笔 人：吴玉肖

# 做好票据基础服务
# 助力实体经济发展

2021年，民生银行继续践行票据业务作为基础产品服务实体企业客户的经营理念，落实党中央"我为群众办实事"的工作要求，进一步提高票据业务服务实体经济的质效，并积极探索通过科技赋能金融的方式进行产品开发，优先服务国家重点支持的产业方向，推动票据服务的便捷性、多样性发展。

### 一、票据业务的便捷性是影响客户体验的重要因素

票据业务具有很强的交易结算属性，在签发、流转过程中天生有供应链金融的特征。同时，商业汇票使用灵活，可以通过不同期限、票面关系人的组合，满足不同行业的结算需求。进入电票时代，数据电文形式的电子凭证快速取代了传统的纸质实物的市场地位，使票据的流转效率大大提升、票据使用的覆盖面显著拓宽，作为电票使用主体的实体企业客户也对电票服务在质量、效率方面不断提出更高的要求。商业银行面对更广泛的客群和更复杂的业务管理需求，也在积极持续地进行产品优化和服务提升。

随着互联网服务在2C端的深入，越来越多的B2B企业意识到对主营业务进行数字化转型的重要性和紧迫性，并加入创新探索的浪潮中。企业在产、供、销等经营

场景的业务管理数字化水平不断升级，也形成了企业在财务管理方面数字化的驱动力；企业较以前更加关注资金结算服务的时效性以及业务、财务信息的关联性。

在商业汇票的应用场景中，商业银行参与程度最高的无疑是银行承兑及贴现两个环节，其服务中坚力量也集中在这两个环节。从电票的系统建设到各式各样的贴现、承兑产品，再到客户需求的响应速度，不一而足，客户也确实从中获益良多。"秒贴"产品已经屡见不鲜，"秒承"产品也在迅速发展壮大。民生银行从长期的客户服务中总结出客户最在意的票据业务要点就是价格与业务办理的便捷性。

便捷性不仅指在上述业务办理时银行的响应速度和服务水平，也指客户使用商业汇票时，能否在尽量少的人工干预、不需要过多的专业知识的基础上，快速、有效地完成业务办理。商业汇票的流转虽然与现金的逻辑类似，但根据《票据法》仍存在一定的使用门槛。票据从业人员可能在拿到一张银行承兑汇票时，就能迅速从各类票面要素判断出一张票的贴现价格；但对于大多数客户而言，特别是小型、微型企业，接触商业汇票的机会不多，缺乏相关经验及知识积累，在收到一张商业汇票时往往是一头雾水，即便是票据使用量大的客户，也不会非常清楚提示承兑时效、追索规则等细节问题。商业银行应当考虑如何降低客户的用票门槛，增强票据使用的便捷性。

新冠肺炎疫情的肆虐，客观上加快了商业银行线上化、自动化服务的开发速度。除了常规的贴现、承兑业务外，商业银行也更加注重商业汇票作为基础结算产品的综合服务，日常的签收、背书转让、统计都是关注的重点。这些操作服务虽然不能给商业银行带来直接的经济利润，但却是服务客户的基石。票据的日常操作发生频率高、量大，操作感受直接影响客户对于商业银行的整体印象，影响基础客群的黏性。

电子商业汇票的广泛使用为商业汇票业务的发展提供了强有力的支持，如何通过科技手段替代低效率的人工操作、帮助客户降低操作风险、提升业务处理效率是值得商业银行持续关注的问题。

## 二、"电票助手"系列产品，提升企业用票体验

民生银行在2021年重点进行了电票基础服务的探索及开发，推出了"电票助

手"系列产品。"电票助手"旨在关注客户日常电票处理中的细节问题，从客户日常票据结算场景出发，覆盖了从签发到清算的整个票据生命周期，简化和便利了客户的日常操作，为客户节省了人力资源和时间成本，同时大大降低了操作风险。"电票助手"主要有自动发托、自动签收、出票流程自动化等功能。

### （一）自动发托服务

某大型汽车行业龙头企业经销商遍布全国各地，企业和经销商之间主要采用商业汇票支付，结算量巨大，故该大型企业每天有大量的电子商业汇票需要进行到期提示付款操作。该企业需要专门安排一名财务人员建立票据台账，每天对到期的商业汇票进行提示付款操作。然而，由于持票量大，难免有所遗漏。

根据《电子商业汇票管理办法》，提示付款期自票据到期日起10日，持票人应在提示付款期内向承兑人提示付款。持票人超过提示付款期提示付款被拒付的，若持票人在提示付款期内曾发出过提示付款，则可向所有前手拒付追索；若未在提示付款期内发出过提示付款，则只可向出票人、承兑人拒付追索。由此可见，未在提示付款期内发托的票据，会使持票人丧失部分票据权利。

除了这种票据结算量大的客户之外，票据使用量小的客户也会遇到提示付款的问题。例如，一些小客户会在签收商业汇票之后立即发出提前提示付款申请，之后就束之高阁，鲜有关注。如果是商业承兑汇票，由于是提前提示付款申请，这些商业汇票将不会遵从承兑人三天无应答就由承兑人开户行自动处理的规则。这些提前发出提示付款申请的票据，即便过了提示付款期，也不会被承兑人开户行处理；如果承兑人长时间不主动处理的话，持票人客户会被迫选择撤回提前提示付款申请，该撤回操作相当于未发送提示付款申请；而按照前文所述规则，没有在提示付款期内发出提示付款申请的票据，是不能向前手发起追索的，这就造成了票据权利的部分丧失。

民生银行"电票助手"的自动发托服务，通过建立系统自动化处理机制，为客户解决发出提示收款操作中存在的问题。这项服务从根本上解决了客户在发出提示付款申请时可能会遇到的各种问题，同时大大减少了人工操作，降低了操作风险。该产品一经推出，就受到了客户的欢迎。前文所述的大型车企，在使用了自动发托服务之后，业务操作的差错率降为零；财务人员也能够将有限的精力投入其他更为复杂的业务操作中去。

该项服务得到了广泛的推广和运用。从大客户到小客户，不管客户的票据流转量如何，都能从这项基础服务中获益。

### （二）自动签收服务

某光电企业客户的票据接收量大，且该客户在产业链中有较强的话语权，故对于能够接收的商业汇票有较为严格的限制。该企业需要安排财务人员审核待签收票据的各种要素，例如期限、金额、承兑人等。这项工作虽然并不复杂，但是对于财务人员来说非常费时费力，而且依靠人工审核多项票面要素，难免有所疏漏。

上述需要人工审核的票据签收是一项重复性工作，而且该客户关注的审核条件都是可以量化的，完全可以通过科技手段代替人工判断。基于上述情况，民生银行开发了电子商业汇票的自动签收功能：客户在网银上设置签收条件，后台系统根据客户所设条件进行自动签收操作。由于是系统自动审核，因此在常规票面要素审核的基础上，还可以进行诸如背书连续性、承兑人代理接入等人工不太关注的审核。这项功能可以大大减少重复性劳动，同时增强业务处理的准确性，降低了业务风险。

自动签收服务运用系统判断代替人工处理，非常适合对所签收票据有明确要求的企业。企业可以根据自己的经营状况对预设条件随时进行调整，方便又快捷。即便是企业对于所签收的票据没有非常明晰的审核要求，也可以按照较为严格的审核标准设置一个签收的底线。这种设置可以帮助客户快速处理一些小额、低风险的票据，在一定程度上减少人工审核的操作。

前文所述的某光电企业在使用了该服务之后，有效减少了财务人员的工作量，客户不需要再进行耗时耗力的机械化处理，同时也降低了操作风险。

### （三）出票流程自动化服务

电子商业汇票在出票时，需要经过多个环节的操作：出票、提示承兑、出票交付，再加上网银一般会设有制单及复核岗，整个出票流程需要操作员登录网银反复点选近十次。如果企业在网银上设置有多层审批，那么操作次数将会翻倍上升。再者，对于大型企业来说，其复核岗往往工作繁多，难以及时登录网银处理待办任务。基于上述原因，整个出票流程的耗时在等待处理和往复交流中被拉长，严重影响了业务办理效率。

为了解决上述问题，民生银行开发了网银出票流程自动化服务，推出了出票代客处理流程，即客户在开票时，只需要进行出票操作，后续的提示承兑、出票交付操作将由系统自动完成。该功能从客户的实际操作场景出发，简化了业务操作流程，提高了业务处理效率，由原来的多环节多次审批操作，简化成为一次审批操作。该项服务与承兑业务、商票贴现业务相结合，可以提高客户端的业务发起效率，为银行端的审批处理预留了更多的时间。

该服务上线之后，客户反映使用感受非常好。例如，在承兑业务流程中，之前客户进行出票、提示承兑的操作就需要在公司内部流转相当长的时间，一笔承兑出账，从出票到做完提示承兑操作往往需要半天的时间，银行内部进行业务审核往往要到下午才开始。该服务上线之后，客户的出票流程被大大简化和加速，极大地减少了因为处理时间过长而无法在一天之内完成出账的情形。

### 三、商票信息披露自动查询服务，保障持票人合法权益

为加强商业承兑汇票信用体系建设，完善市场化约束机制，保障持票人的合法权益，人民银行于2020年末发布了关于规范商业承兑汇票信息披露的公告。根据人民银行与票交所的管理要求，自2021年8月1日起，商业银行办理商业承兑汇票（含财务公司承兑的银行承兑汇票）的贴现、质押等业务前，须通过票据信息披露平台查询票据承兑信息，票据承兑信息不存在或者票面记载事项与承兑人披露的信息不一致的，商业银行不得办理票据贴现、质押等业务。

接到管理要求以后，民生银行迅速响应，做好商票信息披露的相关工作。一是在商票贴现、质押的业务办理流程中增加了信息披露查询流程，并通过系统实现了强制控制；二是积极做好宣传普及工作，向行内的客户经理、来办理业务的客户讲解商票信息披露的必要性，引导客户关注并做好信息披露工作。

然而，在商票信息披露功能上线初期，审核要求的提升在一定程度上影响了业务的处理效率，尤其是线上业务及自动业务。在实际业务办理中，商业银行业务人员在办理商票贴现时，不仅需要处理系统内部的出账流程，还需要登录票交所网站，进行信息查询、截图留存等操作。如果单次业务办理量大，商票信息披露流程就需要耗费较长的时间，降低了业务办理效率，不利于客户服务。

针对上述情况，票交所在了解到广大商业银行的具体业务需求后，对商票信息披露功能进行了高效的优化：在原手工查询的基础上，票交所提供专线接口，与商业银行的业务处理系统进行对接。民生银行在第一时间进行了系统对接，开发了商票信息披露的自动查询功能：在办理商票贴现、质押操作时，系统会自动发起信息披露的查询并进行票面记载事项的核对；根据核对情况，系统自动控制后续的业务流程可否继续。民生银行作为首批试点接入行，在极短的时间内完成该项功能的开发、测试及上线工作。自动查询、比对功能以科技手段代替人工操作，在完整执行商票信息披露功能的基础上，又提高了业务处理的安全性与便捷性。

## 四、重点行业服务支持，伴随客户成长

除了为基础的客群提供便捷的票据产品之外，民生银行票据业务产品货架丰富，从基础的"电票助手"、自助贴现产品，到针对有特殊用票需求的银票贴现免追索、票据管家产品，可以满足不同客户的差异化需求。同时，民生银行注重对国家重点支持行业与领域的服务，一直致力于绿色、供应链等产业金融服务的探索与发展。

### （一）碳减排票据再贴现

人民银行成都分行在全省绿色金融改革成效基础上，创新货币政策工具运用，在全国率先设立碳减排票据再贴现专项支持计划，精准支持绿色低碳企业。民生银行紧跟政策引导，为以农业、新能源为双主业的通威股份办理了首批碳减排再贴现。民生银行一方面给予碳减排再贴现业务优惠的贴现价格，降低企业融资成本，支持绿色低碳客户；另一方面为碳减排票据贴现业务开通绿色通道，指定专人管

理，优先受理碳减排票据的承兑和贴现业务。2021年，民生银行在当地办理了碳减排再贴现业务约3亿元，为多家绿色企业提供了优质金融服务。

碳减排再贴现业务在激励金融机构对绿色企业提供资金融通和便利，促进行业转型、缓解资源约束等方面都起到了积极的作用。民生银行持续关注国家相关政策，不断优化服务，为绿色企业提供便捷的金融服务。

### （二）供应链票据线上贴现

为贯彻落实国家关于规范发展供应链金融的决策部署，加强供应链金融配套基础设施建设，经人民银行备案同意，票交所颁布了《供应链票据平台接入规则（试行）》，并开展市场供应链平台的接入、推广工作。供应链票据贴现为供应链票据持票企业提供了方便快捷的融资服务，有利于实现应收账款规范化，解决当前应收账款增速过快的问题；推动核心企业优质信用向供应链末端"长尾"企业逐级传递，实现优质信用全链条共享，降低实体经济尤其是中小微企业的融资成本。通过业务方案设计、系统建设等一系列工作，2021年民生银行与TCL集团下属公司简单汇供应链平台合作，成功办理全市场首笔线上供应链票据贴现业务，为行内及同业开展同类业务提供了可借鉴案例。

## 五、未来展望与发展方向

数字化转型是未来一段时间内银行业发展的主旋律。在党中央的领导下，构建适应现代经济发展的数字金融新格局，不断提高金融服务实体经济的能力和水平，有效防范化解金融风险，是商业银行在"十四五"期间的发展理念与目标。具体到票据业务上，就是要充分利用科技手段开展票据产品的营销和服务，从企业客户的票据结算需求出发，丰富服务场景；强化客户用票体验管理，增强线上客户需求洞察能力，推动营销、交易、服务、风控线上化智能化。

电子商业汇票系统已经运行了十余年，如前文所分析，基础服务的便捷性是商业银行在未来票据业务发展中应当关注的方向。商业银行积累了丰富的系统建设经验和大量的业务处理数据，可以通过分析用票习惯、用票特征，发掘客户在基础票据服务中遇到的痛点，并有针对性地解决。金融科技已经不再是新鲜概念，运用科技手段实现自动化、线上化、智能化处理是电票业务未来必然的发展方向。基础服务的优化并非一蹴而就，而是积沙成塔、集腋成裘，在不断地发现与解决问题中，给予客户越来越好的用票体验。

未来，民生银行将切实履行"服务大众，情系民生"的使命担当，为实体经济做好服务工作，与企业客户共同成长。

供稿单位：中国民生银行

执 笔 人：曾　凡

# 助力服务实体经济
# 践行国企责任担当

中国人寿保险（集团）公司入主广发银行以来，广发银行作为金融央企成员单位和全国性股份制商业银行，坚决贯彻党中央、国务院经济金融决策部署，坚决落实普惠金融、服务实体经济的高质量发展工作要求，通过强化组织建设、加强产品创新、探索科技金融等措施加强对实体经济的金融服务。

近年来，广发银行作为票据市场的重要参与者，高度重视票据业务服务实体经济的成效，紧跟票据市场发展步伐，顺应市场发展趋势和规律，积极投身于降低企业财务费用、服务实体经济、解决融资难融资贵等问题，努力在行内积极打造票据生态圈，通过科技赋能、小微金融、减费让利、优化流程、政策红利、总分合力等方式发展高质量票据业务，为实体经济提供优质票据融资服务，票据业务服务实体经济工作取得较大进展。

### 一、聚焦主业——广发银行票据业务服务实体经济举措

#### （一）提高政治站位，践行国企担当

广发银行在战略上高度重视票据业务的发展，将票据业务作为践行普惠金融、支持中小微企业以及服务实体经济的主要抓手和突破口，近三年来直贴量、转贴

量、再贴量等核心指标逐年增高。

2021年，广发银行累计承兑量接近6 000亿元，承兑业务全部投放于实体经济。从行业分布来看，2021年承兑金额行业分布前五名分别是批发零售业（占比为48.35%）、制造业（占比为32.76%）、建筑业（占比为6.66%）、租赁和商务服务业（占比为3.09%）、采矿业（占比为2.91%）。从客户类型来看，大型企业承兑金额占比为51.64%，中型企业承兑金额占比为34.59%，小微企业承兑金额占比为13.77%。从客户数占比来看，广发银行承兑业务主要投向中小微企业，客户数占比高达34%。

2021年，广发银行累计直贴业务量超过4 000亿元，直贴资金主要投向实体企业尤其是中小微企业。直贴资金投放前五大行业分别为批发零售业（占比为68.33%），制造业（占比为19.50%），租赁和商务服务业（占比为2.97%），水利、环境和公共设施管理业（占比为2.25%），建筑业（占比为2.13%）。从客户类型来看，大型企业贴现量占比为27.78%，中型企业贴现量占比为37.26%，小微型企业贴现量占比为34.96%。从客户数量构成来看，广发银行贴现业务主要服务中小微企业，小微贴现客户数占比为69.32%，中型客户数占比为21.66%，大型客户数占比为9.02%。

### （二）强化考核导向，倾斜资源配置

票据业务由于流动性强、信用风险较低、效率高等优势，被广发银行定位为战略转型的核心产品之一。近三年来，广发银行票据客群快速增长。2021年，票据客户数接近10 000户，承兑客户数及贴现客户数均超过5 000户。与此同时，通过开展票据业务拓展活动，继续扩大客群规模，如上海分行2021年通过举办票据业务交流活动邀请了一批当地优质的同业客户，借此机会与同业交流票据高质量发展以及服务实体经济的先进经验，以此提高分支机构从事直贴转卖断、再贴现业务的积极性。

### （三）全面配套支持，强化精准指导

广发银行近年发布的小微金融业务工作方案，对工作组织、重点领域、风险管理、利率定价等方面进行了全面的部署安排，其中特别将票据融资列为重点产品，

要求分行大力发展。在客群得以快速发展的同时，广发银行为满足企业日益增长的票据融资需求，逐年增加票据资产的配置规模。2021年末，票据融资余额超过2 000亿元。

### （四）积极探索市场，优化业务流程

为更好地助力实体经济发展，广发银行近年来积极学习市场同业的优秀做法，在业务分工、业务权限、业务流程、审批流程等方面进行了多次优化，为的就是保障各家分行更加快速、安全、高效地服务客户。主要措施包括：一是下放票据贴现业务权限，简化授信资料，缩短票据授信审批流程；二是将商票保贴业务纳入供应链融资管理体系，加快商票保贴项目的落地，突出商票保贴的批量效果；三是优化直贴的自主定价权，让分支机构根据自身客户的不同情况进行定价，压实服务实体经济的主体责任。

### （五）实行减费让利，给予优惠定价

为了推动票据融资业务高质量发展，强化金融供给侧结构性改革，切实解决小微企业融资难融资贵的问题，近年来广发银行对小微企业票据融资业务，在不同阶段实行针对性的优惠定价策略：一是给予小微票据贴现FTP补贴，以拓展广发银行辖内分行票据业务的辐射面；二是小微企业票据质押发放的流动资金贷款FTP与小微企业票据贴现FTP保持一致，增加客户产品选择的多样性；三是鼓励分行对于小微企业的首贷户、有效户在每天直贴报价基础上给予更为优惠的报价；四是为小微企业银承手续费减免建立绿色通道。2021年，广发银行小微企业贴现客户数超过3 000户，小微企业贴现总金额约1 500亿元，为小微企业减免的银承手续费（低于广发银行公示标准）超过100万元。

### （六）利用政策红利，推动再贴现业务发展

票据再贴现是央行调节信贷投向的有效工具，是支持实体经济，尤其是小微企业以及民营企业的重要渠道。广发银行积极响应中央关于支持小微、民营企业发展的相关要求，落实人民银行再贴现政策，通过区别定价、专项利率优惠、绿色通道

等措施大力推动再贴现业务发展,有效发挥了票据再贴现业务支持涉农、绿色、科技、环保等小微及民营企业,服务实体经济的作用。2021年,广发银行再贴现业务量累计发生额400亿元,较2020年增长15%。再贴现资金惠及农林牧渔、新能源、新材料、节能环保、信息技术、生物、文化旅游、科技服务等"三农"、绿色、小微和科技型企业。

随着央行继续增加再贷款和再贴现的规模以鼓励银行增加普惠金融信贷的投放,广发银行将积极响应党中央、国务院的号召,通过贴现、转贴现、再贴现业务联动,始终坚持服务中小企业、支持地方经济发展的经营策略,把支持"三农"经济、支持绿色产业以及中小微企业发展作为业务发展的重点工程来抓。

### (七)总分条线联动、确保资金流向

为了践行高质量发展,确保资金实际流向实体经济,广发银行近年来不断加强总分联动,由总行每天发布全行票据直贴指导价,利用票据直贴价格优势引导分行积极开展票据业务。同时,为了利用有限的信贷规模,更好地解决实体经济融资需求,广发银行加强直贴部门与转贴部门的合作,积极建立票据一级市场与二级市场的联动机制,充分利用二级市场转卖票据资产,腾挪信贷规模满足实体经济的融资需求。2021年,全行直贴转卖断业务量总计7 864亿元。除此之外,为了更直接地解决企业融资需求,广发银行积极支持商票业务。2021年,商票业务新增约400亿元,同比增长27%。

## 二、科技赋能——广发银行票据业务服务实体经济做法("e秒票据")

随着大数据、区块链和云计算等新兴技术对各行各业的影响逐渐深入,客户商业化竞争不断加剧,金融服务逐渐向线上化、平台化发展。近两年,受新冠肺炎疫情影响,工厂生产不足,物流运输受限,国内外供应链与产业链受到严重冲击。面对经济发展和复工复产的紧急需求,迫切需要依靠金融服务有效修复供应链与生产线。

针对实体经济面临的难题,并结合新形势下供应链线上化和平台化的发展现

状、日益加剧的市场竞争以及多样化的客户需求，广发银行积极拥抱金融科技，加速票据产品与互联网的融合，推出"e秒票据"系列产品，在业内拥有最早、最全、最快的在线票据融资解决方案。"e秒票据"的推出，极大地改进和丰富了银行服务实体经济的产品供给，引领了同业产品创新潮流，有力推动了广发银行票据业务的稳健高效发展。"e秒票据"产品的推出使企业在开票、承兑、贴现等前端流程实现了全自动化，为客户提供了方便快捷的融资体验获得感，帮助企业解决了过往融资难、融资慢的问题。"e秒票据"产品的推出在沉淀积累老客户的同时，也为广发银行带来了许多新客户，客户群体持续扩容。在今后的工作中，广发银行将驰而不息地对业务产品进行迭代升级，针对客户的需求变化开发相应的系统助力解决其难题，全面提升金融服务实体经济的能动性和实效性，最终实现双赢。

### （一）"e秒票据"助力票据业务线上化

在电票全面取代纸票的背景下，广发银行积极响应人民银行推广普及电子票据的号召，持续增加票据产品的研发资源投入，提升票据业务竞争力，抓住机遇促进业务转型发展，创新初见成果。推出业内领先的电票"e秒贴现"产品，后相继推出"e秒开票""e秒票押""商票e秒贴"三款全新产品，为客户提供方便、快捷的在线票据融资解决方案。

作为票据业务线上化布局最早的商业银行之一，广发银行已初步构建起完整的"e秒票据"产品体系，具体包括"e秒贴现""e秒开票""e秒票押"等，全面服务票据全链条和全生命周期。

"e秒贴现"是指企业通过对公电子渠道向广发银行发起贴现业务申请，广发银行系统自动受理并进行交易处理的全流程线上贴现业务。该产品同时支持银行承兑汇票和商业承兑汇票的线上贴现，特别是"e秒贴现"的推出，有利于快速批量化服务产业链客户集群，助力供应链的协同发展。

"e秒开票"是指企业通过对公电子渠道向广发银行发起电子银行承兑汇票承兑申请，广发银行系统自动受理并进行交易处理的全流程线上开票业务。

"e秒票押"是指企业通过对公电子渠道向广发银行发起电票质押及出账申请，广发银行系统自动受理并进行交易处理的全流程线上电票质押融资业务。

## （二）"e秒票据"助力实体经济稳发展

在金融科技的驱动下，广发银行的"e秒票据"具有以下几方面的创新突破：

1. 稳扎稳打——解决"融资难"。小微企业票据融资具有笔数多、金额小等特点，其"融资难、融资慢、融资贵"问题更为突出。"e秒票据"创新作业模式，打消经营机构"不愿贴"的问题，从而整体上增强了广发银行普惠金融和服务实体经济的产品供给能力和水平，极大地解决了小微企业融资难问题，深受客户欢迎。

2. 稳中求进——解决"融资慢"。通过金融科技赋能的"e秒票据"全系配置秒速到账功能，为客户提供极简的操作体验、极快的到账速度，从根本上解决传统票据"提款难、提款慢"的痛点，客户融资的可获得性和便利性空前提升。同时，还可以通过组合运用产品，有效解决融资期限及金额错配问题，灵活控制融资成本。

3. 稳中求变——落实金融供给侧改革"重需求"。2020年，为助力供应链金融发展，进一步增强票据服务实体经济的能力，票交所推出供应链票据，提供了等分化及可拆包流转等功能。广发银行紧跟票交所脚步，积极研发供应链票据产品，联合简单汇平台在票据市场上首推供应链票据秒贴服务，并已在深圳、南京、西安等城市落地，为当地产业升级提供动力。

4. 行稳致远——落实金融供给侧改革"轻上阵"。客户线上自主申请，自助操作，无须临柜，无须提交任何纸质资料，全程由系统智能完成，大幅节省企业人力、时间及交通成本，银行亦可释放客户经理及相关审批岗位的生产力。

## （三）"e秒票据"助力实体经济见成效

"e秒票据"服务涵盖了批发零售业，制造业，农林牧渔业，建筑业，公共设施管理业，交通运输、仓储和邮政业等，客户规模涵盖了大型、中型、小型、微型等所有类型，其中以小微客户为主。"e秒票据"为实体经济注入了广发银行动能。

截至2021年底，广发"e秒票据"已在全国范围内得到落地推广，业务笔数超过31万笔，占全行直贴业务总量的92%，取得了良好的社会效益和经济效益。

### 三、供给改革——广发银行票据业务未来工作方向

#### （一）融资全链条线上化，打造非接触式融资服务

随着疫情常态化，非接触式服务呼声越来越高，全链条线上化已成为票据融资趋势。广发银行在已实现秒贴的基础上，未来将进一步研发授信审批智慧化、合同签订在线化、贷后管理自动化、资金流向智能化等线上服务，打造票据融资领域的非接触式融资服务，提升产业融资效率和融资体验。

#### （二）供应链票据服务产业链，推动商业承兑汇票稳发展

广发银行2021年已上线供应链票据平台，依托票据市场基础设施，加快电子商票在整个产业链企业中的应用，助力票据直接融资规模的扩容，探索商业信用主动管理，充分借助企业信用信息基础数据库和商票信息披露平台，引入外部评级合作，优先选择产供销关系稳定、票据应用场景明确、符合国家政策导向的企业开展商票信用增信，提高商票的市场接受程度，扩大票据直接融资范围。通过供应链票据平台实现票据全链条共享核心企业信用，盘活沉淀的应收账款，提高企业资金周转效率，为上下游、中小企业打通融资通道。

#### （三）持续促进科技创新与票据业务深度融合

广发银行践行"科技国寿、数字广发"战略和"打造智慧和生态供应链金融"的理念，全面整合票据产品和渠道，打造升级集客户融资、结算和增值服务于一体的更具智能化和开放特色的系统平台，助力"e秒"系列产品全面升级。全新的"e秒"供应链平台延续"e秒"品牌资金秒级到账的特色，构建更为开放的用户体系，全面支撑线上化服务模式的应用。

#### （四）再贴现精准滴灌，强化助力实体经济效果

继续推动再贴现业务办理，发挥再贴现定向精准滴灌功能，提升货币政策直达实体经济的传导效果，让更多的小微、民营企业得到更大的支持力度，扩大优惠利率服务企业范围。引导分支机构加大对"专精特新"企业营销力度，更好地服务

"专精特新"企业，有效降低融资成本，为实体经济注入活力。

广发银行将面对客户需求，强化金融供给侧结构性改革，有针对性地根据不同企业类型、不同资质、不同需求提供定制化的方案，通过科技赋能、大数据等更加精准、专业地向企业提供票据服务。继续加大科技资源的投入，以科技赋能全力打造票据及供应链金融生态圈，不断进行业务创新，提高产品配套能力和客群转化能力，更专业和有效地服务实体经济，努力为建设高质量票据市场及服务实体经济作出应有的贡献。

供稿单位：广发银行

执 笔 人：张科伟　周　磊　邹春平　曾　晖　汪祥波　黄　盛

# 聚焦堵点难点　打通服务路径
# 提升票据服务实体经济质效

实体经济是一国经济的立身之本，是财富创造的根本源泉，是现代化经济体系的坚实基础。当前全球疫情肆虐，单边主义盛行，我国经济发展面临多年未见的"需求收缩、供给冲击、预期转弱"三重压力。中央定调经济工作"稳字当头、稳中求进"。2021年底国务院常务会议部署进一步采取市场化方式加强对中小微企业的金融支持，确定加大对制造业支持的政策举措，促进实体经济稳定发展。在此背景下，票据作为直接服务实体经济和金融市场的重要支付结算和融资工具，应该进一步深化供给侧结构性改革，强化政策支撑，优化经营机制，创新业务产品和模式，在解决企业融资难融资贵问题，促进我国实体经济发展方面发挥更重要的作用。

## 一、票据是服务实体经济的重要金融产品

票据前端连接企业供应链，后端连接货币市场，是企业支付、结算、融资、投资的重要工具，疏通了企业在商品、服务购销、贸易结算等方面的资金流转。同时，经银行承兑或保证后的汇票具有信用增级、延期支付和背书转让等优势，能够为企业提供便捷的融资渠道和低成本资金。

# 第四部分  票据市场服务实体经济

自2020年新冠肺炎疫情暴发以来，央行加大短期流动性支持力度，引导货币政策正常化，同时"六保""六稳"政策有效巩固经济稳定恢复的势头，票据运行经历了短期快速增长后回落再稳步回升的走势。2021年，票交所全市场汇票签发承兑金额为24.15万亿元，同比增长9.32%；累计贴现15.02万亿元，同比增长11.93%，贴现利率总体下行。商票应用越发活跃，商票贴现1.22万亿元，同比增长17.98%[①]。

同时，票据市场机制及基础设施建设不断完善，为票据服务实体经济提供广阔天地。《票据法》修订提上议程，票据等分化可有效解决企业支付结算额度错配问题，提高交易效率；《商业承兑汇票信息披露操作细则》正式发布，确认商票信息披露"强制约束"机制，解决商票信息不对称、市场参与者难以识别风险、企业违约行为缺乏约束等顽症，对发挥商票融资功能有积极意义。新一代票据业务系统即将上线，将重构票据贴现前业务功能，支持电票以票据包创新形式签发，提升票据对企业端市场服务能力；引入企业信息报备、企业名称校验、票据账户主动管理等风险控制功能，补强票据业务风险防控手段；大幅降低市场成员系统对接、功能建设成本和运维复杂度。

## 二、实体企业在票据业务方面的主要诉求

### （一）持有票据如何有效盘活

实体企业，尤其是中小微企业，日常生产经营的收支大量以票据形式存在，如何有效盘活票据资源，提升企业运营效率、降低财务成本是企业面临的一大难点。一般而言，企业可以根据自身特点和供应链上下游地位，在背书转让、贴现、质押融资、持有到期托收中选择适合的方式盘活票据资源。但在实际操作过程中，上述四种资源盘活手段均存在一定劣势，灵活性、安全性尚显不足。背书转让将收到的票据直接支付出去，但收到票据的票面金额、期限等，与需要支付的款项存在错配，无法一一对应，直接交易存在困难。"两小一短"（小银行、小面额、短期限）

---

① 数据来源于上海票据交易所官网（www.shcpe.com.cn/content/shcpe/index.html）。

票据的市场接受度较低，很多上下游企业不愿意接受此类票据，商业银行在贴现或质押时也会设置较高门槛，无论是质押率打折还是贴现让渡的剩余时间价值，都意味着企业需要付出更高的融资成本盘活此类票据。对剩余期限较长的票据持有到期托收，不仅造成大量票据资产闲置，损失了流动性，较长的持有期还增加了票据被前手背书人恶意催告、挂失止付等风险。

如果从单一企业扩展到企业集团，集团内部票据资产的整体管理、统筹安排就显得更为重要，集团内部子公司经营状况可能存在较大差异，有的子公司经营良好，持有大量票据资产，而有的子公司刚刚成立或经营困难，融资不易且成本较高。传统模式下集团面临的状况是一方面闲置票据资产无法发挥效能，另一方面又承担高额成本对外融资，企业急需打通集团内部资源，降低整体经营成本。

### （二）淤积应收账款如何票据化

前述讨论的情形是实体企业已有票据资产盘活的需求，而实体企业现实经营中应收账款淤积，资金流动不畅是更为突出的问题，中小企业尤为如此。根据国家统计局数据，近年来我国应收账款数额不断攀升，2020年，我国规模以上工业企业应收账款总计16.41万亿元，同比增长4.65%，其中中小工业企业应收账款达到10.38万亿元，同比增长7.68%[①]。分行业看，2020年非金属矿物制品业，电气机械和器材制造业，计算机、通信和其他电子设备制造业应收账款超过1万亿元。分地区看，江苏、广东、浙江3个省中小工业企业应收账款净额超过1万亿元。过高的应收账款延长了企业回款周期，降低了经营活动现金流可获得性，增加了企业坏账损失的概率，解决企业应收账款高企问题迫在眉睫。

票据在解决企业间货款拖欠、支付结算方面具有一定的适用性与优越性。人民银行行长易纲早在2019年就提出要推动应收账款票据化。票交所董事长宋汉光表示，深化票据市场供给侧结构性改革，应推广应收账款票据化，通过票据化对应收账款进行确权，保障企业回款或为其融资提供便利。

---

① 数据来源于国家统计局官网（www.stats.gov.cn）。

第四部分　票据市场服务实体经济

### 三、浙商银行在票据服务实体经济方面的创新与坚持

#### （一）票据全生命周期循环经营机制创新

2021年，浙商银行顺应票据市场"全生命周期覆盖+多级市场联动"的经营趋势，对全行票据业务经营机制进行调整，提出实施票据全生命周期循环经营。8月，总行单设票据业务部并由总行次一级部门升格为一级部门，票据业务部的定位从"服从总行管理需要、服务分支行经营"调整为"服务全行、增收创利"。票据业务部的业务范围涵盖了从承兑增信到直转贴、投融资等的票据全生命周期，在此基础上依靠科技和创新驱动，不断提升票据业务线上化、自动化、一体化水平，持续打造浙商银行票据品牌。

2021年，全行票据池签约用户30 915户，入池质押票据1 413.41亿元；全行票据直贴量1 253.84亿元，较上年增长52.91%；再贴现发生额356.70亿元，日均余额133.30亿元，较上年分别增长25.47%、45.42%。截至2021年末，全行票据交易量2.98万亿元，占全市场份额的4.26%，涵盖交易对手400余家。在票交所2020年度评优结果中，浙商银行荣获5项机构大奖，另有4名员工获得个人奖项。

#### （二）完善差异化竞争优势的产品体系

1. "涌金"票据池。流动性管理是企业财务和资金管理的核心。浙商银行以客户价值创造为中心，创新"互联网+实体企业+金融服务"理念，以企业银行承兑汇票管理为起点构建企业流动性服务平台，帮助企业降杠杆、降成本，保持流动性和效益性的动态平衡。2014年正式推出"涌金"票据池，采取"不挑票、不挑客"的差异化业务定位，向企业提供票据实时查询、动态质押、超短贷、直通车、集团额度调剂等集票据管理与融资功能于一体的票据综合服务，定制企业票据管理服务方案，助力企业提升票据管理能力。

"涌金"票据池支持300余家金融机构承兑的纸质或电子银行承兑汇票入池，接受企业持有的"两小一短"票据入池，有效解决小银行、小面额、余期短票据盘活难题；对于优质实体企业，入池票质押率最高可达100%；支持集团客户票据分散托管及质押池融资额度在集团内部灵活共享，解决其票据统筹管理难题。业务操作

基本实现了全流程线上化，改变了以往银行柜面系统的复杂流程，突破了物理网点限制，显著提高了业务效率。

"涌金"票据池有效降低实体企业融资杠杆和成本。企业将闲置、积压的票据入池质押生成池融资额度，企业可在该额度内灵活办理贷款、银票、信用证、保函等各项银行融资业务，减少资金备付和贷款总额，有效降低企业融资杠杆。以某控股集团为例，其通过票据池每月盘活资金2 000万~3 000万元，融资需求大幅降低，每年可节省融资成本上百万元。据估算，企业通过池化融资平台盘活沉淀资源，可减少20%左右的传统融资。2014—2021年，"涌金"票据池已连续7年免收企业各项费用，并实行中小微企业减免银票承兑手续费等优惠措施，以其他同业常规收费标准测算，累计少收客户各项费用超1亿元，真正让利于客户。

2. 特色商票业务。长期以来，商票因信息不对称、确权困难等问题发展受限。浙商银行顺应当前提高直接融资占比、发展商业信用的大趋势，结合供应链金融发展，大力推进商票运用。重点开展商业承兑汇票银行保证业务，以电子商业承兑汇票的承兑人作为被保证人，浙商银行作为商票的保证人，对合法取得商票的持票人所享有的汇票权利承担保证责任，通过票交所系统在商票上签章并记载"保证"标志。商票保证业务以真实贸易背景为支撑，为商票承兑人提供保证增信，加强其承兑商票的流通性。对付款人而言，较签发银票可减少保证金占用，降低财务成本；对收款人而言，承兑保证后商票的流通性和融资可得性增强，有利于对外支付流转或低成本变现。

3. 优化贴现服务。持续优化贴现客户体验，推出在线自助贴现为客户提供线上化贴现融资服务，显著降低运营成本、提高贴现办理效率。2021年，共发生业务18 119笔，金额193.51亿元，服务贴现客户800余户，其中中小微企业和民营企业占比达85.80%。同时推出"新享贴""优享贴"等新业务模式。"新享贴"通过主动优惠措施鼓励新客户贴现，全年累计服务新客户260户；"优享贴"通过传导央行再贴现政策，让利实体经济，全年累计再贴现储票金额238.60亿元。

（三）强化票据业务系统的科技支撑

浙商银行以线上化、平台化、智能化为目标，持续优化票据业务系统功能与流程。2021年，累计提交15项系统优化需求，完成票据贴现业务流程、交易业务流程、票据池业务审批流程等的优化，及时响应客户需求，解决经营机构业务推动过程中遇到的难点和痛点。优化票据业务移动审批流程，实现移动端信息展示标准化、智能化；增加移动办公App独立票据业务服务模块，方便一线营销人员实时获取最新报价、FTP成本等信息。上线再贴现票款对付（DVP）直连功能，大幅减少纸质材料提供，提高分行再贴现业务办理效率。上线商票信息披露API接口，实现商票披露信息的自动查询和系统刚控，减少手工查验，在确保业务合规性的基础上，大幅提升效率，改善客户体验。

供稿单位：浙商银行

执 笔 人：杨旭丽　何　俊　田　京　吴　思

# 中小微企业用票情况调研报告

2021年5月，为了解中小微企业票据使用情况，票交所通过问卷形式开展了广泛调研。调研结果显示，票据是中小微企业最常使用的非现金结算工具，能够帮助中小微企业扩大生产经营，增强在产业链中的话语权，获得销售溢价。随着近年来金融支持中小微企业力度的加大，票据贴现难问题有所缓解，但贴现业务办理手续复杂的问题依然突出，影响了中小微企业贴现融资的体验。金融机构迫切需要在监管支持下简化贴现业务流程，改善贴现服务质量，全面提升贴现业务的线上化、电子化、智能化水平。

## 一、基本情况

本次调研主要围绕企业票据支付和贴现融资两方面展开，采用线上问卷形式开展，共计发放1 200万份调查问卷，收回1 671份，样本覆盖面广泛，代表性较强。收回问卷中，1 658家为中小微企业，占比为99%，基本可以反映中小微企业用票情况。从样本行业分布来看，问卷企业主要集中在批发和零售业（28%）、制造业（25%）、建筑业（12%），与票据市场用票企业行业分布大致相同。

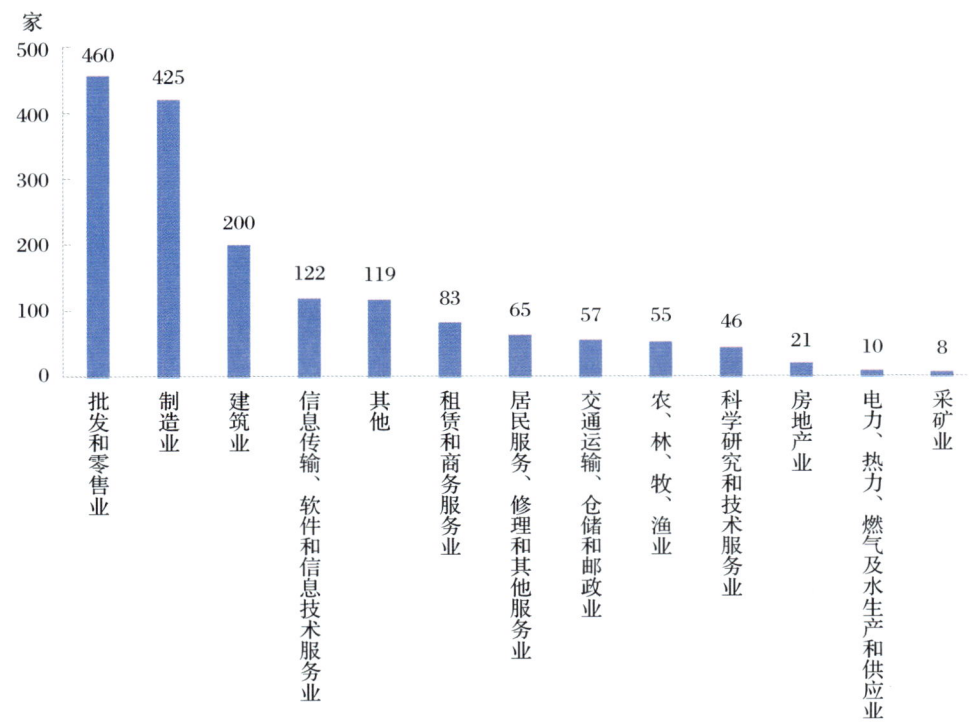

图4-1 样本行业分布情况

## 二、中小微企业票据支付结算情况

(一)票据是仅次于现金的第二大结算方式,在中小微企业中使用较为普遍

现金是企业最为常用的支付结算工具,86%的企业在收付款中使用过现金结算;39%的企业在收付款中使用过票据结算,且多数为银行承兑汇票(35%)。但在用票企业中,票据结算占企业总体经营收支的比例不高,71%的企业票据收款占总营业收入的比例低于50%;76%的企业票据付款占总营业支出的比例低于50%。

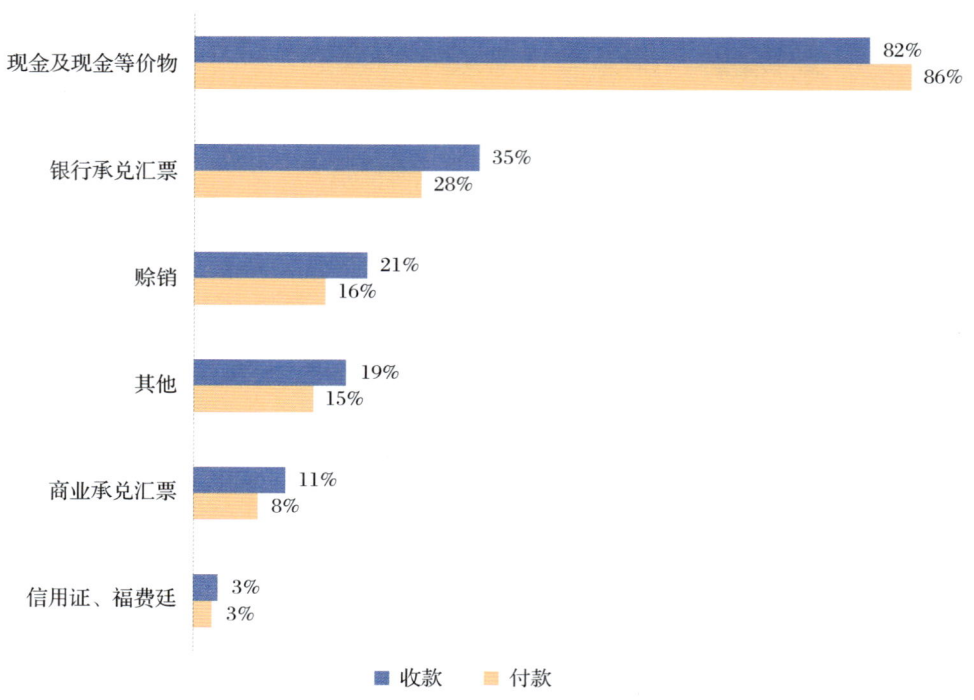

图4-2  企业日常经营使用各类支付结算工具情况

**（二）在非现金结算方式中，中小微企业最愿意采用银行承兑汇票，其次分别是赊销、商业承兑汇票、信用证**

71%的企业表示对银行承兑汇票的接受意愿为"非常愿意""愿意"或"无所谓"，57%的企业对赊销的接受意愿为"非常愿意""愿意"或"无所谓"，而商业承兑汇票、信用证的这一比例仅为50%。企业最青睐银行承兑汇票，主要是因为银行承兑汇票到期兑付风险小、变现能力强、账期固定等。而商业承兑汇票到期兑付存在一定风险，特别是多次流转后，持票人难以联系承兑人协商兑付事宜，使企业在接收商业承兑汇票时顾虑较多。

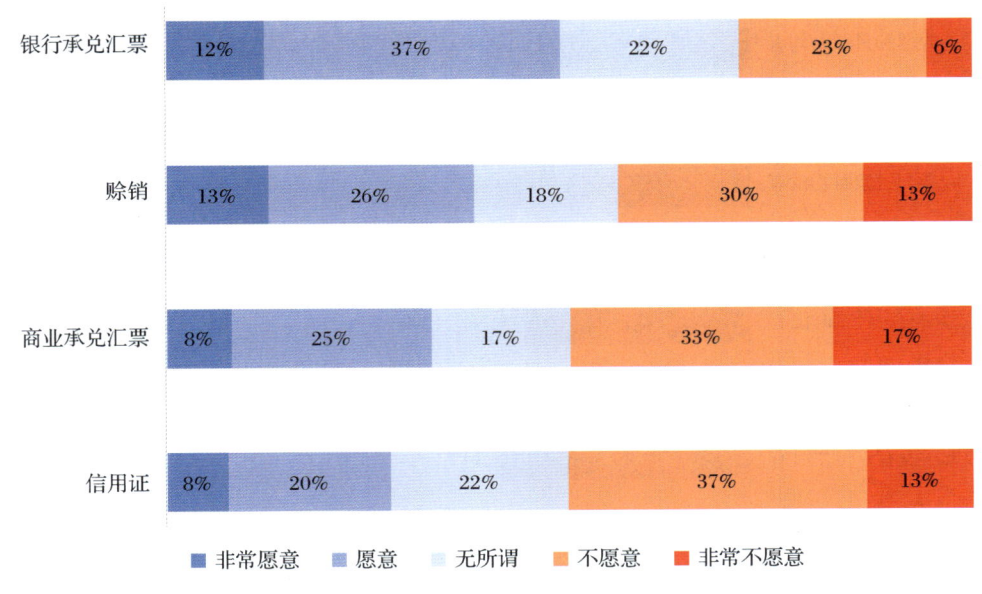

图4-3 企业对各类非现金结算工具的接受意愿情况

### （三）使用票据能够帮助中小微企业扩大生产经营，增强在产业链中的话语权，获得销售溢价

74%的企业表示在商务洽谈中，愿意接受票据会给企业带来更多订单。由于票据延期支付的特性，在商品销售中以票据结算的价格可以高于现金结算价格，企业议价能力决定了其是否可以获得这种溢价。若下游企业强势，企业在收票时票据结算价格与现金结算价格相等，而在向上游企业支付票据时，上游企业也强势，企业付票价格会高于现金结算价格，这会导致企业在产业链中"两头受气"，影响企业利润。调研显示，使用票据造成中小微企业"两头受气"的现象并不普遍，仅15%的企业表示存在；38%的企业表示，在收票和付票时均可享受溢价；31%的企业表示，在收票和付款时均没有这种溢价；17%的企业表示，在收票时有溢价，付票时没有溢价，处于产业链的绝对优势地位。

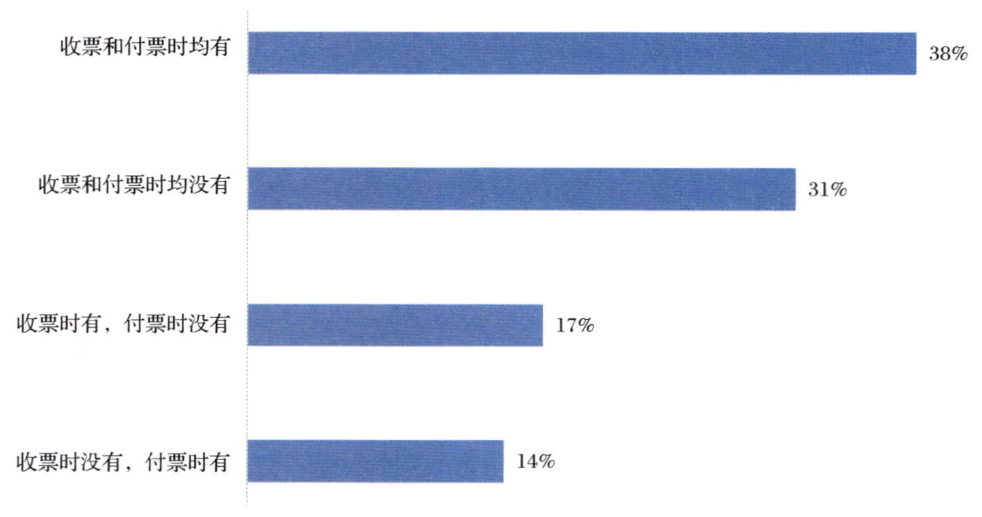

图4-4 企业在收票、付票中获得结算溢价情况

**（四）票据支付难仍在一定程度上存在，催生融资诉求**

虽然绝大多数中小微企业在票据结算价格上并未处于劣势，但使用票据的痛点主要在于支付难，即企业收到票据后难以对外支付。调研显示，在646家用票企业中，收票企业有614家，付票企业有488家，约有20%的企业收到票据后无法对外支付，催生了票据融资的需求。

## 三、中小微企业票据贴现情况

在646家用票企业中，451家办理过银行票据贴现，占比约70%。

**（一）便利程度、贴现利率、安全性和审批速度是中小微企业最为关注的贴现因素，银行是企业了解贴现行情的最主要渠道**

中小微企业在申请票据贴现时，最为关心的因素分别是申请便利，提交材料少（47%）；贴现利率低（47%）；安全性和正规性（43%）；审批速度快（42%）。

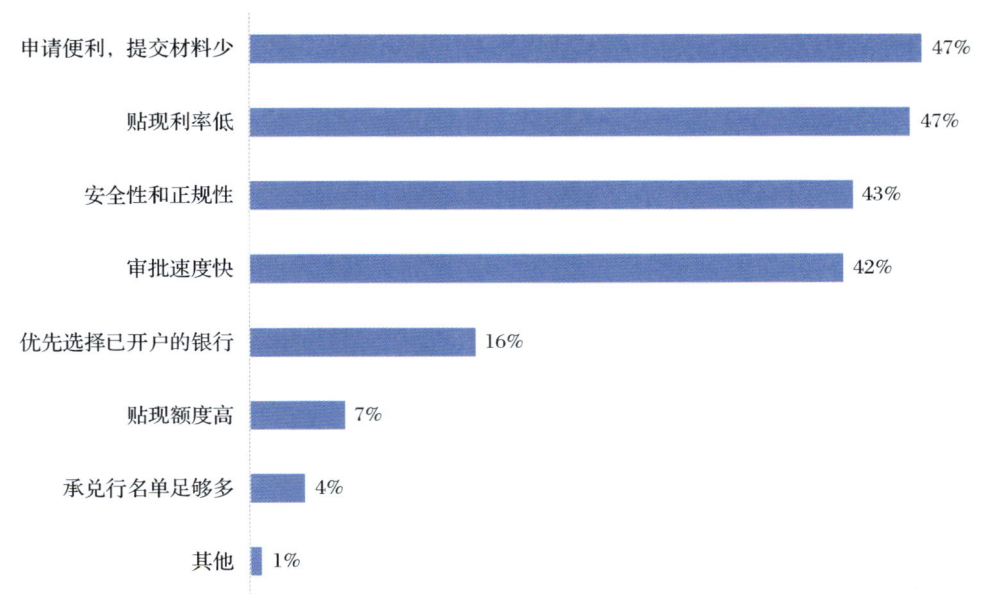

图4-5 企业最关心的贴现因素

83%的企业在收票时就会了解相应票据的贴现利率和贴现难度。其中，71%的企业会通过银行了解相关情况，43%的企业会咨询朋友了解，39%的企业会咨询票据中介了解，28%的企业会通过票交所网站了解。商业银行仍然是企业了解贴现的最主要渠道。

**（二）中小微企业贴现难问题有所缓解，小面额、短余期票据贴现难度大幅降低，小银行承兑银票、商票贴现难是困扰企业贴现的最大障碍**

随着金融科技的运用，银行贴现业务的电子化、智能化水平不断提升，较好解决了小面额、短余期票据的贴现问题，有效缓解了中小微企业贴现难题。办理过票据贴现的企业中，仅有5%的企业表示在过去三年经常遇到贴现难问题，12%的企业表示有时遇到，38%的企业表示偶尔遇到，45%的企业表示没有遇到。但在遇到贴现难问题的企业中，42%的企业认为贴现难对公司的经营造成了较大影响。

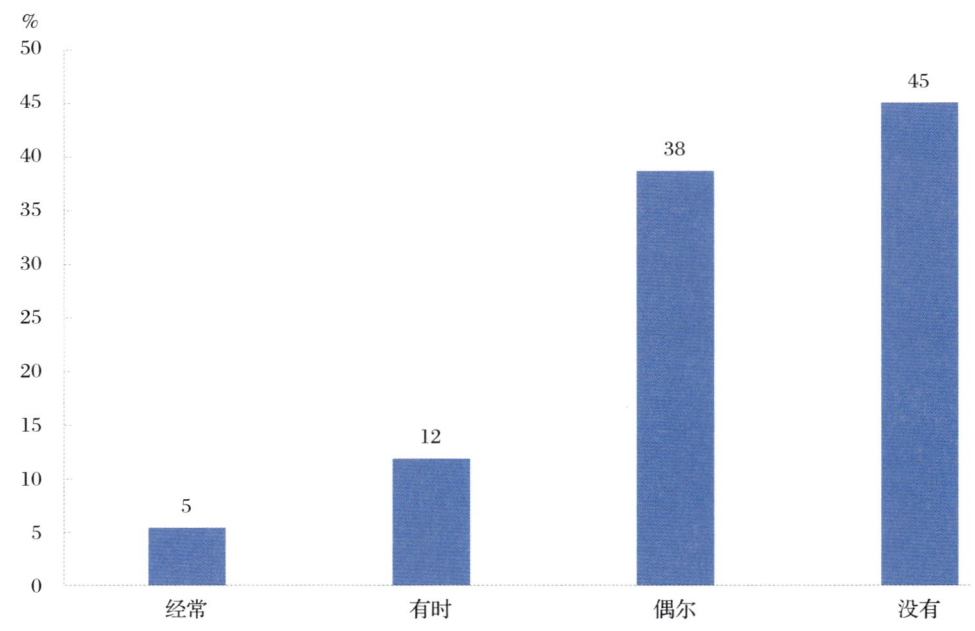

图4-6 近三年企业遭遇贴现难的频率分布

调查问卷显示，企业贴现难问题集中表现为小银行承兑银票贴现难（52%）、商票贴现难（37%）。小银行承兑银票贴现难，主要是因为小型商业银行在多数贴现银行没有同业授信额度，贴现银行无法为其办理贴现。商票贴现难，主要是因为承兑

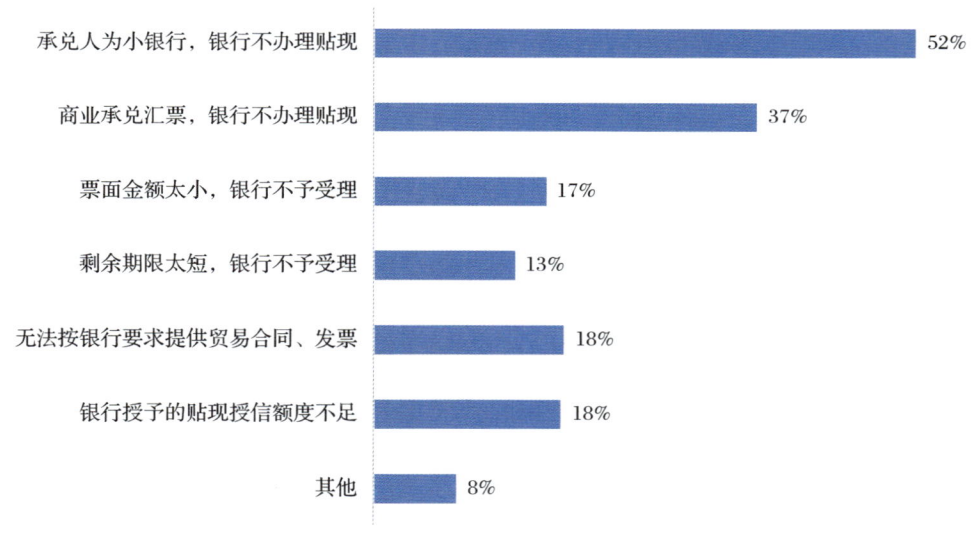

图4-7 企业贴现难问题汇总

企业在贴现银行没有授信（49%）、承兑企业有授信但不给持票人使用（44%）、因票据多次背书贴现机构不予贴现（28%）。

遭遇贴现难时，大部分企业仍通过票据中介处理（54%），或者只能被迫暂时不贴现（41%），因此会对企业经营造成较大影响。在票据贴现市场，正规金融服务仍有待提升。

(三）中小微企业财务力量薄弱，相比贴现难，更希望解决的问题是贴现繁

长期以来，金融监管部门将贴现比照贷款管理，一是要求金融机构既要对票据承兑人授信，也要对贴现申请企业授信，甚至实地授信调查；二是要求金融机构审慎办理跨省业务，在金融严监管背景下，很多金融机构"一刀切"不做跨省业务；三是要求企业必须在贴现机构开立账户，贴现机构据此监控贴现资金流向；四是部分地区要求金融机构逐笔审查贴现贸易背景合同、发票原件。因此，传统金融机构贴现业务流程复杂、要求烦琐，无法全流程线上处理，给中小微企业造成了较大烦扰。

调研对象中，54%的企业没有专职财务人员或将财务工作外包给第三方财务公司，财务力量较为薄弱，难以应对传统银行复杂烦琐的贴现业务要求。61%的贴现

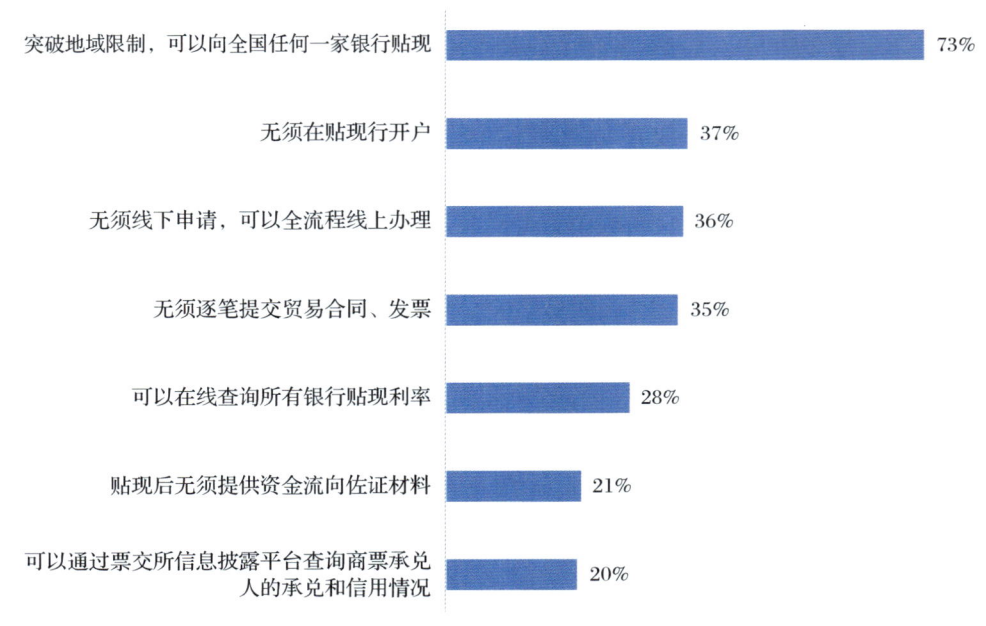

图4-8 企业最希望简化的贴现流程

企业认为银行贴现流程过于复杂，迫切希望简化相关流程，诸如：突破地域限制，可以向全国任何一家银行贴现（73%）；无须在贴现银行开户（37%）；无须线下申请，可以全流程线上办理（36%）；无须逐笔提交贸易合同、发票（35%）；可以在线查询所有银行的贴现利率（28%）；等等。

（四）"贴现通"业务①在一定程度上解决了中小微企业贴现难题，获得了企业较高评价，但使用群体较少，需要进一步加强宣传推广

"贴现通"业务使用群体仍然较小，仅16%的贴现企业使用过"贴现通"业务。对于未曾使用"贴现通"业务的原因，51%的企业表示不知道该业务，26%的企业表示知道该业务但没有业务诉求，23%的企业表示知道该业务但未在经纪机构开户。"贴现通"业务推广力度仍需要加大。

参与企业对"贴现通"业务评价较高。53%的参与企业体验评价为优秀，27%的体验评价为良好，合计占比达到80%。

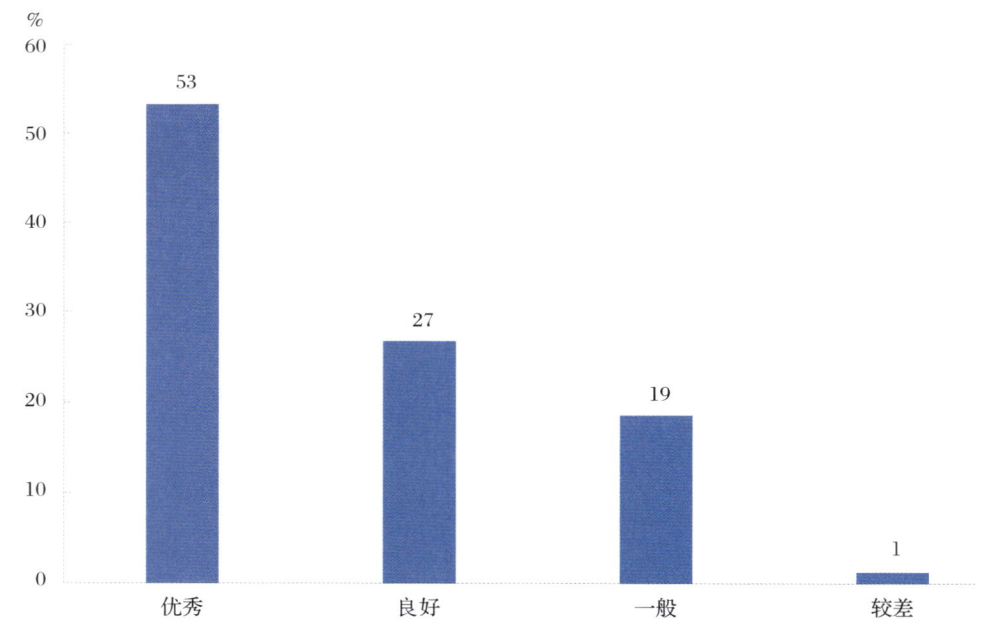

图4-9 "贴现通"参与企业使用评价情况

---

① "贴现通"是票交所于2019年5月推出的票据业务创新产品，旨在便利企业贴现融资。

同时，企业也希望在"贴现通"业务中可以有更多贴现银行可选择（68%）、贴现价格更优惠（48%）、简化到贴现银行的注册流程（32%）等。

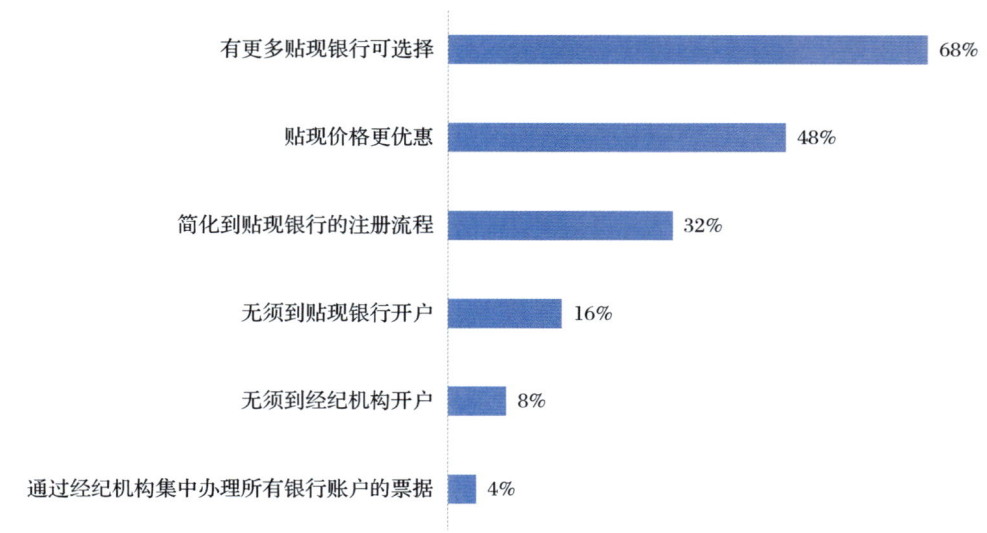

图4-10　企业希望"贴现通"业务优化的方面

供稿单位：上海票据交易所
执 笔 人：李　麟　丛龙娇

# 第五部分
CHAPTER 5

# 票据市场风险防范控制

第五部分　票据市场风险防范控制

# 票据市场风险监测与防范

2021年，票据市场运行总体保持平稳，风险防控成效进一步巩固。8月信息披露制度平稳落地，票据市场信用约束机制初步形成，市场信用环境优化初见成效。展望2022年，票据市场仍将坚持稳健发展，在防范风险的基础上进一步提升票据市场服务实体经济的效率和水平。

## 一、2021年票据市场风险概况

### （一）票据信用环境持续改善

2021年，票据市场信用风险整体较低，商票逾期受个别集团影响有所上升。主要是个别房地产集团经营和财务状况严重恶化，最终爆发风险，导致其承兑的商票出现逾期，但多数房地产企业以及其他行业的商票信用保持良好，商票使用以及到期兑付情况总体保持平稳。自2021年8月1日商业汇票信息披露制度正式实施以来，开票企业信用意识大幅提升，主动开展信息披露企业的商票逾期率显著低于未披露企业逾期率，票据市场信用生态体系逐步建立。

### （二）市场风险总体可控

2021年，市场资金面整体较为宽松，票据市场杠杆率保持平稳，12月末，全市场杠杆率为1.05倍，较上年末下降0.01倍。票据回购利率未出现短期急剧上升的情况，票据转贴现利率呈现震荡下行趋势，但波动有所扩大，其中一年期国股票据转贴现利率全年振幅为289个基点，较上年高178个基点。随着票据交易便利度和市场透明度的提高，票据交易需求变化和利率变动节奏加快，应高度关注价格波动引发市场风险上升的情况。

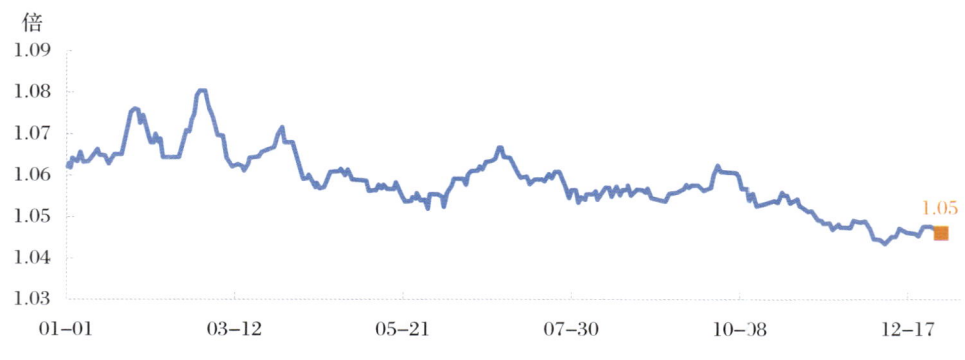

图5-1　票据市场杠杆率走势

### （三）操作风险得到有效控制

当前电子票据已成为市场主流，纸票伪造、变造、挪用等传统操作风险已显著弱化。在票据业务操作风险大幅下降的同时，保证金等票据业务衍生环节的操作风险有所抬头，比如媒体报道的银行存款"失踪"案件，即当事人的银行存款被他人用于质押并签发银行承兑汇票。从业务实质看，银行存款的质押行为是一种增信行为，其与票据业务本身并无必然联系，防范此类风险的关键在于机构的内部控制，因此需要银行在办理该类业务时严格规范操作，防范操作风险。

### （四）部分系统功能或制度被恶意利用引发的风险仍偶有发生

票交所成立后，通过电子化系统为市场提供服务，推动了票据业务的电子化、票据市场规则的统一化和数据信息的透明化，其高效运转提高了全市场的效率和安全性。但同时，部分系统功能或制度出现被恶意利用的情况，如ECDS有关规则要求承兑人主动应答后方可进行资金清算或票据状态变更，但有个别商票承兑人恶意不

第五部分　票据市场风险防范控制

应答，导致持票人无法发起追索。为保障持票人合法权益，票交所进一步规范电子商票提示付款应答规则，对电子商票承兑人限期未应答的，系统于日终变更票据状态为拒付状态，方便持票人合法行使票据追索等权益。另外，各家金融机构的科技开发水平参差不齐，存在个别机构因技术漏洞或设计缺陷导致客户票据业务失败甚至遭受损失，因此金融机构在科技系统衔接、维护、升级过程中需重视可能存在的系统风险。

## 二、风险防范机制建设情况

### （一）建立健全票据市场风险监测和预警体系，完善预防性机制

2021年，票交所完善风险防控工作机制，设立票据市场风险监测和内控风险防控两个专业小组，通过协同市场力量和完善内部治理，切实加强票据市场风险防范控制。一是构建票据市场风险识别、分析、评估机制，探索建立企业票据业务监测指标体系和大型企业集团监测模型，加强对大额逾期、过度承兑、杠杆率过高等高风险领域的重点监测，提升风险预警水平，维护市场运行秩序。二是进一步完善大数据智能化票据监测预警平台，提高监测工作线上化和智能化水平；推出风险监测驾驶舱功能，提升监测可视化水平和监测效率。

### （二）推动信息披露制度平稳实施，促进票据市场信用体系建设和商业信用发展

2021年，商票信息披露制度正式实施，为票据市场信用体系建设、优化生态迈出了重要一步。截至2021年末，票据信息披露平台累计注册用户已达47 030家，披露承兑信息的票据约236万张，披露金额约2.5万亿元，公众查询量2 428万次。8月1日以来，披露金额和披露率持续上升，披露金额占应披露金额的94%，信息披露制度施行平稳。商票信息披露增加了承兑人违约成本，同时提高了信用状况良好企业票据的接受度和流动性，在提升企业信用意识、改善风险信息透明度、增强商票流通性等方面的作用逐步显现，8月之后新签发票据的逾期率明显下降。

### （三）健全完善票据市场风险应对处理规范

为了进一步提升票据市场风险防控工作的规范化和前瞻性，在人民银行的指导下，票交所研究制定了票据市场风险应对处理的有关制度规范，就伪假票据、金融机构过度承兑、票据逾期、回购交易杠杆率异常等市场风险类型设定了应对处理的具体标准，明确了应对处理的规则与程序，促进市场风险防控工作更加规范有序开展。

### （四）深入发挥票据账户主动管理服务防范风险功能

为帮助企业防范被冒名开户办理伪假票据的风险，票交所推出了票据账户主动管理服务。开户企业根据自身票据业务情况自愿开通票据账户主动管理服务功能，委托开户行在票交所系统中进行登记，未登记的结算账户不能办理电票业务。截至2021年底，已有2 209家客户开通票据账户主动管理服务功能，已开通的企业未再发生被冒用账户开立伪假票据风险事件，有效维护了票据市场的正常秩序。

## 三、趋势展望

展望2022年，宏观经济仍将坚持稳字当头、稳中求进，全年经济增速预期目标定为5.5%左右，但同时也面临"需求收缩、供给冲击、预期转弱"三重压力。票据是支持实体经济、服务中小微企业的重要工具，票据市场仍将坚持稳健发展，在防范风险的基础上进一步提升服务实体经济的效率和水平。随着信息披露制度的持续推进，票据市场信用环境有望得到进一步优化；市场流动性预计仍会保持基本稳定，但利率波动引发的市场风险需引起重视；新一代票据业务系统将上线运行，金融机构也将陆续分批上线，有效防范操作风险、保障系统及时平稳投产也是各机构防范风险的重要方面。

供稿单位：上海票据交易所

执 笔 人：王绍兴　黄文菲　王　亮　钦　云

# 开通票据账户主动管理服务
# 推动企业有效防范伪假票据风险

票据账户主动管理服务是指票交所提供的，由客户（金融机构以外的法人及其他组织）委托一个具有电票功能的结算账户的开户机构（开户银行或所属集团财务公司）在票交所相关系统登记该客户所有可办理电票业务的结算账户信息的服务。票交所于2020年10月30日发布了《关于开通票据账户主动管理服务的通知》，并于2020年11月2日开通票据账户主动管理服务功能，中建五局积极响应，通过中建财务公司登记办理主办账户，并维护16家下属单位普通账户，有效防范了被冒名开户办理伪假票据的风险。

## 一、伪假票据对企业的影响

**案例一：不法分子利用银行系统漏洞篡改电子商业承兑汇票票面信息。**

2019年6月5日，中国建筑第五工程局有限公司（以下简称中建五局）接上游供应商反馈：收到前手持票人背书的两张电子商业承兑汇票，发现出票人虽为中建五局，但存在出票人名称和出票账号、开户行不符无法兑付的情况，特向中建五局核查票据真实性。中建五局获知此事后立即组织相关人员与银行联系，并现场核查票面信息及账户信息。

经核实，中建五局未出具上述两张电子商业承兑汇票，且未在出票行开立任何名义账户。通过银行系统核查，实际出票人为洪洞县汇贤雅苑房地产开发有限公司，承兑人为武汉华顺拓业科技发展有限公司。这两张电子商业承兑汇票乃不法分子篡改电子商业承兑汇票票面信息，以中建五局的名义在某银行电子票据系统签发，金额共计130万元整。中建五局向出票行反馈上述情况，经出票行核查后已控制实际出票人账户并向当地公安机关报案。

**案例二：不法分子伪造公章注册成为企业子公司开具商业承兑汇票。**

2020年11月11日，中建五局收到下属单位反馈：其供应商拟收取出票人为临沂东汇供应链管理有限公司（以下简称临沂东汇）开具的票面金额200万元的电子商业承兑汇票一张，出票人自称为中建五局全资子公司，且工商登记信息核查为中建五局100%控股。中建五局经与相关部门核查后，反馈临沂东汇并非中建五局全资子公司。次年3月19日，中建五局接中联重科股份有限公司反馈：其上游供应商拟支付临沂东汇开具的出票日期分别为2020年11月17日、2020年11月25日，金额分别为100万元、200万元的2张电子商业承兑汇票，随电票一同出具了加盖中建五局公章的商业承兑汇票承兑函2份。中建五局将上述承兑函扫描件发至办公室进行公章比对，经比对发现承兑函加盖的公章与中建五局公章不一致。

中建五局将上述票面和承兑函复印件交至法务部门对临沂东汇进行起诉，并将临沂东汇伪造公章一事交送公安机关处理。

通过上述两个案例不难看出，此类伪假票据风险事件有以下特点：

一是隐蔽性高。此类伪假票据账户均为异地开户，由于地域相距较远，受害企业无法及时知晓，往往在票据到期无法兑付时才发现问题，对持票人将造成实际经济损失。

二是违法成本低。此类伪假票据多为电子商业承兑汇票，由于是企业承兑，部分银行网银系统未对承兑人和账号关联校验，出票人利用银行网银系统漏洞，对票面要素进行恶意篡改，开户机构在办理时对客户基本信息真实性审核不严，让不法分子有可乘之机。

三是涉及金额大。此类伪假票据每张平均金额超过百万元，可在短时间内大量开具，涉及总金额较大，一旦出现无法兑付的情况，企业将会卷入经济纠纷，对其声誉产生负面影响。

## 第五部分　票据市场风险防范控制

四是影响面广。被冒名企业多为大型建筑企业，此类企业信誉良好，所出具商业汇票市场接受度高，上游客户较多，伪假票据流通后涉及面广，将影响票据市场的正常运行，削弱市场参与者使用票据的信心，从而对票据市场造成一定的负面影响。

### 二、开通票据账户主动管理服务对企业的作用

自伪假票据事件发生以来，中建五局收紧开票权限，要求商业承兑汇票必须在中建财务公司开立，并对下属单位进行一系列风险排查，尽管如此，依然无法杜绝不法分子冒名开户办理伪假票据的情况。基于受害企业面临的困难和风险，票交所针对性地推出了票据账户主动管理服务功能，有效杜绝了伪假票据事件的发生，对企业的票据风险防范起到了长治久安的作用。

#### （一）有效防范伪假票据业务风险

票据账户主动管理服务通过建立客户账户白名单方式，有效协助客户防范伪假票据风险。自票据账户主动管理服务开通以来，未再发生被冒名开户办理伪假票据业务的事件，有力地维护了票据市场正常的结算秩序。

#### （二）有效加强票据业务权限管理

企业通过开通票据账户主动管理服务，能够全面掌控开通票据权限的账户情况，防范下属单位违规开票风险，有效加强了票据业务权限管理。

#### （三）有效提升企业票据市场信誉

企业开通票据账户主动管理服务后，上游客户可通过票交所定期公布的开通企业名录进行查询，使上游客户可以放心使用企业开具的票据，提高了企业承兑或持有票据的市场接受度，有效提升了企业的信誉。

### 三、票据账户主动管理服务实践情况

2021年是"十四五"规划的开局之年，面对复杂多变的票据市场环境，中建五

局始终坚持以"信和天下，敢为人先"为核心价值观的企业文化，着力提质增效，统筹兼顾风险防控与效率提升，坚定不移推动高质量发展取得新成果。

### （一）政策响应，从源头杜绝伪假票据事件

自票据账户主动管理服务开通以来，中建五局数次组织下属单位培训，积极跟进票交所相关政策，优化办理流程，所有涉票账户做到应开尽开。2021年中建五局累计开通办理近百个票据账户，从源头杜绝伪假票据事件，避免对企业自身票据业务支付信用产生影响，有效地提升了企业的市场信誉。

### （二）行稳致远，过程加强票据风险管控

一是充分利用票交所定期提供的开通票据账户企业名录，对自身业主开具的商业承兑汇票进行排查，坚决拒收名录外业主开具的商业承兑汇票，有效减少收取伪假票据风险。二是通过收紧票据开立权限，严格把控应付票据预算，有效将带息负债指标控制在集团下达范围之内，进一步加强票据业务权限管理。

### （三）银企合作，助力提升企业市场信誉

中建五局通过中建财务公司开通票据账户主动管理服务功能，要求在预算额度内优先选择中建财务公司开展票据业务，减少外部银行银承保证金的支出，间接盘活受限资金，有效提升企业资金使用率。票据到期前统筹做好资金收支预算，层层压实刚性债务到期还款责任，提前上存资金至中建财务公司账户，降低了企业逾期兑付风险，进一步发挥了财务公司的集团结算功能，有效提升了企业市场信誉。

票据是直接对接实体经济和金融市场的支付结算和融资工具，中建五局将行之有效地开展票据业务。在风险可控的前提下，坚持稳字当头、稳中求进的总基调，严格按照集团公司各项管理要求，遵守票交所的票据业务规则，加快推动高质量发展，为票据市场的健康发展贡献自身的力量。

供稿单位：中国建筑第五工程局有限公司
执 笔 人：吉凯悦

# 运用票据账户主动管理服务
# 提升财务公司防范伪假票据风险能力

近年来，国内发生了多起不法分子通过伪造大型国有企业相关单位证照，冒用这些单位名义开立银行账户，进而开立虚假商业承兑汇票等进行诈骗的案例，涉案金额动辄数亿元。为防范伪假票据风险，促进票据市场健康发展，票交所推出了票据账户主动管理服务。

## 一、航空工业财务票据账户主动管理工作正式启动

中国航空工业集团有限公司（以下简称航空工业）由中央直管，中航工业集团财务有限责任公司（以下简称航空工业财务）作为航空工业的集团财务公司和金融服务平台，承担着为集团防范金融风险的责任。航空工业财务一贯重视票据市场风险，针对航空工业的经营特点，长期以来一直在寻求防范集团伪假票据风险的有效手段。在票交所推出票据账户主动管理服务后，航空工业财务发现其防范伪假票据风险的重要作用，便与票交所取得联系，了解如何开通票据账户主动管理服务功能，得到票交所的鼎力支持。

## 二、票据账户主动管理工作落地实施

航空工业高度重视，并于2020年底正式发布《关于开展票据账户主动管理工作 主动防范伪造假冒票据风险的通知》，强调了票据账户主动管理工作的重要性、时间节点及相关要求，要求集团内全级次单位通过航空工业财务开展票据账户主动管理工作，积极防范伪假票据风险，确保航空供应链结算稳健发展。同时，航空工业财务利用自身资金与账户集中优势，开展票据账户主动管理业务的研究，与多家成员单位开展沟通调研，基于各成员单位的实际需求，设计了符合集团业务特点的实施方案，并建立完善了公司内部相关的业务制度和操作流程。

为进一步向成员单位宣贯集团的文件精神，理顺业务办理环节和操作流程，航空工业财务多次组织召开线上视频答疑会和线下客户交流会，利用自身专业优势，为成员单位提供金融咨询服务，得到了集团内成员单位的积极响应，取得了良好的效果，确保了票据账户主动管理工作的顺利落地。同时，航空工业财务在票据账户主动管理专项工作中，得到了票交所的鼎力支持，业务处理过程中遇到的问题得到了相关专家的耐心指导与解答。经过多方努力，票据账户主动管理专项工作取得了显著成效。截至2021年底，航空工业财务已为集团内520余家成员单位开通办理，分批次在票交所系统为相关单位开通票据账户主动管理服务功能，共计62批次，办理了520余个主办账户以及近800个普通账户。

航空工业财务借助公司电票系统升级契机，加强系统建设的研究与对接，将票据账户主动管理业务模块纳入升级范畴，实现集团全级次成员单位票据账户主动管理工作的线上化办理，大大提升用户体验与工作效率。

## 三、票据账户主动管理工作实时跟进

航空工业财务开展票据账户主动管理工作一年以来，扮演着集团内大多数成员单位的主办机构角色，根据客户提交的委托申请材料，审核无误后及时准确为客户办理票据账户主动管理业务，具体包括开通、关闭票据账户主动管理服务功能，登记、变更、删除主办账户电票权限功能，登记、变更、删除普通账户电票权限功能等，此专项工作在客户的高度配合下有条不紊地进行着。随着票据业务的新发展，客户后续向航空工业财务提出新增普通账户的申请，航空工业财务及时核实客户提交的申请材料并受理完成新增变更票据账户等业务，分批次在票交所系统为客户办理新增变更普通账户电票权限功能，共计24批次。航空工业财务作为主办机构有力保障了客户的票据账户新需求，也在第一时间了解了客户的电票业务新动向。

据统计，航空工业电票业务重点客户均已开通票据账户主动管理服务功能，所有已经开通了票据账户主动管理服务功能的客户，均未发生被不法分子冒名开立伪假票据等事件，有力保障了集团客户票据业务稳健发展，为航空工业安全运营保驾护航。

供稿单位：中航工业集团财务有限责任公司
执 笔 人：万红艳　黄青青

# 夯实合规根基　护航高质量发展

票交所成立以来，票据市场发展迈入新阶段，市场生态、业务规则、产品创新、风险防控等方面发生深刻变革，对金融机构票据业务合规风险管理提出了新目标、新要求。与此同时，监管部门也根据新时期票据业务发展特点和趋势，对金融机构票据业务提出相应监管要求，并加大处罚力度，持续整治市场乱象，规范业务开展。2021年，农业银行秉承"合规为先、风险为本、稳健发展"的经营理念，积极适应票据市场内外部变化和合规管理新形势，强化票据业务合规风险管理机制建设，持续培育合规文化，完善内部制度体系，优化风险管理模式，开展风险排查和专项检查，强化金融科技赋能，提升合规风险管理能力，护航业务高质量发展。

## 一、2021年票据市场合规风险环境

### （一）票据业务管理政策变化情况

2021年，人民银行、银保监会以及最高人民法院、国资委等主体齐抓共管，围绕增强票据服务实体质效、防范票据业务风险、促进票据市场发展等方面研究出台和优化完善多项票据业务管理政策，持续规范票据业务行为。

## 第五部分　票据市场风险防范控制

人民银行方面，5月公布的2021年规章制定工作计划将《商业汇票承兑与贴现管理办法》纳入修订进程；6月将"三道红线"试点房企的商业承兑汇票数据纳入监控范围。银保监会方面，6月组织开展银行业保险业"内控合规管理建设年"活动；11月下发《关于持续深入做好银行机构"内控合规管理建设年"有关工作的通知》（银保监办发〔2021〕123号），针对个别发生的存单质押票据业务风险事件，要求银行机构筑牢内控合规"防火墙"。

最高人民法院方面，2020年末修订的《关于审理票据纠纷案件若干问题的规定》（法释〔2000〕32号）中有关票据纠纷案件的受理和管辖、票据效力、票据背书、票据保证等多项条款，自2021年1月1日起施行。国资委方面，12月发布《关于认真贯彻落实〈保障中小企业款项支付条例〉进一步做深做实清理拖欠中小企业账款工作的通知》（国资发财评〔2021〕104号），要求央企自2022年起原则上不再开具6个月以上的商业承兑汇票，努力实现应付票据增幅低于营业成本增幅。

### （二）票据业务监管处罚分析

2021年，监管部门持续加大票据市场监管力度。根据银保监会网站披露数据，2021年银保监系统累计开出涉及票据业务的罚单217张，同比增加6张，金融机构票据业务仍面临较大的合规风险。

从处罚对象来看，金融机构罚单99张，个人罚单118张。从处罚机构类型来看，覆盖国有商业银行、股份制商业银行、城市商业银行、农村金融机构、外资银行、民营银行、财务公司等主体。从处罚事由来看，共有处罚事由130个，其中票据承兑、贴现环节的违规问题较多，如贸易背景不实不清、审查不到位不严格等贸易背景问题38个，保证金来源不合规、管理不规范等保证金管理问题31个，贴现资金回流出票人问题10个，利用贷款资金解付票据及偿还银票垫款问题9个；票据交易环节的违规问题较少，主要包括同业票据业务未实行名单制管理、未对附追索权的贴现资产计提资本、违规将票据资产转为投资资产、利用"卖断+买入返售+到期买断"交易模式转移规模、"假买断假卖断"等；还存在票据业务风险考核指标设置不全面、票据业务办理不审慎等可能涉及多个业务环节的问题。

## 二、2021年农业银行票据交易业务合规风险管理机制建设情况

面对复杂多变的票据市场环境，农业银行牢固树立"违规就是风险 安全就是效益"的风险合规管理理念，前瞻分析制定合规风险管理策略、持续优化合规风险管理机制，不断提升合规风险管理质效，促进业务稳健发展。

### （一）厚植合规理念，持续推进合规文化建设

2021年，农业银行以"内控合规管理建设年"活动为抓手，开展形式多样的合规文化宣传、教育培训，编发风险提示，筑牢员工行为管理基础，增强业务发展内生动力。

一是加强合规文化宣传。多种形式开展警示教育活动，先后组织员工参加警示教育大会、观看警示教育影片、参观警示教育基地，不断强化纪律和廉政警示教育。制作张贴合规宣传展板，广泛宣传清廉金融文化理念，持续推进扫黑除恶专项斗争宣传、防范非法集资宣传、国家安全教育日普法宣传、廉洁过节提示等一系列宣传教育工作，营造良好合规文化氛围，推进合规理念入脑入心。

二是开展合规教育培训。组织开展票据业务重要法律法规、行内基本制度的合规专题学习和合规知识测试。根据合规风险形势开展专题培训，重点宣讲业务操作规程、风险合规管理要点等内容，推动员工切实掌握岗位要求，熟练业务操作规范。定期梳理解析票据业务监管处罚案例和票据市场违法案件，编发票据市场政策动态和风险提示，确保票据业务和员工行为符合监管要求。

### （二）坚持强基固本，着力推动制度体系建设

积极落实"制度合规建设年"工作部署，优化完善规章制度管理，强化制度建设在经营管理和内部控制中的基础性作用，有力夯实合规经营基础。

一是加强制度建设。深入开展外规内化工作，将相关规定嵌入规章制度，健全优化覆盖各业务品种的全流程业务制度体系，以及印章管理、终端运维等综合保障制度体系，推动实现业务经营、安全运营、员工行为管理有规可依、有章可循。同时，密切关注票据市场政策、制度、规则变化，根据内外部管理要求对规

章制度进行全面梳理评估，2021年制定、修订多项票据业务规章制度，增强制度的适用性。

二是强化制度执行。要求员工严格按照制度规定和业务流程处理各项业务，并将员工合规表现纳入年度考评内容。风险合规部门履行尽职监督职责，开展票据业务风险排查，着重强化规章制度的执行检查力度，确保相关管理要求落实落地，不断提升制度管理质效。

### （三）优化管理模式，健全完善岗位约束机制

强化合规管理部门职能建设，严格不相容岗位制约和重要岗位管理，加强流程制约，持续完善内控管理机制。

一是强化风险合规部门的独立性。落实风险合规部门"双线"报告要求，推动管理信息顺畅传递。强化风险合规部门"独立客观"基本原则，风险合规部门接受条线监督、指导和单独考核，风险合规部门负责人接受条线垂直化考核。

二是严格执行不相容岗位分离、制约机制。票据业务操作实行前、中、后台部门分离和岗位制约，前、中、后台岗位职责各有侧重，并在票据业务系统中通过角色和岗位系统权限配置实现刚性控制。

三是有序开展重要岗位管理。将员工行为合规管理融入业务流程各环节，着重突出重要岗位管理。根据监管要求和相关制度规范，有序组织开展重要岗位人员轮岗，严格落实重要岗位人员强制休假制度，有力防范操作风险。

### （四）强化科技赋能，开展全流程和穿透式合规管控

深化票据业务全流程合规管理，继续丰富完善业务系统风险防控功能，确保票据业务稳健合规运行。

一是强化系统对合规管理的科技支撑。持续发挥业务系统对合规管理的效能，严格落实风险全流程管理要求，将风险管控流程和合规审查要点融入票据业务系统建设，通过持续优化票据业务系统功能，实现全流程线上处理和全流程系统监控。积极推进数字化转型，依托数据分析项目探索大数据在风险识别监测方面的应用。

二是实现对合规管理关键环节的刚性管控。持续梳理评估合规风险管理重点和难点，将审查审批、账务处理等关键环节和客户准入、授信、风险票据等关键风险点嵌入系统管控，实现刚性控制，有效防范操作风险。完善智能化审查及风险筛查等系统功能，进一步提升系统对关键环节和异常交易的智能管控水平。

### （五）增强红线意识，严格落实风险排查整改

以监管要求为导向，从严压实责任，积极开展各项风险排查，落实整改工作，深化案件防控长效机制。

一是持续抓牢案件防控工作。持续开展案件风险排查治理，结合监管要求和业务实践，梳理案件多发易发风险点，形成分类指引靶向治理机制。统筹开展重大风险隐患排查治理和业务专项检查、数据安全排查、声誉风险排查等各项排查工作，防微杜渐，严防严控重大案件发生。进一步细化部门岗位职责分工，对标案防管理新要求，及时调整优化工作措施，不断完善职责清晰、分工合理、协作有序的案防管理体系。

二是扎实推进整改相关工作。积极配合监管现场检查、内外部审计、专项巡视巡查等监督检查工作，研究制订整改方案，细化整改措施，按时完成各项整改工作，将监督检查相关要求转化为完善内控管理机制的重要举措。同时，保持与监管部门的密切沟通，积极跟进监管动态，及时回应监管关注事项，对于可能存在合规风险的环节进行前瞻性改进提升。

## 三、2022年票据业务合规风险形势展望

2022年初，人民银行、银保监会联合发布《商业汇票承兑、贴现与再贴现管理办法（征求意见稿）》，时隔25年修订票据业务基础管理制度，征求意见稿对票据业务资质管理、风险防控、付款期限等提出了新要求。票交所新一代票据业务系统于2022年6月投产上线，票据市场产品将继续推陈出新，金融机构票据业务合规风险管理将迎来新形势、新变化。同时，银保监会2022年工作会议提出，要稳妥处置金融领域风险，有序推进高风险金融机构处置，严厉打击违法违规金融活动，预计票据

业务监管将保持高压态势。

2022年，农业银行将继续坚持稳健合规经营理念，不断完善合规风险管理机制，大力培育合规经营文化，积极探索运用新工具、新技术，持续完善内部制度、流程和系统，实时跟进监管政策，有效贯彻落实监管要求，不断提升票据业务合规风险管理水平，为票据业务高质量发展保驾护航。

供稿单位：中国农业银行<br/>执 笔 人：邓权全　凌　典　吴　沁

# 票据交易乘风破浪
# 风险合规保驾护航

2021年新冠肺炎疫情反复冲击，全球通货膨胀高企，国内经济面临"需求收缩、供给冲击、预期转弱"三重压力，经济增长势头放缓。在经济下行压力下，票据市场风险特征呈现新形势、新变化，票据利率风险、信用风险和操作风险值得警惕，商业银行票据业务的经营难度加大，经营环境日趋复杂。

## 一、南京银行票据交易风险管控情况

面对复杂多变的市场环境，南京银行票据业务始终坚持"风控优先、合规发展"的经营理念，根据票据交易特点，梳理制定关键环节风控措施，同时不断优化制度、系统和流程建设，牢牢筑好风险防控之基。自票交所成立以来，南京银行票据业务快速发展，全行票据交易量连续翻番，2021年交易量达到2.67万亿元，排名城市商业银行前列；在经济基本面承压、票据利率波动、出现信用违约的不利环境下，依然成功实现了票据业务零风险。

### （一）坚持授信准入和白名单管理，有效控制信用风险

一是严格做好同业授信管控。南京银行按照"积极发展、审慎识别、择优支

持、稳健推进"的原则，从"了解你的客户、了解客户的业务、了解客户的客户"出发，精挑细选同业合作伙伴，分层分类推动同业授信工作开展。对于中小银行授信，一方面借助本行发起成立的"紫金山·鑫合金融家俱乐部"平台，多方位了解客户的经营状况和风险管理水平，切实履行尽职调查之责；另一方面做好中小金融机构的行业研究，提高同业授信审批的专业性。在后续管理方面，借助本行"鑫同信"系统，及时获取更全面的同业客户信息，关注授信客户舆情变化，强化对客户的风险监测和预警。

二是落实交易准入和白名单管理。根据票据交易的风险来源不同，分类别、分品种设置相应的准入范围或白名单。

1. 对于银行承兑汇票，坚持承兑行、贴现行的授信准入，要求两者均在授信名单内方可交易。自包商银行事件之后，南京银行建立了中小银行财务报表数据库，定期追踪承兑余额占总资产比例情况，对于承兑余额占比较高的机构，审慎开展业务合作。

2. 对于商业承兑汇票，要求贴现行在授信名单内，同时承兑人不得出现逾期违约、监管处罚、巨额诉讼等负面舆情。

3. 对于回购业务，实行交易对手和质押品双重管理。交易对手采取白名单制，名单范围根据交易对手经营情况及风险变化实时、动态调整；质押品则根据交易对手风险等级不同，适时调整可质押票据的承兑行范围。

4. 对于非银机构和非法人产品，严把准入关。非银机构准入前须充分尽调，重点关注架构设置、人员履历、风控机制、绩效考核、流动性管理、杠杆水平等关键指标；非法人产品执行穿透管理，要求穿透底层看实际出资人，对于企业或自然人出资的疑似高风险产品禁止准入。

（二）建立策略研究制定体系，重点防范市场风险

面对票据市场利率波动，南京银行持续强化自身投研能力，在金融同业部内设研究团队，形成研究团队与票据团队相互配合的双重策略研究体系。研究团队负责跟踪宏观经济及货币政策走向，做好利率趋势预判；票据团队负责对票据子市场的深入研究，通过信息收集、数据分析及模型预测等方式，形成具体的票据交易策

略，以指导日常业务操作。金融同业部定期召开策略会，汇总各业务团队研究观点和看法，团队之间相互借鉴、彼此呼应，保持全部门策略执行步调一致。此外，票据团队和资金团队物理相近、业务协同，在确保流动性无虞的前提下，积极做好负债成本管理。

### （三）强化系统建设和流程优化，操作风险防控升级

一是持续完善业务系统，防堵风险控制漏洞。2018年1月，南京银行作为首批20家试点机构之一，参与了票交所直连系统上线。此后，南京银行紧随票交所的脚步，保持票据系统同步更新、与时俱进，系统建设跻身市场第一梯队。同时，强化行内系统之间的数据共享和互联互通，形成多系统交叉验证，封堵风险防控漏洞，确保前台交易安全性。

二是分级授权、风险内嵌，强化交易流程审核。实施交易限额管理，分管行长和部门负责人分级授权，限定单日、单个交易对手审批金额，避免交易过度集中。坚持前、中、后台相互制约，将风险中台内嵌至交易流程，负责交易对手准入、价格偏离度及业务合规性等方面的审核。

三是无纸化移动审批，合规和效率并重。2018年纸电融合项目上线后，电票交易成为市场绝对主流，南京银行遂顺应形势，提出票据交易流程无纸化，降低纸质审批差错率，提升交易效率。2019年南京银行又上线了移动审批系统，对接行内资金、票据、投资等前台交易系统及OA系统，进一步打破了业务审批在时间、空间上的限制，保证审批时效性。

四是夯实制度基础，贯彻落实监管要求。常规业务紧扣法律法规和监管要求，根据内外形势变化及时更新调整，同时做好现有制度的整理汇编和落实执行。创新业务先立规矩再落地，确保业务开展有法可依、有章可循。2020年7月28日《标准化票据管理办法》正式实施，南京银行为争取首批参与市场创新，在产品发行之前提前做好各项业务准备，及时出台本行标准化票据业务管理办法，同步完成行内系统改造，以确保"产品创新、制度先行"。最终，南京银行作为原始持票人共发行标准化票据5期，总金额9.6亿元，作为投资者投资标准化票据10期，总金额6.85亿元，产品数和规模参与度均排在市场前列。

### （四）坚持员工合规文化建设，道德风险防微杜渐

一是加强合规文化宣传推广。南京银行秉持"合规全员化""良好银行"的价值理念，持续开展合规文化系列主题教育活动，包括"合规伴我行"平台日常学习、"一把手讲合规"主题课堂、"合规之声"大讲坛及合规文创大赛等，不断将合规理念融入员工的思想和实践，引导全员学合规、懂合规、守合规。

二是强化案件警示教育。针对市场曾出现的违规事件和案件，编制案例分析，以身边人、身边事进行警示教育，以案为鉴、以案促改，强化员工风险意识和底线意识。

三是做好员工异常行为排查。开展员工大额资金往来专项排查和员工异常行为排查，定期组织员工谈心谈话，了解员工思想动态，每年组织员工家访，熟悉员工家庭情况及八小时以外生活状态，及时发现可疑苗头。

## 二、2022年风险形势展望及应对措施

### （一）2022年票据市场风险展望

展望2022年，新冠肺炎疫情阴霾不散，持续拖累全球经济复苏，国内人口红利消失，出生率持续下降，经济内在增长动能不足，经济转型诉求迫切，低碳减排、房住不炒及坚决遏制新增地方政府隐性债务等转型方向不变，经济下行压力进一步加大。2021年12月中央经济工作会议延续了稳字当头、稳中求进的政策总基调，经济求稳诉求更强烈，积极的财政政策和稳健的货币政策都可能更加友好。票据市场方面，人民银行会同银保监会重新修订完善《商业汇票承兑、贴现与再贴现管理办法（征求意见稿）》（以下简称《办法》），对票据市场机构资质、风险防控、信息披露和监督管理等均提出更高要求，市场参与机构面临的监管环境和风险形势均会有所变化。

一是信用风险稳步释放。中央经济工作会议对经济形势的判断较为严峻，稳增长的意愿明显提升。人民银行连续降准之后再行降息，2022年1月相继调降OMO、MLF等操作利率10个基点，并且在公开场合表态货币政策将充足、精准、靠前发力，会把工具箱开得再大一点，保持信贷总量稳定。宏观政策发力托底经济，叠加

房地产政策纠偏和市场预期改善,企业经营环境有望向好,信用风险出清的节奏可能收敛,风险将缓慢、稳步释放。

二是合规风险亟待关注。《办法》规定银行承兑汇票和财务公司承兑汇票的最高承兑余额不得超过该承兑人总资产的15%,保证金余额不得超过承兑人存款规模的10%,部分金融机构尤其是区域性中小城市商业银行存在压降压力。同时,《办法》明确将对承兑超限额和超期限、未按规定披露信息、逾期兑付、无真实交易关系承兑贴现、欺诈骗取承兑贴现、未经许可从事票据贴现等行为依法追责或处罚,票据业务合规风险增加,违法违规成本明显抬升。

### (二)南京银行票据业务风险防控规划

1. 全面落实监管要求,确保票据合规展业。

一是外规内化,调整完善制度流程。《办法》的出台,会对票据市场产生深远的影响。南京银行将以落实《办法》要求为契机,对标找差,做好外规内化工作,确保各项监管要求有效执行。一方面,在《办法》落地前,未雨绸缪,充分评估业务影响,提前做好风险预案。在《办法》正式实施后,逐条对照文件要求,修订完善本行制度,确保管理要求与监管一致。另一方面,配合进行票据业务流程改造,针对监管红线及关键指标,设置风险信息提示,充分做好风险预警。

二是动态跟踪,研究应对监管变化。继续做好监管动态的跟踪及研究工作,例如关注监管对票据业务新监管指标的设定,评估和应对《商业银行资本管理办法》的修订对票据业务的影响,确保业务开展稳健有序。资本计提规则的变化,可能影响机构对信用主体、久期的选择,导致票据交易行为变化,以及信用、期限利差重定价。

2. 金融科技持续发力,提升风险监测水平。

一是做好交易环节风险监控。不断加强金融科技与交易风险防控的结合,探索通过企业微信等即时交流工具,实现交易报价、询价与达成交易意向的可监控与可追溯,完善交易缔约过程风险管理,降低操作风险与道德风险。

二是强化信息披露数据应用。探索将票交所票据信息披露平台所披露的数据纳入日常风险监测体系,秉承"将要求写入制度、将制度写入流程、将流程写入系统"的管理思路,由系统承担信息处理、数据分析和风险提示职能,提高风险监测有效性。

3.量化防控市场风险,强化策略研究能力。随着票交所转贴现利率曲线持续丰富,南京银行将继续探讨利率曲线深入应用。一方面,动态追踪票据交易利率与转贴现利率曲线差值变化,做好交易利率偏离度管理,防范不正当利益输送及道德风险。另一方面,借助利率曲线科学估值建模,计量和防范市场风险,同时应用大数据分析,结合宏观数据、政策走势及票据市场微观变化,提升策略制定的科学性、有效性。

4.积极探索智能交易,助力数字银行转型。2022年1月,在中国外汇交易中心支持下,上海中汇亿达金融信息技术有限公司(ComStar)推出了"货币市场智能交易助手"并成功入驻iDeal,部分机构已率先启动。随着票据市场标准化程度的提升,南京银行将积极探索智能交易在票据领域的应用,包括策略选择、询价对话、交易执行、参数控制、风险预警、数据分析和智能预测等,助推本行智能化、数字化转型。

供稿单位:南京银行

执 笔 人:毕妤娉

# 完善风险管理体系
# 防范商业承兑汇票业务风险

商业承兑汇票（商票）是背靠商业信用的信用支付工具，能满足企业的支付、结算等需求，同时具备融资功能，能为企业拓宽融资渠道、降低融资成本。商业承兑汇票的发展越来越受到重视，是企业经营中的重要金融工具之一，但随着市场的发展壮大，一些管理和操作上的问题和风险也逐渐显现。在疫情冲击经济的大背景下，对商业承兑汇票风险的管控越发重要。如何对商票业务进行行之有效的风险管理，保障票据业务健康有序发展，成为摆在各家商业银行面前的重要问题。

2021年正值票交所成立五周年。五年来，票交所积极发挥票据市场引领带动作用，推动我国票据市场生态环境焕然一新，票据市场规范发展步入新台阶。江苏常熟农村商业银行股份有限公司（以下简称常熟农商银行）始终紧跟票交所步伐，牢记票据服务实体的初心，在外部环境不断变化的形势下结合新的制度规则，积极调整自身风险管理体系，在做大做强票据业务、服务实体企业的同时，以高标准、严要求严守票据业务风险底线。

## 一、商业承兑汇票业务概述与风险类型

### （一）商业承兑汇票定义

商业承兑汇票是指由商业主体承兑，商业主体承诺在未来一定日期范围内无条

件支付约定好的金额给持票人的商业汇票。它具有权利义务明确、约定付款、可转让贴现等特点。

### (二) 商业承兑汇票发展现状

1. 市场概况。近年来，在市场的推动和货币政策的引导下，我国商业承兑汇票市场发展速度明显加快，商业承兑汇票业务份额稳步提升。2021年，票据市场承兑金额24.15万亿元，其中商票承兑3.80万亿元，同比增长4.85%；全市场背书金额56.56万亿元，其中商票背书2.97万亿元，同比增长10.82%；全市场贴现金额15.02万亿元，其中商票贴现1.22万亿元，同比增长17.98%；全市场转贴现交易金额46.94万亿元，其中商票转贴现交易4.87万亿元，同比增长54.74%。

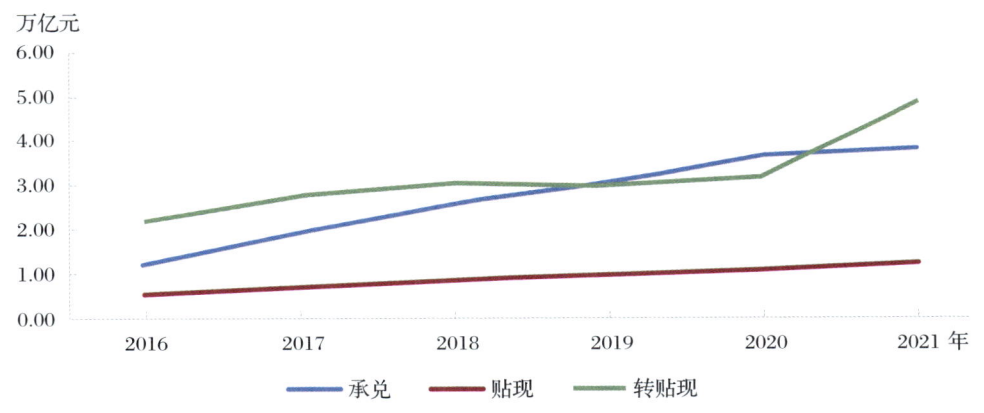

图5-2　2016—2021年商票市场发展趋势

2. 积极意义。从目前商业承兑汇票市场情况来看，虽然存在一定程度的信用风险和流动性风险，但总体而言利大于弊，发展我国商业承兑汇票市场不仅能够在一定程度上缓解企业短期支付结算压力，还能够进一步完善企业信用体系，为民营、中小企业提供低成本融资渠道。总结下来，商票市场的健康发展有以下四点积极作用：一是有利于促进银行信用和企业商业信用的有机结合，加快资金融通，缓解融资矛盾；二是有利于促进商业信用票据化，丰富票据市场工具，促进票据市场发展；三是有利于建立和完善良好的信用机制，提高社会信用程度；四是有利于完善货币政策传导机制，促进利率市场化，改善宏观金融调控。

3. 制度完善。2021年8月1日，商票信息披露制度正式施行，截至年末，商票信息披露平台注册企业4.70万余家，对商票承兑企业的覆盖率达到87.66%，承兑信息披露率也由8月末的77.35%提高到年末的94.00%。市场生态得到明显改善，信用约束机制初步形成，商票流转过程中的信息不对称显著降低，商票支付和融资功能有所增强。

### （三）商业承兑汇票在解决企业融资方面的作用

1. 盘活应收账款。企业在贸易过程中产生一笔应收账款，若要以应收账款为基础开展融资业务，银行需要进行较为复杂的审核以核实应收账款的真实性，消耗大量成本。而商票涵盖的信息较为齐全，贸易背景相关信息清楚明了，标准化的票面使每张票据具有唯一性，利用票据融资的效率较高。因此，应收账款票据化实质上是由无形态的应收账款向具有标准化票面的票据转变，使企业间的债权债务得以盘活。

2. 传递企业信用。商票的背书流转、保贴等交易形式可以满足供应链贸易中企业的支付结算及融资需求。一方面，商票的签发和支付使核心企业充分利用了自身的商业信用，通过商票进行支付结算方便快捷，也能缓解流动性压力；另一方面，商票在供应链上的背书流通，促进企业信用在票据链上的传递，运用供应链上下游贸易自偿性，拓宽小企业融资渠道。

### （四）商业承兑汇票风险类型

1. 不法分子借冒名开户。不法分子以央企子公司、国企或上市公司名义，申请开立银行结算账户和电票账户，签发冒名电子商票进行欺诈。从该账户出去的每张电票的户名均为央企、国企或上市公司名称，具有很大的欺骗性。

2. 贸易背景不真实。一是虚构贸易背景。虚构贸易背景的主要操作方式包括伪造发票、变造发票、发票先开后废，交易合同、运输单据、检验验收单据等资料不实等。二是贸易背景重复使用。某些企业用同一份贸易合同重复在多家银行办理商票融资，此行为无形中放大了风险，给市场带来了不稳定因素。

3. 融资人信用风险。商票贴现业务中，承兑人具有第一还款责任，商票到期后承兑人应按时兑付。银行在办理商票贴现时，需对承兑人或贴现申请人核定授信额度，在此过程中银行需对授信企业经营状况进行详尽调查，根据风险程度确定贴现

## 第五部分　票据市场风险防范控制

额度。如果企业由于市场环境变化、生产经营状况恶化等因素陷入资金周转困难，无力按时偿还商票到期资金，将给银行带来利润损失。

### 二、商业承兑汇票风险防控措施

常熟农商银行充分认识到商业承兑汇票业务中存在的风险要点，在开展业务过程中全力做好风险防控，从客户准入、业务流程、制度设计、系统建设等方面，建立全方位、全流程风险管理体系。常熟农商银行根据自身实践与企业特征，重点做好以下风控措施。

#### （一）承兑端风险防控措施

1.强化客户准入管理。常熟农商银行始终坚持"了解你的客户"原则，要求客户经理做好客户准入工作，严格落实账户开立"原件办理、双签双审"和"本人办、交本人、面对面、不间隔"的办理要求，在开户时通过面对面、电话或远程视频的形式，核实企业法定代表人的真实开户意愿，及时识别异常行为。对于注册地、经营地均在异地或注册地与实际经营地不一致的开户申请，客户经理会采取必要的尽调措施（包括上门尽职调查，拍摄单位门头照、经营环境照等，必要时客户需提供辅助证明文件，如项目施工合同、内部会议纪要等），审核单位开户意愿的真实性。

2.严控商票签发权限。严格控制电子商业承兑汇票业务权限管理，企业开通商票签发功能需由客户经理调查，分支机构负责人审查，总行部门审批。总行部门结合账户的开户时间、日常结算量、企业经营情况、企业信用评价情况等监测结果，综合判断是否为企业开通签发电子商业承兑汇票的权限，并根据企业实际需求确定开通有效期。此外，常熟农商银行积极探索建立商票承兑企业白名单制度，按照企业征信和财务指标选取信誉良好的企业，适度签发商票。

3.加强动态跟踪监测。常熟农商银行对企业开立的银行结算账户实施全生命周期管理，对于已开通电子商业承兑汇票业务权限的企业客户，做好业务审核、风险监测等后续管理工作，高度关注短期内大量集中办理出票、承兑等票据业务的企业客户，防止企业过度开票，防范不法分子利用虚假账户办理票据业务。

4. 做好信息披露工作。自2021年7月30日票交所发布《关于商业承兑汇票信息披露业务正式施行有关事项的通知》以来，常熟农商银行严格落实商票信息披露相关要求，积极引导企业在票交所官网进行承兑信息披露和承兑信用信息披露，并在每月10日前逐个排查未进行承兑信用信息披露的企业，及时提醒客户进行披露，共同营造良好的信用环境。

### （二）贴现端风险防控措施

1. 强化信用风险防控。一是严把授信准入关。商票业务严格按照普通信贷业务标准，由客户经理调查融资人股东背景、生产经营情况、财务情况、现金流情况，关注融资人整体融资与生产经营是否匹配，根据融资人信用状况结合上下游贸易形式，审慎确定商票保贴额度。二是运用本行客户风险预警系统，对接外部数据，筛查客户风险信号，精准识别风险信息。三是合理确定担保方式，严格审查信用方式和用信标准，通过增信措施缓释风险。

2. 严格贸易背景审查。一是贴现时实行长流程风险审查，总行票据业务部重点审查贸易背景情况，授信审核部重点审查用信条件落实情况。二是企业提交商票贴现申请后，严格审核其贸易背景，要求企业提供证明其与前手之间具有真实贸易背景的商品交易合同和相关税务发票、加盖公章的书面说明，总行部门审核人员根据提供的发票前往发票查验平台查验发票真伪，防止企业以不真实的贸易背景套取资金。

3. 落实信息披露核查工作。常熟农商银行在办理商业承兑汇票的贴现、质押、保证等业务前，必须通过票据信息披露平台查询票据承兑信息，若票据承兑信息不存在或者票面记载事项与承兑人披露的信息不一致，拒绝为企业办理相关业务。

4. 强化贷后管理。一是加强客户账户资金流向监控，通过账户智能监测，掌握融资款项实际用途，防范资金挪用风险。二是强化客户财务状况动态监测，关注客户应收应付账款、存货等变化，及时发现异动情况，掌握企业主营业务是否发生变化。三是定期开展现场检查，收集客户与上下游供应商贸易往来材料，结合业务流水，推断现金流情况，提前预判还款来源与还款能力。

供稿单位：常熟农商银行

执 笔 人：闻 怡 孟佳豪

# 附录一
# 2021年票据市场大事记

1月22日，经人民银行备案同意，全国银行间同业拆借中心、上海票据交易所、银行间市场清算所联合对外发布《标准化票据存托协议（2020年版）》（中汇交公告〔2021〕6号）。

1月28日，上海票据交易所发布《供应链票据平台接入规则（试行）》（票交所公告〔2021〕1号）。

4月9日，银保监会发布《2021年进一步推动小微企业金融服务高质量发展的通知》（银保监办发〔2021〕49号），将票据贴现业务相关数据剔除出普惠小微企业贷款"两增"考核口径。

5月18日，上海票据交易所发布《新一代票据业务系统业务方案》《新一代票据业务系统直连接口规范V1.0》（票交所发〔2021〕55号），正式启动新一代票据业务系统建设。

5月26日，国务院总理李克强主持召开国务院常务会议，要求研究将商业汇票承兑期限由1年缩短至6个月，减轻企业占款压力。

5月28日，上海票据交易所发布《上海票据交易所关于支持银行机构通过资金账户开通ECDS线上清算功能的通知》（票交所发〔2021〕58号），线上清算功能覆盖所有金融机构。

5月29日，中国票据交易系统转贴现、质押式回购和买断式回购交易单笔票据张数上限由200张调整为500张。

6月1日，上海票据交易所发布《上海票据交易所发展规划（2021—2023年）》（票交所综发〔2021〕29号）。

6月12日，经人民银行备案同意，农业银行、招商银行、兴业银行、平安银行、江苏银行、兵工财务、电科财务、建信融通作为供应链平台接入供应链票据平台。

7月13日，上海票据交易所与跨境银行间支付清算有限责任公司签订服务协议，成为CIPS系统参与者，为开展跨境清算业务奠定基础。

7月16日，人民银行发布《关于做好再贴现业务票款对付结算工作的通知》（银办发〔2021〕110号）。

8月1日，商业承兑汇票信息披露制度正式实施。

8月14日，新一代票据业务系统一期（供应链票据平台）投产上线。

8月27日，供应链票据平台上线发布会暨签约仪式举行，中国人民银行副行长潘功胜通过视频致辞。

9月1日，国务院总理李克强主持召开国务院常务会议，提出引导金融机构开展票据贴现和标准化票据融资，人民银行提供再贴现支持，缓解中小微企业占款压力。

9月7日，国务院新闻办公室举行国务院政策例行吹风会，人民银行副行长潘功胜提出在推动落实《保障中小企业款项支付条例》基础上，推动大型企业使用商业汇票替代其他形式的账款，引导金融机构开展票据贴现和标准化票据融资。

9月23日，上海票据交易所与上海期货交易所达成合作意向，以票据作为标准仓单平台发票保证金，推动票据在大宗商品交易中应用。

10月11日，经人民银行备案同意，中船财务、中铁建资管、通汇资本、天府惠融、国新金服、民生银行、兴业数金作为供应链平台接入供应链票据平台。

10月18日，上海票据交易所"贴现通"业务成交量突破1 000亿元，服务企业数量超过1.25万家。

11月，上海票据交易所举办首届全国票据知识竞赛，累计参赛人次达42.55万，

## 附录一　2021年票据市场大事记

日均有近1.42万人次参与竞答。

11月6日，国务院促进中小企业发展工作领导小组办公室印发《提升中小企业竞争力若干措施》（工信部企业〔2021〕169号），提出提高供应链金融数字化水平，引导金融机构开展标准化票据融资业务。

11月19日，上海票据交易所发布《再贴现业务系统操作指引》（票交所发〔2021〕118号）。

11月22日，再贴现DVP结算功能成功投产上线，首日办理再贴现DVP业务30笔，金额30.90亿元。

12月，票据背书金额单月首次突破6万亿元，"票付通"累计发生额610亿元，较年初增长283.70%。

12月，供应链票据平台荣获"2020年度金融科技发展奖"三等奖。

12月1日，国务院总理李克强主持召开国务院常务会议，要求机关、事业单位和大企业不得强制中小企业接受商业汇票等非现金支付方式，不得滥用商业汇票变相占用中小企业资金。

12月1日，上海票据交易所供应链票据平台、大数据智能化票据监测预警平台分别荣获2021年上海市金融业助力人民城市建设成果评选"上海人民金融优秀应用场景奖"和"金融机构数字化转型奖"。

12月11日，工信部、发改委等十九部门联合印发《"十四五"促进中小企业发展规划》（工信部联规〔2021〕200号），提出加强供应链票据平台的票据签发、流转、融资相关系统功能建设，综合运用存款准备金率、支小再贷款、再贴现等货币政策工具，引导金融机构加大对小微企业信贷资金支持力度。

12月27日，上海票据交易所跨境人民币贸易融资服务平台荣获2020年度"上海金融创新成果奖"二等奖。

12月31日，国资委印发《关于认真贯彻落实〈保障中小企业款项支付条例〉进一步做深做实清理拖欠中小企业账款工作的通知》（国资发财评〔2021〕104号），要求各中央企业实现集团整体应付账款和应付票据增幅低于营业成本增幅，严格票据等非现金支付管理，2022年起原则上不再开具6个月以上的商业承兑汇票和供应链债务凭证。

12月31日，供应链票据业务规模累计超过600亿元。

12月31日，自再贴现DVP结算功能上线以来，累计办理再贴现DVP业务3 197笔，金额2 223.93亿元。

# 附录二
# 票据市场统计资料

附表一　票据业务统计数据汇总

| 报告期限 | 累计签发商业汇票金额（万亿元） | 同比增速（%） | 期末商业汇票未到期金额（万亿元） | 同比增速（%） | 金融机构累计贴现（万亿元） | 同比增速（%） | 贴现余额（万亿元） | 同比增速（%） | 再贴现余额（亿元） |
|---|---|---|---|---|---|---|---|---|---|
| 2000年第四季度 | 0.75 | 47.00 | — | — | 0.65 | 158.00 | — | — | — |
| 2001年第一季度 | 0.14 | 105.00 | — | — | 0.16 | 246.00 | — | — | — |
| 2001年第二季度 | 0.42 | 90.10 | — | — | 0.46 | 199.80 | 0.21 | — | 1 089.00 |
| 2001年第三季度 | 0.86 | — | — | — | 1.05 | — | — | — | — |
| 2001年第四季度 | 1.28 | — | 0.51 | — | 1.56 | — | 0.28 | — | 655.00 |
| 2002年第一季度 | — | — | — | — | — | — | — | — | — |
| 2002年第二季度 | — | — | — | — | — | — | — | — | — |
| 2002年第三季度 | — | — | — | — | — | — | — | — | — |
| 2002年第四季度 | 1.61 | 35.00 | — | — | 2.31 | 61.00 | — | — | — |
| 2003年第一季度 | 0.50 | 74.50 | 0.82 | 63.80 | 0.84 | 123.70 | 0.67 | 89.70 | — |
| 2003年第二季度 | 1.25 | 79.30 | 1.07 | 89.50 | 1.95 | 120.00 | 0.82 | 100.00 | — |

续表

| 报告期限 | 累计签发商业汇票金额(万亿元) | 同比增速(%) | 期末商业汇票未到期金额(万亿元) | 同比增速(%) | 金融机构累计贴现(万亿元) | 同比增速(%) | 贴现余额(万亿元) | 同比增速(%) | 再贴现余额(亿元) |
|---|---|---|---|---|---|---|---|---|---|
| 2003年第三季度 | 1.48 | 78.70 | 1.09 | 87.20 | 2.34 | 110.00 | 0.83 | 96.70 | — |
| 2003年第四季度 | 2.77 | 72.20 | 1.28 | 73.50 | 4.44 | 91.00 | 0.89 | 69.70 | — |
| 2004年第一季度 | 0.74 | 47.80 | 1.30 | 57.20 | 1.02 | 20.20 | 0.97 | 50.10 | — |
| 2004年第二季度 | 1.60 | 29.00 | 1.36 | 27.10 | 2.20 | 14.90 | 1.08 | 17.60 | — |
| 2004年第三季度 | 2.45 | 23.00 | 1.42 | 16.00 | 3.25 | 67.00 | 0.95 | — | 52.00 |
| 2004年第四季度 | 3.40 | 22.00 | 1.50 | 17.00 | 4.50 | 4.00 | 1.00 | 26.00 | 33.00 |
| 2005年第一季度 | 0.95 | 21.00 | 1.55 | 20.00 | 1.35 | 29.00 | 1.12 | 18.00 | 23.00 |
| 2005年第二季度 | 2.08 | 30.00 | 1.69 | 25.00 | 2.98 | 36.00 | 1.20 | 15.00 | 12.55 |
| 2005年第三季度 | 3.21 | 31.00 | 2.07 | 46.00 | 4.74 | 41.00 | 1.32 | 38.00 | 6.50 |
| 2005年第四季度 | 4.45 | 30.10 | 1.96 | 32.00 | 6.75 | 43.30 | 1.38 | 35.00 | 2.39 |
| 2006年第一季度 | 1.38 | 35.00 | 2.34 | 51.00 | 2.28 | 68.00 | 1.93 | 72.00 | 1.35 |
| 2006年第二季度 | 2.71 | 30.25 | 2.34 | 38.56 | 4.44 | 48.75 | 1.73 | 44.65 | 5.59 |
| 2006年第三季度 | 4.01 | 24.88 | 2.22 | 6.86 | 6.46 | 36.31 | 1.76 | 13.50 | 21.37 |
| 2006年第四季度 | 5.43 | 22.00 | 2.21 | 12.80 | 8.49 | 25.80 | 1.72 | 6.70 | 18.20 |
| 2007年第一季度 | 1.40 | 3.40 | 2.30 | −0.17 | 2.60 | 13.90 | 1.80 | −6.60 | 9.40 |
| 2007年第二季度 | 2.90 | 8.60 | 2.50 | 7.40 | 5.20 | 16.60 | 1.80 | −11.10 | 49.10 |
| 2007年第三季度 | 4.50 | 11.10 | 2.60 | 16.50 | 8.00 | 23.70 | 1.60 | −10.40 | 56.10 |
| 2007年第四季度 | 5.87 | 8.13 | 2.44 | 10.36 | 10.11 | 19.07 | 1.28 | −25.61 | 57.43 |
| 2008年第一季度 | 1.50 | 5.30 | 2.50 | 7.30 | 2.90 | 11.60 | 1.20 | −33.40 | 36.30 |
| 2008年第二季度 | 3.40 | 14.20 | 2.90 | 15.30 | 5.80 | 12.30 | 1.30 | −26.30 | 51.10 |
| 2008年第三季度 | 5.10 | 14.90 | 3.10 | 19.00 | 9.50 | 18.50 | 1.40 | −8.50 | 44.00 |
| 2008年第四季度 | 7.10 | 20.70 | 3.20 | 30.90 | 13.50 | 33.60 | 1.90 | 50.40 | — |
| 2009年第一季度 | 3.00 | 80.90 | 4.50 | 80.10 | 6.20 | 107.70 | 3.10 | 130.30 | 6.70 |
| 2009年第二季度 | 5.40 | 72.00 | 5.00 | 74.00 | 12.80 | 134.00 | 3.60 | 182.00 | 8.90 |
| 2009年第三季度 | 7.80 | 53.00 | 4.30 | 41.00 | 18.10 | 90.00 | 2.80 | 95.00 | 87.70 |

附录二 票据市场统计资料

续表

| 报告期限 | 累计签发商业汇票金额(万亿元) | 同比增速(%) | 期末商业汇票未到期金额(万亿元) | 同比增速(%) | 金融机构累计贴现(万亿元) | 同比增速(%) | 贴现余额(万亿元) | 同比增速(%) | 再贴现余额(亿元) |
|---|---|---|---|---|---|---|---|---|---|
| 2009年第四季度 | 10.30 | 45.00 | 4.10 | 29.40 | 23.20 | 71.40 | 2.40 | 23.70 | 181.20 |
| 2010年第一季度 | 2.80 | −6.90 | 4.40 | −1.50 | 6.20 | −0.30 | 1.80 | −48.30 | 263.00 |
| 2010年第二季度 | 5.50 | 1.60 | 4.70 | −6.30 | 12.10 | −4.60 | 1.70 | −52.30 | 473.10 |
| 2010年第三季度 | 8.60 | 10.30 | 5.00 | 16.30 | 18.10 | 0.00 | 1.60 | −43.90 | 561.00 |
| 2010年第四季度 | 12.20 | 18.50 | 5.60 | 35.90 | 26.00 | 12.40 | 1.50 | −37.90 | 791.00 |
| 2011年第一季度 | 3.60 | 31.70 | 5.90 | 33.60 | 6.90 | 12.80 | 1.20 | −29.70 | 766.00 |
| 2011年第二季度 | 7.60 | 38.30 | 6.70 | 42.80 | 13.20 | 9.00 | 1.40 | −21.60 | 817.00 |
| 2011年第三季度 | 11.20 | 26.30 | 6.50 | 23.90 | 18.20 | −5.20 | 1.50 | −5.30 | — |
| 2011年第四季度 | 15.10 | 23.80 | 6.70 | 18.70 | 25.00 | −3.80 | 1.50 | 2.10 | — |
| 2012年第一季度 | 4.00 | 10.40 | 7.20 | 21.60 | 5.70 | — | 1.80 | — | — |
| 2012年第二季度 | 8.80 | 15.20 | 8.10 | 20.30 | 14.10 | 6.70 | 2.30 | 67.50 | — |
| 2012年第三季度 | 13.10 | 17.80 | 8.40 | 28.70 | 22.50 | 23.70 | 2.30 | 56.70 | — |
| 2012年第四季度 | 17.90 | 18.80 | 8.30 | 25.40 | 31.60 | 26.40 | 2.00 | 35.10 | 760.00 |
| 2013年第一季度 | 5.40 | 35.10 | 9.20 | 27.90 | 9.50 | 67.30 | 2.20 | 21.60 | — |
| 2013年第二季度 | 10.70 | 21.80 | 9.20 | 12.80 | 22.40 | 58.80 | 2.30 | 2.30 | — |
| 2013年第三季度 | 15.20 | 15.60 | 8.90 | 6.30 | 34.60 | 54.10 | 2.10 | −12.10 | — |
| 2013年第四季度 | 20.30 | 13.30 | 9.00 | 8.30 | 45.70 | 44.30 | 2.00 | −4.10 | — |
| 2014年第一季度 | 5.70 | 4.50 | 9.50 | 2.60 | 10.80 | 13.70 | 1.90 | −12.50 | — |
| 2014年第二季度 | 11.00 | 2.50 | 10.20 | 11.40 | 25.60 | 14.70 | 2.20 | −5.40 | — |
| 2014年第三季度 | 16.20 | 6.90 | 9.70 | 8.80 | 42.50 | 22.80 | 2.70 | 31.10 | 1 257.00 |
| 2014年第四季度 | 22.10 | 8.90 | 9.90 | 9.30 | 60.70 | 33.00 | 2.90 | 48.90 | 1 372.00 |
| 2015年第一季度 | 5.40 | −4.80 | 10.20 | 7.20 | 19.20 | 77.60 | 3.10 | 63.30 | 1 322.00 |
| 2015年第二季度 | 11.30 | 3.20 | 10.80 | 5.80 | 47.90 | 87.00 | 3.80 | 71.70 | 1 300.00 |
| 2015年第三季度 | 16.60 | 2.30 | 10.60 | 9.30 | 75.20 | 77.00 | 4.30 | 59.70 | 1 281.00 |
| 2015年第四季度 | 22.40 | 1.30 | 10.40 | 5.40 | 102.10 | 68.20 | 4.60 | 56.90 | 1 305.00 |

251

续表

| 报告期限 | 累计签发商业汇票金额（万亿元） | 同比增速（%） | 期末商业汇票未到期金额（万亿元） | 同比增速（%） | 金融机构累计贴现（万亿元） | 同比增速（%） | 贴现余额（万亿元） | 同比增速（%） | 再贴现余额（亿元） |
|---|---|---|---|---|---|---|---|---|---|
| 2016年第一季度 | 4.90 | −8.40 | 10.50 | 3.60 | 27.30 | 41.90 | 4.90 | 60.60 | 1 230.00 |
| 2016年第二季度 | 9.40 | −16.70 | 9.80 | −9.20 | 51.90 | 8.20 | 5.30 | 40.70 | 1 202.00 |
| 2016年第三季度 | 13.60 | −18.10 | 9.50 | −10.70 | 70.20 | −6.70 | 5.70 | 32.50 | 1 138.00 |
| 2016年第四季度 | 18.10 | −19.30 | 9.00 | −13.30 | 84.50 | −17.20 | 5.50 | 19.60 | 1 165.00 |
| 2017年第一季度 | 5.60 | 12.60 | 8.80 | −16.10 | 12.10 | −55.50 | 4.40 | −11.20 | 1 224.00 |
| 2017年第二季度 | 9.50 | 0.60 | 8.30 | −15.60 | 22.40 | −56.90 | 3.90 | −27.00 | 1 402.00 |
| 2017年第三季度 | 13.20 | −3.10 | 8.10 | −14.74 | 31.20 | −55.60 | 3.70 | −34.40 | 1 504.00 |
| 2017年第四季度 | 17.00 | −6.10 | 8.20 | −9.50 | 40.30 | −52.40 | 3.90 | −28.90 | 1 829.00 |
| 2018年第一季度 | 4.00 | −27.40 | 8.50 | −3.90 | 7.10 | −41.50 | 3.80 | −12.70 | 1 894.00 |
| 2018年第二季度 | 7.70 | −18.80 | 8.50 | 3.10 | 13.90 | −38.10 | 4.30 | 10.00 | 1 901.00 |
| 2018年第三季度 | 11.80 | −10.30 | 8.70 | 7.10 | 21.80 | −30.20 | 5.10 | 36.10 | 2 162.00 |
| 2018年第四季度 | — | — | 9.40 | 14.90 | — | — | 5.80 | 48.70 | 3 290.00 |
| 2019年第一季度 | 4.80 | 18.60 | 10.60 | 25.10 | 10.00 | 41.00 | 6.60 | 71.30 | 3 858.00 |
| 2019年第二季度 | 9.20 | 19.80 | 11.80 | 37.70 | 19.40 | 40.40 | 7.00 | 62.90 | 4 067.00 |
| 2019年第三季度 | 15.00 | 14.40 | 12.40 | 24.30 | 27.00 | 35.20 | 7.50 | 47.20 | 4 427.00 |
| 2019年第四季度 | 20.40 | 11.60 | 12.70 | 15.30 | 34.30 | 25.50 | 7.60 | 31.80 | 4 714.00 |
| 2020年第一季度 | 6.00 | 12.10 | 13.40 | 10.60 | 10.90 | 3.10 | 8.20 | 25.60 | 5 082.00 |
| 2020年第二季度 | 11.70 | 16.60 | 14.20 | 15.30 | 22.10 | 19.00 | 8.60 | 23.30 | 4 336.00 |
| 2020年第三季度 | 16.50 | 10.10 | 13.90 | 11.90 | 30.60 | 13.50 | 8.10 | 7.30 | 4 822.00 |
| 2020年第四季度 | 22.10 | 8.40 | 14.10 | 10.70 | 40.40 | 17.70 | 8.40 | 9.70 | 5 784.00 |
| 2021年第一季度 | 6.10 | 1.40 | 14.10 | 4.90 | 11.40 | 3.80 | 7.90 | −4.50 | 5 744.00 |
| 2021年第二季度 | 12.30 | 5.30 | 14.30 | 1.00 | 23.80 | 7.60 | 8.60 | −0.10 | 5 922.00 |
| 2021年第三季度 | 18.00 | 8.80 | 14.60 | 4.90 | 34.90 | 14.10 | 9.20 | 13.90 | 5 842.00 |
| 2021年第四季度 | 24.20 | 9.30 | 15.00 | 6.30 | 45.90 | 13.70 | 9.90 | 17.90 | 5 903.00 |

资料来源：历年《中国货币政策执行报告》。

附录二　票据市场统计资料

附表二　票据利率与贷款利率

| 报告期限 | 贷款加权平均利率（%） | 票据融资加权平均利率（%） |
| --- | --- | --- |
| 2009年第一季度 | 4.76 | 1.88 |
| 2009年第二季度 | 4.98 | 1.95 |
| 2009年第三季度 | 5.05 | 2.48 |
| 2009年第四季度 | 5.25 | 2.74 |
| 2010年第一季度 | 5.51 | 3.55 |
| 2010年第二季度 | 5.57 | 3.77 |
| 2010年第三季度 | 5.59 | 3.86 |
| 2010年第四季度 | 6.19 | 5.49 |
| 2011年第一季度 | 6.91 | 6.26 |
| 2011年第二季度 | 7.29 | 6.98 |
| 2011年第三季度 | 8.06 | 9.55 |
| 2011年第四季度 | 8.01 | 9.06 |
| 2012年第一季度 | 7.61 | 6.20 |
| 2012年第二季度 | 7.06 | 5.07 |
| 2012年第三季度 | 6.97 | 6.23 |
| 2012年第四季度 | 6.78 | 5.64 |
| 2013年第一季度 | 6.65 | 4.62 |
| 2013年第二季度 | 6.91 | 5.88 |
| 2013年第三季度 | 7.05 | 6.61 |
| 2013年第四季度 | 7.20 | 7.54 |
| 2014年第一季度 | 7.18 | 6.28 |
| 2014年第二季度 | 6.96 | 5.51 |
| 2014年第三季度 | 6.97 | 5.22 |
| 2014年第四季度 | 6.77 | 5.67 |
| 2015年第一季度 | 6.56 | 5.40 |
| 2015年第二季度 | 6.04 | 4.01 |

续表

| 报告期限 | 贷款加权平均利率（%） | 票据融资加权平均利率（%） |
|---|---|---|
| 2015年第三季度 | 5.70 | 4.29 |
| 2015年第四季度 | 5.27 | 3.33 |
| 2016年第一季度 | 5.30 | 3.62 |
| 2016年第二季度 | 5.26 | 3.43 |
| 2016年第三季度 | 5.22 | 3.05 |
| 2016年第四季度 | 5.27 | 3.90 |
| 2017年第一季度 | 5.53 | 4.77 |
| 2017年第二季度 | 5.67 | 5.39 |
| 2017年第三季度 | 5.76 | 4.98 |
| 2017年第四季度 | 5.74 | 5.23 |
| 2018年第一季度 | 5.96 | 5.58 |
| 2018年第二季度 | 5.97 | 5.11 |
| 2018年第三季度 | 5.94 | 4.22 |
| 2018年第四季度 | 5.63 | 3.84 |
| 2019年第一季度 | 5.69 | 3.64 |
| 2019年第二季度 | 5.66 | 3.64 |
| 2019年第三季度 | 5.62 | 3.33 |
| 2019年第四季度 | 5.44 | 3.26 |
| 2020年第一季度 | 5.08 | 2.94 |
| 2020年第二季度 | 5.06 | 2.85 |
| 2020年第三季度 | 5.12 | 3.23 |
| 2020年第四季度 | 5.03 | 3.10 |
| 2021年第一季度 | 5.10 | 3.52 |
| 2021年第二季度 | 4.93 | 2.94 |
| 2021年第三季度 | 5.00 | 2.65 |
| 2021年第四季度 | 4.76 | 2.18 |

资料来源：历年《中国货币政策执行报告》。

附录二 票据市场统计资料

## 附表三 2021年商业汇票业务数据（发生额）

单位：笔、亿元

| 时间 | 承兑 银票 笔数 | 承兑 银票 金额 | 承兑 商票 笔数 | 承兑 商票 金额 | 贴现 银票 笔数 | 贴现 银票 金额 | 贴现 商票 笔数 | 贴现 商票 金额 | 转贴现 银票 笔数 | 转贴现 银票 金额 | 转贴现 商票 笔数 | 转贴现 商票 金额 | 质押式回购 银票 笔数 | 质押式回购 银票 金额 | 买断式回购 银票 笔数 | 买断式回购 银票 金额 |
|---|---|---|---|---|---|---|---|---|---|---|---|---|---|---|---|---|
| 2021年1月 | 2 407 263 | 19 550.41 | 402 473 | 4 184.04 | 609 853 | 12 033.51 | 33 390 | 1 438.22 | 48 561 | 36 567.35 | 2 802 | 4 882.15 | 4 755 | 19 673.28 | 370 | 1 223.98 |
| 2021年2月 | 1 842 712 | 11 336.27 | 452 200 | 3 173.17 | 471 449 | 6 308.70 | 34 513 | 1 007.90 | 34 440 | 23 056.08 | 1 634 | 2 047.99 | 3 015 | 11 699.40 | 241 | 835.47 |
| 2021年3月 | 2 070 760 | 19 724.14 | 208 927 | 3 247.87 | 847 321 | 14 045.19 | 32 996 | 1 349.62 | 58 303 | 41 124.69 | 2 865 | 4 432.01 | 4 616 | 19 917.30 | 438 | 1 650.01 |
| 2021年4月 | 2 108 665 | 16 828.83 | 235 598 | 2 884.86 | 801 051 | 11 411.14 | 27 272 | 886.91 | 54 589 | 41 877.87 | 2 759 | 4 950.60 | 4 552 | 20 255.79 | 396 | 1 382.73 |
| 2021年5月 | 1 848 552 | 16 239.80 | 244 561 | 2 625.19 | 757 343 | 11 405.18 | 23 693 | 842.36 | 48 716 | 37 259.65 | 2 203 | 4 532.36 | 3 962 | 18 241.49 | 347 | 1 224.69 |
| 2021年6月 | 2 129 883 | 19 738.74 | 286 825 | 3 494.74 | 834 417 | 13 967.32 | 32 155 | 1 162.99 | 49 763 | 35 821.01 | 2 535 | 4 418.80 | 4 235 | 19 338.64 | 435 | 1 567.91 |
| 2021年7月 | 2 109 168 | 15 108.35 | 293 086 | 2 586.27 | 769 364 | 10 184.35 | 24 750 | 788.11 | 48 925 | 35 547.49 | 2 370 | 3 881.69 | 4 571 | 21 776.91 | 501 | 1 974.87 |
| 2021年8月 | 2 029 890 | 15 751.84 | 269 397 | 2 622.23 | 767 726 | 10 642.49 | 25 696 | 750.94 | 49 164 | 34 593.86 | 2 442 | 4 509.60 | 4 115 | 19 098.92 | 269 | 846.78 |
| 2021年9月 | 2 340 209 | 17 423.65 | 314 390 | 3 145.05 | 882 283 | 11 560.42 | 32 600 | 1 119.75 | 48 891 | 32 359.07 | 2 170 | 3 308.06 | 3 762 | 18 149.35 | 203 | 531.42 |
| 2021年10月 | 1 855 405 | 13 143.95 | 198 827 | 2 085.93 | 685 813 | 8 170.35 | 22 627 | 646.84 | 37 321 | 23 896.29 | 1 756 | 2 801.39 | 3 155 | 14 876.77 | 207 | 475.70 |
| 2021年11月 | 2 147 913 | 16 160.84 | 252 293 | 2 683.71 | 849 914 | 10 886.45 | 28 984 | 864.56 | 49 295 | 30 906.48 | 2 056 | 3 185.65 | 4 252 | 19 393.42 | 285 | 766.59 |
| 2021年12月 | 2 414 079 | 22 534.32 | 339 405 | 5 243.15 | 1 119 522 | 17 353.18 | 36 744 | 1 325.43 | 64 044 | 47 656.40 | 2 467 | 5 739.69 | 3 043 | 14 587.96 | 114 | 299.48 |

附表四  2021年商业汇票业务数据（余额）

单位：笔、亿元

| 时间 | 承兑未到期余额 | | | | 贴现未到期余额 | | | |
|---|---|---|---|---|---|---|---|---|
| | 银票 | | 商票 | | 银票 | | 商票 | |
| | 笔数 | 金额 | 笔数 | 金额 | 笔数 | 金额 | 笔数 | 金额 |
| 2021年1月 | 12 652 392 | 120 891.33 | 1 929 206 | 23 541.31 | 3 172 848 | 81 256.78 | 181 900 | 7 578.56 |
| 2021年2月 | 12 933 152 | 118 427.23 | 2 198 717 | 24 710.73 | 3 121 015 | 78 267.13 | 198 093 | 8 017.86 |
| 2021年3月 | 12 875 909 | 116 488.05 | 2 138 041 | 24 391.48 | 3 214 436 | 76 626.08 | 204 030 | 8 277.51 |
| 2021年4月 | 13 191 934 | 117 028.83 | 2 146 688 | 24 481.84 | 3 399 674 | 76 820.97 | 208 458 | 8 327.19 |
| 2021年5月 | 13 100 193 | 117 633.16 | 2 128 878 | 24 124.94 | 3 505 932 | 77 693.47 | 207 028 | 8 368.29 |
| 2021年6月 | 13 085 989 | 120 154.05 | 2 130 480 | 23 254.60 | 3 641 781 | 80 806.07 | 209 984 | 8 516.56 |
| 2021年7月 | 12 844 067 | 119 488.39 | 2 071 877 | 22 546.23 | 3 661 110 | 81 134.36 | 203 086 | 8 397.98 |
| 2021年8月 | 13 081 885 | 122 592.94 | 1 979 588 | 21 981.22 | 3 817 210 | 83 874.88 | 199 674 | 8 341.78 |
| 2021年9月 | 13 336 535 | 123 952.80 | 2 016 467 | 21 952.33 | 3 949 137 | 85 277.65 | 202 513 | 8 461.06 |
| 2021年10月 | 13 183 081 | 123 811.43 | 1 954 940 | 21 417.69 | 3 945 808 | 85 365.58 | 199 284 | 8 409.67 |
| 2021年11月 | 13 442 712 | 125 453.17 | 1 919 158 | 21 054.34 | 4 096 298 | 86 771.74 | 198 866 | 8 366.03 |
| 2021年12月 | 13 675 653 | 128 113.12 | 1 948 729 | 21 644.55 | 4 395 109 | 90 541.90 | 200 970 | 8 254.24 |

# EPILOGUE | 后记

2021年适逢票交所成立五周年。五年来，在人民银行领导下，票交所扎实履行票据市场基础设施职能，坚守风险底线完善风险防控机制，以市场需求为落脚点推进业务创新，促进票据市场高质量发展。票据市场从以纸票为主、区域分割、信息不透明的形态快速发展为集中统一、安全高效、电子化的现代金融市场。回顾2021年，票据市场运行总体平稳，各项业务稳中有增，票据利率总体下降。票据市场基础设施不断完善，业务创新实践取得积极进展，风险防控成效进一步巩固，在支持实体经济发展等方面发挥了积极作用。

2021年也是票据市场年度发展报告编写的第五年。报告延续了专题式写作模式，分为七个部分，即总体运行情况、基础设施建设、业务创新实践、服务实体经济、风险防范控制、大事记、统计资料。参与编写报告的机构覆盖面较广，包括政策性银行、国有商业银行、股份制商业银行、城市商业银行、农村金融机构、财务公司、供应链平台和代表性企业，以更好地反映票据市场发展的全貌。

票交所董事长宋汉光作为主编，组织策划了本书的总体思路和整体架构，并为本书作序。中国进出口银行、中国工商银行、中国农业银行、中国银行、交通银行、中国邮政储蓄银行、招商银行、上海浦东发展银行、兴业银行、中国民生银行、广发银行、浙商银行、江苏银行、南京银行、九江银行、徽商银行、江苏常熟农村商业银行、中船财务有限责任公司、中航工业集团财务有限责任公司、简单汇信息科技（广州）有限公司、中国建筑第五工程局有限公司、国网雄安金融科技集团有限公司22家金融机构和企业参与了编写。中国金融出版社黄海清主任等为本书的编辑和出版做了大量细致的工作，付出了诸多努力。

　　本书编写时正值全国多地疫情出现反弹，各地从严抓好疫情防控工作，许多参与编写的单位不得不采用远程办公的方式，相互之间的沟通很不方便，这给报告的撰写、统稿、审校和出版带来了很大困难。本书编写组和出版社一起共克时艰，克服远程办公沟通不畅的困难，如期将报告付梓出版。

　　由于编写时间紧迫，书中难免存在疏漏和不足之处，恳请业界和读者批评指正。

上海票据交易所

2022年3月